Philippe Petit
Über mir der offene Himmel

Philippe Petit

Über mir
der offene Himmel

*Szenen aus dem Leben eines
Hochseilkünstlers*

Aus dem Französischen von Frank Jentzsch

 Verlag Urachhaus

Titel der französischen Originalausgabe »Funambule«

ISBN 3-8251-7209-0

Erschienen 1998 im Verlag Urachhaus
© 1998 Verlag Freies Geistesleben & Urachhaus GmbH, Stuttgart
©1991 Éditions Albin Michel, S.A. – Paris 1991
Umschlagfoto: P. Durand/Sigma
Druck: Offizin Chr. Scheufele, Stuttgart

Nichts und niemandem gewidmet.

Höchstens dir, du Hüter des leeren Tempels, du falscher Prophet, du bestechliche Ratte, die den Obrigkeiten nach dem Munde redet. Verbissen verfolgst du diejenigen, die Wunder vollbringen wollen. Dir liegt immer nur das »Nein« auf der Zunge – und wenn es mal ein »Ja« ist, dann schneidest du mir das Seil ein, sobald ich dir den Rücken kehre!

Aber pass auf, angesichts deiner Niedertracht werden wir mit noch größerem Eifer über Nacht Meisterwerke schaffen, die dein Atem nicht mehr in Brand setzen kann, wenn der Morgen erst einmal angebrochen ist.

Du und deine Genossen! Wir werden dich von deinem gestohlenen Ross herunterholen, und wenn es auf hoher See wäre.

Mit meinen Zähnen werde ich dir die Nase abbeißen.

Inhalt

Kein Vorwort 9

Bei den Wilden 11

TOUR ET FIL 15
Veruntreute Gelder 17
Das Heft 18
Das Modell 19
Der Vogel, der sein Nest ganz allein bauen wollte 22
Über euren Gräbern werde ich trainieren 25
Die Kunstakademie 28
He, Sie, ich verhafte Sie gleich! 30
Der dreihundert Meter hohe Turm 31
Kopf im Korb 33
In der Folterkammer 34
Die achthundert Meter 36
Jules Cordière 39
Die große Unbekannte 41
Die Arbeit mit der Balancierstange 42
»Passierschein« 48
Frage 50
Den Griff lockern oder kämpfen 51
Hallo! 57
Gymnopädien 59
Der »Tote Mann« 64
Lokalnachricht 65
Die Montage 66
Etymologie 76
Wortspiel 77
Schlechtwetter? Explosivgeschosse! 78

Auf großer Fahrt 80
Die große Überquerung 81
»Die lächerlichen Preziösen« 112
Rätselhaft 113
Bilder einer Ausstellung 114
Der 25. und der 26. 115
Rudys Balancierstange 116
Chirac ist dumm 118
Die französischen Medien 119
Schwerer Abschied 120
Chronologie 124

NOTRE DAME 161

VERSCHWINDEN 205

HISTORISCHE BERICHTE. AUF DEM STAHLSEIL 213
Charles Dollfus 215
Die Anfänge 221
Das Théâtre de Nicolet 232
Forioso 236
Madame Saqui 238
Blondin 248

ANHANG 263
Anmerkungen 265
Lebenslauf 266
Eine kleine seilkünstlerische Bibliothek 274

Kein Vorwort

Der Verleger wollte eine Biographie, ich – eine Heldensage: die von meinem sagenumwobenen Spaziergang neulich, quer durch die Kumuluswolken am Eiffelturm.

Als Ergebnis findet ihr hier ...

Die Erinnerung an meine ersten Schritte: die Eroberung von Notre-Dame.

Was den Eiffelturm angeht, so hätte ein detaillierter chronologischer Bericht dreihundert mit Gift getränkte Seiten gefüllt. Ich habe es lieber dem Zufall überlassen, woran ich mich erinnerte, und jedes Mal das auftauchende Bild auf mich wirken lassen, verworfen, festgehalten, eingeordnet.

Alle Erfahrungen: Enttäuschungen, Hoffnungen, Treulosigkeiten, Gesichter, Lächeln, Geheimnisse – treten in ein paar ausgewählten, von meinem Rotstift verdichteten Bruchstücken in Erscheinung, hier serviert als Vorspeise ohne Zutaten und Tafelsilber.

Als Nachtisch ein paar Abschiedsworte.

Wenn der Armagnac zur Neige geht, noch ein paar historische Seiten von meinem Kumpel Charles Dollfus, Luftfahrer, Schnapsbrenner, Knastbruder (bereits verstorben).

Das Unternehmen TOUR ET FIL[1] wäre eigentlich ein Großformat mit festem Einband und zweihundert Fotos in makellosem Vier-Farben-Druck wert gewesen, einschließlich einiger Blätter, die in 12-Punkt-Garamond die Liebesgeschichte eines Hochseilkünstlers zu einem dreihundert Meter hohen Turm schildern!

Und schließlich hätte ich auch Kathy O' Donnell um ein Vorwort angehen können. Oder einen meiner Freunde: Milos Forman, Mikhail Baryshnikov, Marcel Marceau, Sting. Oder Werner Herzog, Raymond

Devos, Henri Cartier-Bresson, Volker Schlöndorff, Alain Cuny. Catherine Dolto-Tolitch, Sam Szafran, Isabelle Garma, Antoine Berman. Wohl auch den Jongleur Francis Brunn oder den Clown Dimitri. Oder den Dichter Fouad El-Etr.

Oder warum nicht Cordia-Gypsy Fasula, die gerade acht Jahre alt geworden ist?

Philippe PETIT
Rue Laplace, den 7. August 1990

Bei den Wilden

Auf der Landkarte ist gar nichts zu sehen. Und doch gibt es im Westen Nairobis, mehrere Tage Fußmarsch von Limuru entfernt, das Dorf Marijo. Ein paar aus Kuhdung gebaute Hütten, kaum höher als die dort heimischen Antilopen, bieten der Sippe Schutz, die zu den stolzen Massaï-Mara gehört.

Am Rande des Waldes spanne ich mein Hanfseil zwischen zwei Bäumen. Mit einem Stück Knochen ziehe ich einen Kreis in das saftige Gras. Schweigend kommen der Häuptling und seine Berater und stellen sich ringsum auf. Dann erscheinen – wie aus dem Nichts – Männer und Jünglinge, einige in Schmuck und Waffen. Zum Schluss versammeln sich ihnen gegenüber Frauen aller Altersstufen und junge Mädchen, die von Fliegen wimmelnde Säuglinge tragen. Ihre Haut hat die Farbe der ausgedörrten Erde. Auf ihrer farbenprächtigen Kleidung herrschen Rot und Ocker vor. Mein Gefährte James überragt das Spalier der Zuschauer wie ein weiß geschminkter Riese.

Mit Gesten, von denen ich hoffe, dass sie geheimnisvoll wirken, lege ich ein in Stoff gehülltes Päckchen in der Mitte meiner Bahn nieder. Ich umkreise es dreimal, als ob ich einen Initiations-Ritus vollziehen würde.

Dann hebe ich behutsam einen Zipfel des Tuches und schlüpfe mit einer Hand hinein. Ein runder, glatter Gegenstand kommt zum Vorschein, eine weiße Kugel, an der ich bedächtig rieche, bevor ich sie der ersten Reihe hinreiche zum Betasten und Daran-Schnuppern.

Anfangs sind nur einige Krieger so mutig, sie mit den Fingern flüchtig zu berühren. Nach und nach aber wagen sich alle an das Ding heran und lassen es von Hand zu Hand gehen.

Nun wickle ich einen zweiten, einen dritten Ball aus, und dann fährt Leben in die Bälle; ich beginne unter der unerbittlichen Kenia-Sonne mit ihnen zu jonglieren. Ein Ball kommt auf meinem Fuß zur Ruhe, einer rollt meinen Arm entlang, ein weiterer hält sich auf meiner Stirn im Gleichgewicht. Ich springe auf das Seil und spaziere über dem Gras dahin, schließlich lege ich mich zu den Klängen einer winzigen Spieldose auf dem Seil zum Schlafen nieder.

Der Stamm umringt mich mit Beifall. Alle befühlen die Wunderdinge, das Seil, die Kugeln. Mein Zylinderhut weckt die Neugier, weil er aus Büffelleder gemacht ist, und fasziniert sie.

Der Häuptling ehrt mich mit einer Einladung in seine Behausung.

Am Eingang der Hütte ist der Boden mit einem schwarzen Gemisch aus Dung und Ton bedeckt, lauwarm und meinen nackten Füßen schmeichelnd: Ich forme daraus kleine Medaillen, lasse sie verschwinden oder zu Silbermünzen werden, was die Jüngeren vor Begeisterung außer sich geraten lässt.

Um durch die Tür zu kommen, muss man den Kopf einziehen.

Das Innere der Häuptlingshütte ist von dichtem Qualm verdunkelt, aber anstatt zu reizen, erzeugt er erstaunlicherweise eher ein Wohlgefühl. In der Feuerstelle glimmt dauernde Glut, der Stolz des Hausherrn. Wir bekommen Ziegenblut und saure Milch angeboten – Wasser ist rar. Dann kommt dieser unvergessliche Augenblick: keiner rührt sich, keiner spricht; lange erfüllt Schweigen das Halbdunkel, merkwürdig beredt durch die gegenseitige Hochachtung voll tiefen Verstehens, voller Weihe. Hatte der Alte seine Finger versehentlich an meiner Hand ruhen lassen, als er mich bat, Platz zu nehmen? War es diese Berührung, die unserer Begegnung vorübergehend das Gefühl der Zeitlosigkeit verlieh?

Auf einen Befehl des Häuptlings bringt ein Knabe eilends den Prunk-Köcher herbei. Mein Gastgeber wählt einen vergifteten Pfeil aus, der einen Elefanten innerhalb von drei Stunden erledigt, und schenkt ihn mir im Namen aller Anwesenden: »Als Dank für deine Zauberspiele; er soll dich stärken für die künftigen Prüfungen des Schicksals!«

Der Mann aus dem Busch erklärt, dass ich ein »Laibon« sei, ein Weiser, der die Zukunft voraussagen und Geschichten erzählen kann, und der sich auf die Heilkunst verstehe. »Aber ein weißer Laibon, ein Mazungu, das ist ungewöhnlich ... du bist ja noch so jung!«

Beim Hinausgehen, auf der Schwelle, zeige ich ihnen eine Postkarte und erkläre, dass die nächste Mutprobe für mich darin besteht, mein Seil jenseits des großen Salzsees an diesem ungeheuren Baum aus Metall, dem höchsten meines »Dorfes«, dem Eiffelturm, zu spannen, dort ... Der alte Mann betrachtet lange ratlos das Foto. »Bist du ein religiöser Mensch?«, fragt er mich, und wendet sich an meinen Führer, der übersetzt.
»Ja.« (An diesem Tage war ich es wirklich.)
»Ist das ein Tempel für einen Gott?«
»Eigentlich nicht.«
»Wohnt jemand darin?«
»Ja, ein gewisser Herr Eiffel, im obersten Stockwerk«, sage ich, überlasse das Bild seinen Händen und bahne mir unter den Beifallsrufen des Stammes einen Weg, um im Busch zu verschwinden.
Der Häuptling beugt sich zum Ohr des Führers: »Gibt es viele wie ihn?«

Ich verließ diese Wesen vom Ende der Welt, vom Ende der Zeit, die meine Kunststücke mit Jubel aufgenommen, die mich mit ihrer Freundschaft beschenkt hatten (wie mit Wasser, einer Kostbarkeit, mit der sie auch nicht verschwenderisch umgehen), und wandte mich in Gedanken meinem eigenen »Dorf« zu. Einem Marktflecken des 20. Jahrhunderts aus Stein und Stahl, erfüllt von Lärm und Streitereien, dem ich gleichermaßen ein reines Freudenfest bieten wollte, aber ein weitaus gigantischeres – ein ganzes Leben hatte mich darauf vorbereitet – und, was viel aufregender war: ein Leben würde sich daran entscheiden.

Konnte ich ahnen, nachdem nun einmal die ersten Schritte gemacht waren, dass man mich mit vernichtender Gleichgültigkeit strafen würde, dass man die Vertäuung meines kleinen Lebensbootes durchschneiden, dass man versuchen würde, das »Fest« zu verbieten?

TOUR ET FIL

Veruntreute Gelder

Ein junges Mädchen entwendete regelmäßig kleinere Geldbeträge, die sie mir dann zur Aufbesserung meines Speisezettels schenkte – es war im Winter vor dem Ereignis von TOUR ET FIL – ich ging aber, anstatt meine ewigen Linsen wegzuschütten, lieber ins Kino, um mir wieder einmal »Amadeus« oder »Fitzcarraldo« anzuschauen.

Das Heft

Wenn ich eine große Überquerung vorhabe, trage ich die Fotos des Ortes, die Lagepläne und Karten, meine Zeichnungen und Berechnungen, die Resultate meiner technischen und künstlerischen Recherchen, alles, was Anregungen geben könnte, Adressen von Lieferfirmen und von guten Restaurants, von allen professionellen Kontaktpersonen, die mit der Organisation des Spektakels zu tun haben, in einem umfangreichen Heft zusammen, das im Laufe der Wochen immer dicker wird und sich zu einem Album, einem Telefonbuch, einem mobilen Büro entwickelt.

Das Heft von TOUR ET FIL, das so anders war als alle anderen – zum erstenmal hatte ich die Seiten nummeriert und ein Inhaltsverzeichnis angefügt –, maß 25 x 32 cm, war 11 cm dick, 2,8 kg schwer, mit strapazierfähigem Karton verstärkt, mit mattschwarzem Klebeband bepflastert und wurde von einem roten Gurt zusammengehalten.

Der mit Innentaschen versehene Deckel enthielt außer einem Füllhalter und einem Bleistift eine Reihe extra flacher Gegenstände, darunter einen Kompass, eine Weckuhr, einen Taschenrechner, kleine Maßstäbe, gefälschte Passierscheine und einen Überlebensspiegel, mit dem man Geheimagenten, die einen beschatten, auf frischer Tat ertappen, oder, falls man in Seenot geraten sollte, Signale senden konnte.

Aus diesem Werk ist noch kein untadeliger Faksimiledruck hergestellt geworden, der auf 75 nummerierte und vom Künstler signierte Exemplare limitiert wäre und durch die Vermittlung einer Kunstgalerie von Weltruf für 100.000 Francs pro Stück an Sammler verkauft würde; es liegt zur Zeit, in ehrwürdigen Staub gehüllt, auf einem grob zusammengezimmerten Regal in meiner New Yorker Kathedrale und wartet darauf, sich der Verschwörung einer künftigen Überquerung oder eines anderen derartigen Verbrechens als Nachschlagewerk zu öffnen.

Das Modell

Ein verblüffendes Detail: Als ich das Modell vor den Zuschauern abstellte, bemerkte ich, dass seine Grundplatte aus Polystyrol die gleiche Länge hatte wie die mit blauem Samt bezogene Platte des Rednerpultes.

Gerade hatte der Bürgermeister von Paris den 300 Journalisten erklärt, dass TOUR ET FIL genau in das Programm der 200-Jahr-Feier passe. Was das anbetraf, hatte er den Nagel auf den Kopf getroffen. Keinen Millimeter daneben. Ein gutes Vorzeichen!

Dieses erste Modell, »DAS Modell« (zwei weitere folgten, die ich nacheinander »Das große Modell« und »Das Riesenmodell« nannte) verdiente eigentlich nicht die besondere Aufmerksamkeit, die man ihm in diesem prunkvollen Empfangsraum des Pariser Rathauses schenkte.

Ich hatte es in 36 Stunden – vor allem Nachtstunden – zusammengebaut aus Materialien, die aus Mülltonnen stammten. Ein bisschen vertrockneter Leim hielt die Gärten der Trocadero-Anhöhe (einige Korkschichten) mit dem Palais de Chaillot (zwei Würfel aus weißlichem Karton) zusammen; die Jenaer Brücke bestand aus Sperrholzabfällen, mit Karton kaschiert (die Bögen aufgemalt, nicht ausgehöhlt, sondern einfach schwarz angepinselt) und das Gelände flüchtig grellfarbig gestrichen: ein paar trockene, von Rissen durchzogene Tempera-Farben, sicher zehn Jahre alt, die ich auf dem Grunde einer Schublade gefunden hatte, hatten die Sache abgerundet.

Lediglich eine Handvoll Islandmoos für die Bäume und eine Dose Kunstharzleim, mit dem ich die Seine darstellte, hatte ich in einem Spezialgeschäft gekauft, für insgesamt 45 Francs.

Den Eiffelturm, 21 cm hoch, aus Metall, hatte mir Nathalie geschenkt (die Partnerin von Francis Brunn, dem Jongleur), nachdem sie im Rahmen ihrer Ballett-Nummer für mich damit im Lido aufgetreten war! Die Traverse bestand aus Eisendraht, verspannt mit fünf Cavalettis (Spannseile, die die Schwingungen des Kabels verringern) aus orangerotem Nähgarn. Ich war stolz auf diesen kleinen Schwindel: Man brauchte die zuständigen Behörden mit dem Modell doch nicht darauf aufmerksam zu machen, dass 26 Cavalettis für die Überquerung erforderlich waren, die die öffentliche Verkehrsstraße überspannen würden (ich hatte diese fünf Fädchen »symbolische Cavalettis« genannt!).

Der Maßstab?

Aber sicher war es im Maßstab gebaut! In welchem? Keine Ahnung! Ich hatte es nach Augenmaß gemacht und mich dabei an Postkarten orientiert. Jedenfalls blieb mir auch keine andere Wahl: die Grundplatte, die auf der Straße herumgelegen hatte, besaß ihre vorgegebene Länge, das Eiffelturm-Modell seine Höhe, also ...

Das Ganze gab ein leichtes, handliches Gepäckstück ab, mit einem Deckel, der ihm das Aussehen eines Schuhkartons für Übergrößen verlieh, oder eines Sterbeköfferchens (einige Leute nahmen Anstoß daran, dass ein schwarzes Klebeband die Verschlüsse der weißen Schachtel verstärkte).

Der Sicherheitsdienst des Rathauses öffnete es an diesem Morgen ebenso wenig wie bei den zahlreichen Besuchen, die noch folgten. Ich hätte eine Maschinenpistole darin transportieren können samt einiger Handgranaten, aber am 14. Dezember 1988 wurde das Projekt offiziell geboren, die Stimmung war fröhlich. Erst im Laufe der darauf folgenden Monate träumte ich manchmal von Strafexpeditionen!

Man mache sich einmal klar: 76 Mal – (ich habe wirklich mitgezählt! Ich machte nach jeder Besprechung einen senkrechten Strich in mein Heft, so wie ein Jagdflieger den Rumpf seiner Maschine mit einem Zeichen für jeden abgeschossenen Feind ziert) – 76 Mal setzte ich das Modell auf den Tisch bei jemandem, dem ich nahelegte, TOUR ET FIL doch zu seiner Sache zu machen. 76 Mal führte ich meinen Vorstellungstanz um das Modell herum auf. 76 Mal waren die Zuhörer ganz hingerissen, gratulierten mir, wünschten mir alles Gute, bevor sie mich am Ende doch wieder abwimmelten.

Ich übertreibe.

Eine Hand voll Leute unterstützte das Projekt dennoch direkt oder indirekt.

Die ersten, die mich empfangen haben, werden sich vielleicht noch an den Geruch einer Chemikalie erinnern, der ihre Büros einnebelte und nach meinem Verschwinden noch lange darin hing – zur Strafe für ihre ablehnende Haltung. Ich hatte den Härter des Polyesterklebers, den ich für die Seine verwandte, nicht richtig dosiert. Die Quittung dafür war: drei Wochen Gestank während des Trocknens. Tag für Tag verringerte sich dabei die Schichtdicke des Flusses, was mich ganz schön beunruhigte.

Der Vogel,
der sein Nest ganz allein bauen wollte

Der Seiltänzer und der Unternehmer trafen sich zu einem Glas rauchigen Malt-Whiskys in der Ecke eines Hinterzimmers des »Mayflower«, in dem die Wandvertäfelung aus Okumé einen rötlichen Schimmer (genau die richtige Stimmung für geheime Absprachen!) verbreitete und ein wenig Schutz vor der Lebhaftigkeit an der Bar bot.

Die Bedeutung des Schauplatzes, die Kürze der Zeit, die für die Montage zur Verfügung stand, und Auflagen der zuständigen Behörden zwangen mich erstmalig dazu, mit Profis in Sachen öffentlicher Veranstaltungen zusammenzuarbeiten, anstatt meine gewohnte kleine Mannschaft damit zu betrauen.

Bemüht, mir meine frustrierenden Erlebnisse und meine Befürchtungen nicht anmerken zu lassen, beuge ich mich über das Modell und unterstreiche meine Erklärungen mit großartigen Gesten. Ich streue eine Beschreibung der Montage ein und, etwas bunt durcheinander, einen kurzen Überblick über mein Seiltänzerleben.

Michel Savoye, ein leitender Angestellter von Linélec (zur Unternehmensgruppe Spie-Batignolles gehörend, die darauf spezialisiert ist, Kabel für sehr hohe Spannungen – 200.000 Volt – zu verlegen), steht mit dem Rücken an die Fensterbank gelehnt und verfolgt meine fieberhafte Geschäftigkeit mit wohlwollender Aufmerksamkeit, zuweilen lacht er. Als gerade einmal alles schweigt, nützt er die Pause zu einer so scharfsinnigen Frage und einem so raffinierten Verbesserungsvorschlag, dass ich sofort die Zusammenarbeit mit diesem Mann vom Fach gewonnen sehe, der mit seinem Lächeln, seiner Gradlinigkeit, seinen guten Ideen und seiner imposanten Erscheinung voraussehen lässt, dass er vor nichts zurückschrecken wird, wenn er sich erst einmal engagiert hat.

Mit seiner Sachkenntnis, Großzügigkeit, Geduld, seinem Weitblick und Verhandlungsgeschick, verbunden mit einer unerschütterlichen Zuversichtlichkeit, war er ein Bürge dafür, dass die Montage des Stahlseils begonnen – und auch zu Ende geführt würde. Ein Seiltänzer braucht nun mal ein Seil, und so kann ich versichern, dass er der eigentliche Retter von TOUR ET FIL war.

Mein Schiff, das mir damals als Wohnsitz diente, füllte sich langsam mit kleinen Eiffeltürmen, das »Heft« wurde vor lauter Zeichnungen immer schwerer, und ich stellte ein Detailmodell nach dem anderen her: Leider reichte das alles nicht mehr aus … Die Herstellerfirmen brauchten Normen, die Werkmeister forderten maßstabgerechte Zeichnungen, die Computer wollten gefüttert sein, die Behörden verlangten prüfbare Berechnungen.

Mein Misstrauen gegenüber Ingenieuren ist bekannt. Zu viele von ihnen verwandeln sich, sobald ein Projekt ihren Prüfstempel braucht, in fanatische Feinde. Wirf ihnen eine Schnur zu, und sie kriegen keine drei Knoten damit zustande! Führe ihnen vor Augen – Gabel, Salzfässchen und Schnürsenkel in der Hand –: wenn ich hier ziehe, und dort ist der Turm, dann werden dort die Zugkräfte größer (»Sehen Sie, die Gabel verbiegt sich!«) –, und sie ziehen sich hinter ihre Formeln zurück wie Schnecken und beweisen einem von Amts wegen das Gegenteil. Und dabei hat dieser arrogante Kerl, der zum Rechnen die Finger braucht, ein viertel Jahrhundert lang Kabel verlegt.

So weit so gut, es gibt aber auch den idealen Ingenieur! Rémi Clément arrangierte eine Besprechung unter den hundert Jahre alten Balken der Seilerei Clément, wo die frisch gedrehten Hanfseile die Sonnenstrahlen in tausende länglicher Lichtflecke verwandelten, die sich auf Wände und Gesichter legten.

Und Jean-Paul Fèvre machte in diesem Sommer keinen Urlaub.

Er wich keinen Schritt von TOUR ET FIL.

Selbst das kleinste Rädchen der Höllenmaschinerie unterlag seiner Kontrolle, und heraus kamen dabei – zu welcher Tageszeit auch immer – von ihm unterzeichnete Berechnungen und Pläne.

Anstatt die Änderungen, die ich fortwährend durchsetzte, zu verwünschen, und mit mir über meine irrationalen Lösungsvorschläge zu streiten, anstatt mich zum Duell zu fordern, nutzte er unsere Meinungsverschiedenheiten wie einen Mörtel zu soliderem und schnellerem Entwerfen. Aber Vorsicht! Stellt ihn euch nicht als Gefangenen eines Regelwerks vor. Jean-Paul Fèvre verstand es ausgezeichnet, mit den drei Dimensionen zu jonglieren und war mit Seilen und Wind vertraut – mir war klar geworden, dass er sein eigenes Boot sicher steuerte.

Ich möchte doch feststellen, dass ich, nachdem ich nun schon den Entwurf gemacht hatte, auch – und mit Begeisterung – dazu in der Lage gewesen wäre, die Seilkonstruktion mit diesen meinen Händen aufzubauen, zu verankern und mit Hilfsseilen zu verspannen (jawohl, für eine Überquerung 1991). Ihr braucht es mir nicht zu glauben.

Es lässt sich ja auch an den verschlungenen Wegen dieser beispiellosen Zusammenarbeit ablesen, was sich wirklich abspielte: Jede gemeinsam gelöste Aufgabe brachte uns dem Abschluss der Arbeiten näher und erfüllte mich mit unsäglicher Freude – bald würde ich meine Hand auf ein Stahlseil legen können, das quer über alle Alltäglichkeiten hinweg gespannt war; endlich lag der Geruch des Aufbruchs in ein Morgen in der Luft.

Der Ingenieur. Der Seiltänzer. Der Unternehmer. Der Verbindung dieser Drei war es zu verdanken, dass das Seil sich wieder in sein Lichtkleid hüllte und mir bedeutete, dass es für die Vorführung bereit sei und das Rennen beginnen könne.

Über euren Gräbern werde ich trainieren

Zunächst mal brauchte ich ein Übungsseil, sechs Meter über dem Boden zwischen zwei Masten gespannt, wie man es im Circus sieht. Der Bürgermeister hatte mir Hilfe versprochen. Sein Beauftragter (auf den Gängen des Rathauses nannten ihn boshafte Gemüter – indem sie einfach ein »L« vor seinen Familiennamen setzten – L'Aumonier, was so viel wie Anstaltsgeistlicher oder Gefängnispfarrer heißt) hatte »kein Problem!« gesagt, als er meine Skizze mit den Maßen des benötigten Platzes erhielt. Weil nichts in Aussicht zu sein schien, schlug ich die Schwimmbäder, Turnhallen, Kirchen, Theater und Museen vor, die ich in der Zwischenzeit besichtigt und für geeignet befunden hatte. Da erhielt ich zur Antwort: Es besteht eine Möglichkeit im Beerdigungsinstitut, sehen Sie sich's mal an.

Das langgestreckte Gebäude liegt zwischen dem Hafenbecken von La Villette (*alter Pariser Stadtteil*) und dem immer »Hochwasser führenden« Verkehrsstrom vom Güterbahnhof. Man gelangt durch einen imposanten Torbogen, dessen Gittertor offenbar nie geschlossen wird, in einen weitläufigen gepflasterten Hof, der durch ein Glasdach aus der Zeit Monsieur Eiffels geschützt ist. Rechts und links befinden sich Laderampen.
Und dann tauchen sie überall auf!
Die klassischen, braun lackierten, mit Zierleisten und Griffen aus Messing für die Vornehmen und Reichen. Die grob gehobelten, zusammengeschusterten aus ästiger Fichte für die armen Schlucker. Die mickrigen, mit verdünnter Farbe gestrichenen für die Kleinlichen und Knauser. Prunkstücke des Kunsttischlerhandwerks mit lächelnden Engelchen und silbernen Beschlägen für die Geldsäcke und deren Gattinnen mit ihren diamantenbestückten Händchen. Die unscheinbaren, matt-schwarz, für Dichter und Phantasten. Die weich gefütterten für die Empfindlichen und Eitlen. Die aus Ebenholz für die For-

schungsreisenden. Schließlich die langen für Menschen von hohem Wuchs, die vorschriftsmäßigen für die Bürokraten. Die kurzen für Kinder und Zwerge, die einen noch mehr zu Tränen rühren als die ganz winzigen für die Neugeborenen. Graue, grüne, grüngraue für die Fälscher und Mörder.

Einige sind aus Aluminiumblech, zweifellos Übergangslösungen für das Warten auf Eiche oder Urne oder für die Leicht-Verweslichen, die Nie-Zufriedenen, für die, die eben anders sind als die anderen. Hier ein aufgebrochener, in der Gosse verrotteter – für irgendeinen Penner? Da versteckt sich ein Einzelgänger unter einem Abflussrohr – für einen Entlaufenen, Ausgerissenen? Dort hinten sind sie aufgestapelt zu einer wackligen Pyramide, richtige Akrobaten.

Überall Särge.

In den Untergeschossen werden sie gefertigt, warten in den verschiedenen Stockwerken auf das Lackieren, lagern zum Trocknen im Dachstock. Der Bestand enthüllt sich mir durch eine ausgiebige Besichtigung, zu der mich die Tatsache ermutigt, dass jede Aufsicht fehlt – aber, was mich betrifft, wie käme ich auf die Idee, einen Sarg zu stehlen?

Ruhig, abgelegen, feierlich, inspirierend, provozierend: die ideale Stätte für mein Training. Und praktisch: ein niedriger Tisch, umgeben von ein paar Sitzen für eine Arbeitsbesprechung? ... Bitte schön! Ein Resonanzkasten für meinen Plattenspieler? ... Hier ist er! Eine Bar für ein kühles Bier und ein paar Appetithäppchen zum Feierabend?

Im Schatten da hinten ein sanftes Ruhebett für eine kleine Siesta zwischen zwei Proben? Ja, dieser hier – können Sie mir mal helfen, der geht schwer auf! Ich stelle mir die Gesichter der Journalisten vor, die mich interviewen wollen, und wie der Fernseh-Kameramann sich abmüht, damit die Sterbekisten im Hintergrund nicht aufs Bild kommen. Und wenn ich einmal die Zeit dazu hätte: welch ein märchenhaftes Gelände zum Versteck-Spielen, meinem Lieblingsspiel!

Leider heißt man den Seiltänzer, der sich so gern über der ganzen Unordnung tummeln möchte, nicht willkommen: »Nein«, protestiert der Verantwortliche am Platze, »das behindert mich beim Umräumen und bringt die Fahrer durcheinander.«

Als ich den abschlägigen Bescheid auf den Schreibtisch der allgewaltigen Behörde werfe, die mich in das Institut geschickt hatte (»kein Problem!«), rechne ich eigentlich mit einer sofortigen Kehrtwendung des Direktors. Aber nein, der besteht auf seinem Hausrecht: Das Bürgermeisteramt von Paris hat nicht die Macht, den Willen seines Bürgermeisters durchzusetzen!

Nach 45 Tagen Suche beschließe ich, diesen Vorfall wie den vorhergehenden einzustufen. Weil die Stadt Paris nicht dazu in der Lage ist, ihr Versprechen zu halten – und damit ich mit meinem Training beginnen kann –, weiß ich jetzt, wo man meine Enttäuschung teilen wird: beim Gegner.

Am nächsten Tag klopfe ich laut und kräftig beim Kultusminister an. Ich hatte etwas entdeckt.

Die Kunstakademie

Ich erkundete die Gegend um die versteckt liegende, ehemalige Kapelle, in der Henri Cartier-Bresson seine Vernissage haben sollte. Ich war zu früh dran. Ein riesiges Gewächshaus ohne Pflanzen – die Standbilder waren auch geflüchtet – nimmt mich in seine Stille auf. Hoch wie der Himmel, die Wände durchlichtet von Öffnungen unter Arkaden. Eine Säulenreihe mit Kapitälen und Rundbildern, darüber eine Aussichts-Galerie. Dieser verlassene Saal zeugt noch von seiner ursprünglichen Bestimmung: Studienstätte der Französischen Akademie der Bildenden Künste in Paris.

Ein Paradies für Seiltänzer. Soll mir doch keiner weismachen, dass die gusseisernen Säulen nur verkleidete Regenfallrohre wären und keine tragenden Stützen, und dass sie die drei Tonnen Zug eines Drahtseils nicht aushalten könnten!

Und weiter?
Mein Freund Jean-Jacques Aillagon kennt in der Chefetage der Kulturabteilung des Pariser Rathauses den für die Akademie der Bildenden Künste zuständigen Mann, erhält jedoch einen abschlägigen Bescheid. Und das, obwohl Anne de la Baume in der Fondation Marcel Bleustein-Blanchet pour la Vocation[2] (mein Schutzengel bei TOUR ET FIL, wenn man Catherine Dolto-Tolitch in diesem Zusammenhang den Degenträger nennen will) den gleichen Menschen kennt und mich empfiehlt. Ich bekomme einen Termin bei Didier Wolfromm, stelle das Modell auf den Tisch und überzeuge ihn: »Genehmigt, wenn der Minister einverstanden ist.« Im Ministerium für Kultur (und für Verkehr und für öffentliche Bauten und für die 200-Jahr-Feier ... oh, diese Franzosen!) wende ich mich nun an Christian du Pavillon. Er hatte seinerzeit alles für CORDE RAIDE–PIANO VOLANT[3] geregelt, meine Show mit Jacques Higelin, oberhalb von Chaillot 1984. Christian ist ein unermüdlicher Architekt, der selbst Unmögliches schnell und gut baut. Obwohl

er durch die China-Probleme von Jean Paul Goude – an der Parade zum 14. Juli sollte eine große Gruppe Chinesen teilnehmen – in Arbeit fast erstickt, findet er die Zeit, ein paar geniale Einfälle zum Seil sowie einen zündenden Brief zu schicken.

Zurück zum Seil.

Drei Tage später schwebt es, unter meiner Aufsicht von Linélec montiert, lichtumhüllt zwischen Marmorplatten und Gitterträgern. Neun Monate habe ich keinen Fuß auf ein Seil gesetzt. Seit dem Training an den sechshundert Metern des Grand Canyon. Trotzdem ist mein Körper sofort wieder ein Herz und eine Seele mit dem Stahl.

Nun reiht sich Stunde an Stunde auf Zehenspitzen, hin und zurück, leicht und lässig, durchflutet von glühender Freude. Die großen Meister der Künste und Wissenschaften, dort unter ihre Gips-Perücken gebannt, trauen ihren Augen nicht. Ich strecke mich auf dem Seil aus, um mehr von dieser Symphonie in mich aufzunehmen, die mich rings umgibt, gleite in Gedanken über die Träger des Daches dahin, durch die Verglasung hinaus, verschmelze mit dem Himmel.

Es ist ein weiter Weg von diesen elf Metern Seil, das sich in der Höhe Lanne'scher Stelzenläufer spannt, bis zu jener endlosen Länge, die mir in Aussicht stellt, den Turm zu umarmen …

Aber mit der Schwerelosigkeit kommt die Lust wieder!

He, Sie, ich verhafte Sie gleich!

»Mademoiselle«, »Königin der Nacht«, solche Titel und Anreden sammelt sie. Du brauchst Paris, New York, Monte-Carlo, Rio nur einmal mit einem Zauberstab zu berühren, und falsche Brillanten werden Mode. Ihre Paläste aus Pappmaché haben nichts Solides an sich außer der Eingangstüre, die immer halb offen steht für die Emporkömmlinge, für die Mächtigen der Welt, für diejenigen, die im Blickpunkt der Öffentlichkeit stehen.

Also gestern, auf dieser Cocktailparty, wo ich das Geld nur so rausgeschmissen habe, legt sie mir, wie sie mich wiedererkennt, die Hand auf die Schulter, stellt mich dem nächstbesten Grafen vor und ruft: »Ich hab' ihn bekannt gemacht!« Ich muss darauf antworten, auf die Gefahr hin, dass ich meine Kniescheiben riskiere und dass die Helfershelfer dieser von den großen Modeschöpfern herausgeputzten Klub-Bonzen, dieser Yacht-Lungerer, dieser Formel-1-Vernarrten, dieser Kokser-Junkies, die beim Metzger anschreiben lassen und nicht bezahlen, dieser Angeber, die mit zu vollem Glas Ansprachen halten, dieser Tratsch-Süchtigen, der Freigiebigen – wenn sie Zuschauer haben – meinen bescheidenen Besitz in Flammen aufgehen lassen.

Fuck you, Regine!

Der dreihundert Meter hohe Turm

Wussten Sie, dass in den Vereinigten Druckereien Lemercier in Paris am 1.Juni 1900 der Druck eines zweibändigen Werkes im Format von 380 x 545 mm mit dem Titel *Der dreihundert Meter hohe Turm* zum Abschluss gelangte, dessen Autor Gustave Eiffel war?
 Ein Textband schildert die Konzeption, beschreibt das Bauwerk und seine Montage. Ein Band mit Stahlstichen enthält Entwürfe, Konstruktionspläne und statische Berechnungen. Es gab 500 nummerierte Exemplare. Eines davon, die Nr. 334, bewahrt der Chefingenieur des Eiffelturms in seinem Büro auf. Ich durfte ihn 1984 zu einer Beratung besuchen, als ich mit meinen Untersuchungen begann.

Drei Monate vor der Überquerung erfahre ich, dass gerade ein Faksimiledruck von diesem Werk in Paris erschienen ist. Herausgeber ist ein gewisser Guyot aus der Gegend von St. Sulpice. Ich treffe mich mit ihm. Er lässt sich von meinem Vorhaben berichten, schätzt sofort dessen artistischen Rang ein und erfasst, wie viel mir das Buch bei meiner Arbeit nützen kann.
 »Unentbehrlich ist es!«, korrigiere ich ihn.

Der Mann stellt auf seinen Schreibtisch einen großen Metallbehälter, der mit Motiven des Eiffelturms verziert ist. Er entnimmt ihm zwei schwere Bände und belehrt mich darüber, dass man Originalausgaben sorgfältig geprüft hat, um die besten Stahlstiche herauszusuchen, und dass man diese Werke auseinandernehmen musste für die Reproduktionen. Nachdem man jede Vorlage sorgfältig retuschiert hatte, was hunderte Stunden gewissenhafter Arbeit kostete, erfolgte der Druck über Fünf-Farben-Offset mit bester Druckqualität und elektronischer Farbregelung.
 Die Bindung? Zweibändig, ganz in Büffelleder, Oberfläche naturgenarbt, Farbe olivgrün mit verziertem Rand, die Innenseite des Leders gefüttert, 250-Gramm-Papier, ungeleimt.

Der Rücken mit fünf echten Bünden, handeingezogene Ecken. Kopfschnitt mit 22 karätigem Gold. Die Stahlstiche auf Falz eingeklebt, Patentfalzheftung.

Ich biete ihm an, in Frankreich und im Ausland für dieses Wunder zu werben, und dafür als Gegenleistung ein Exemplar ...

»Für Sie.« Ohne weitere Umstände überreicht mir der Verleger das Exemplar mit der Nr. 11 / 600.

Weil ich es nicht so lange aushielt, bis ich wieder auf meinem Schiff war, begann ich schon auf einem Parksitz im Jardin du Luxembourg, im Schutz des Efeus am Medici-Brunnen, das Meisterwerk zu verschlingen. So erfuhr ich von der Existenz der riesigen Sandkästen, die am 7. Dezember 1887 den millimetergenauen Anschluss der vier Pfeiler in der ersten Etage ermöglichten – ein Arbeitsschritt, den Eiffel besonders gefürchtet hatte.

Ich erfuhr, dass der Turm auf einen Winddruck ausgelegt ist, den es in unseren Breiten praktisch nicht gibt: 400 kg/ qm (300 kg/qm kommen bei starkem Orkan vor, der hierzulande selten ist; 150 kg/qm kippen einen Güterzug um).

Ich staunte, dass dreitausend Konstruktionspläne, jeweils 1,00 x 0,80 m groß, erforderlich gewesen sind, dass kein einziges Mal in den einundzwanzig Monaten der Montage (einschließlich zweier Winter) ein Werkzeug hinuntergefallen ist; dass die Riesen-Baustelle nur von zwei Nachtwächtern bewacht worden sein soll.

Es interessierte mich sehr, dass allein im August 1889 zweiundzwanzigtausend Niete pro Woche gesetzt worden waren, was einer durchschnittlichen Tagesleistung von 1650 Stück entspricht; dass bei der ersten Erneuerung des Anstrichs 1892 leinölgebundenes Bleiweiß und Ocker der Marke Parquin benötigt wurden.

Es freute mich zu hören, dass die Baustellenordnung die sofortige Entlassung jedes Arbeiters vorsah, der beim Trinken erwischt wurde oder Streit anfing (meinen Bruder und mich hätte man nicht lange behalten!), und dass man den Tod nur eines Arbeiters zu beklagen hatte – aber das war nach Abschluss der Bauarbeiten, und der Mann hatte verbotenerweise einen Träger betreten.

Kopf im Korb

»Ich habe Ihre Frau getötet. Der Kopf liegt in einem Korb. Was soll ich damit machen?«

Diese Situation wäre sehr unangenehm und auch »anrüchig«, denn der Bürgermeister von Paris würde das diesbezügliche Briefchen oder die telefonische Mitteilung erst viele Tage später erhalten.

Wenn er sie überhaupt erhielte. Merkwürdigerweise geraten Nachrichten an den Bürgermeister stets in die Hände von Sekretärinnen und Mitarbeitern, die dann darüber entscheiden, nur nicht zu ihm selbst.

So manches Mal war ich unverschämterweise nahe daran, diesen unsinnigen, typisch französischen Machtmissbrauch bloßzustellen und dergleichen Meldungen dem Zufall in die Hände zu spielen, aber ich habe mich aus anerzogener Höflichkeit nie dazu entschließen können.

In der Folterkammer

Es war nicht das erste Mal, dass ich mich entschlossen hatte, einen zu foltern, um die Wahrheit zu erfahren. Ich hatte ihn willkürlich aus tausend anderen herausgegriffen. Er wurde von den Seinen getrennt und in Eisen gelegt. Da hing er nun, abgestumpft, an die Höllenmaschine gefesselt mit zwei Metallmanschetten, die wiederum in hydraulischen Spannvorrichtungen steckten.

An bestimmten Stellen des Körpers hatte man ihn mit Schmierfett eingerieben, es war heiß, er schwitzte, er war bei sich und zitterte nicht. Die Fachleute um ihn herum, in ihren weißen Kitteln, stellten ihre Messinstrumente ein, die Journalisten bereiteten sich darauf vor, den schicksalhaften Augenblick in Worten festzuhalten. Ausnahmsweise war eine Fernsehkamera zugelassen, und obwohl ein Pressefotograf anwesend war, hatte ich erlaubt, dass jeder seine private Kamera benutzen durfte.

Alles war bereit. Man wartete nur noch auf mich.

Unbekümmert erschien ich mit Verspätung und einem Lächeln. Der Leiter des Unternehmens flüsterte mir zu, dass die Zeit dränge, andere Folterknechte warteten schon, zwei weitere Vollstreckungen stünden noch auf dem Programm.

Als Antwort darauf trat ich näher, setzte ihm meinen Fuß auf den Bauch und drückte gewaltig. Dann gab ich bekannt: »Er ist soweit!«

Ich nahm zwei Schritte entfernt Aufstellung, den Körper halb verdeckt hinter einer Holzplatte, rückte meine Schutzbrille zurecht: man kann nicht vorsichtig genug sein – beim letzten waren beim Krepieren Fleischfetzen herumgeflogen und Knochen, die können einen ganz schön verletzen.

Ich forderte Stille und gab den Befehl: »Feuer frei!«

Gehorsam fuhr die Streckbank ihre Spannfutter auseinander. Der Zeiger der Haupt-Skala zeigte 10 ... 20 ... 30 ...

»Stop!«
Ich verlasse meine Deckung, steige von Neuem auf ihn drauf. Ich fahre ihm mit meinen Arbeitshandschuhen zärtlich das Rückgrat entlang; er ist bis zum Zerreißen gespannt, gibt aber keinen Ton von sich.
»Gut, weitermachen!«
35 ... 45 ... 55 ...

Ein erstes Knallen zeigt mir an – ich kenne das schon –, dass seine Wirbelsäule gerade nachgegeben hat. Das Weitere spielt sich in Sekundenbruchteilen ab – ein Gewehrschuss: der Kopf platzt auf, Gliedmaßen werden losgerissen, da hängt er, starr, bedauernswert, grauenerregend, während leichter blauer Rauch aufsteigt.
Ich trete hinzu und stelle den Tod fest.
»65, 74? Hmmm, nicht schlecht. Mehr konnte man von ihm nicht verlangen!«

Man befreit die Materialprobe meines Kabels, die bei der Herstellung der 1000 m-Strecke in der Fabrik genommen wurde, aus der ultramodernen, auf 900 to geeichten Streckbank und bemüht sich dabei, sich nicht an den zahlreichen, beim Zerreißen zerfaserten Stahldrähten zu stechen. Das 1 Meter lange, 29 mm dicke Stahlseil ist »sauber« gebrochen: keine Faser der sechs Litzen verrät eine abnorme Verformung, die auf ungleichmäßige Lastverteilung zurückzuführen wäre.

Das Testergebnis von 65, 74 to bewies mir, dass ich nichts zu befürchten hatte, da die höchste zu erwartende Spannung unter 30 to liegt.
Ich bat den Leiter der staatlichen Materialprüfungsanstalt, mir das Stück demnächst zukommen zu lassen, sobald es geeicht und mit Prüfsiegel versehen sei.
»Machen wir, Monsieur! Bis zum nächsten Mal!«

Die achthundert Meter

Welch eine Ruhe!
Eine alte Landebahn erstreckt sich vor mir, macht einen Katzenbuckel, weil die Stacheln sie kitzeln, die aus ihrem rissigen Beton herausragen. Sie liegt hinter dem bescheidenen Flugplatz von Coulommiers-Voisins, vierundfünfzig Kilometer von der kupfernen Rosette des Notre-Dame-Vorplatzes entfernt. Nachbarn? Keine. Nur weites Land.

Zu Beginn des Abenteuers TOUR ET FIL bewies unser Beauftragter im Pariser Rathaus, Thierry Aumonier, wie nützlich er war: Auf meine Bitte hin, eine längere Trainingsstrecke zur Verfügung zu stellen (einen Feldweg, einen Acker, eine stillgelegte Straße oder Bahnlinie, Flugplatzgelände), hatte er den Flugplatz reserviert und unverzüglich veranlasst, dass mich der Präsident der Pariser Flugplätze mit einem Brief einlud, dort ein Seil zu installieren, natürlich vorbehaltlich der Zustimmung des Verantwortlichen am Platze. Letzterer, ein charmanter Herr namens Crépelle, zeigte sich begeistert von meinem Modell und dem begleitenden Präsentations-Vortrag, der mittlerweile bis zum Brechreiz perfektioniert war und keine Alternative offen ließ.

Auf dem Gelände besprachen wir die ideale Anordnung, während der Wind versuchte, uns den 1:5000er Plan zu entführen, den wir auf der Motorhaube seines Wagens auseinanderfalteten.

Hier würde es also sein. Entlang dieser Piste, die ausschließlich der Sicherheit derjenigen Piloten dient, die zu spät abgehoben oder die Landebahn verfehlt haben. Diese Bahn muss aus Sicherheitsgründen frei bleiben; infolgedessen wird mein Hoheitsgebiet dieser 3 m breite und 800 m lange Randstreifen sein, auf dem die Unkräuter wild wuchern und schon das anschließende Maisfeld und die Teltower Rübchen anknabbern.

Welch ein Genuss, sich auch der Dinge zu bemächtigen, die schwerer sind als Luft!

Firma Linélec betritt die Piste.
Zunächst mit den Geometern, die per Laserstrahl eine vollkommen gerade Trasse legen. Was für ein Unterschied zu meiner Vermessung durch Abschreiten, die mich einen ganzen Tag gekostet hätte! Anschließend kommen die Bagger. Kurze Zeit später »ruhen in Frieden« zwei »tote Männer«, bekleidet mit ihren Seilschlingen.

Am folgenden Tag: die Kabeltrommel, fabrikneue, taufrische 1000 Meter. In strömendem Regen, der rücksichtslos im Tiefflug über den Boden fegt, rollt ein Dutzend Arbeiter das Seil aus. Es wird gespannt. Es hebt sich, mit werkseitigem Fett und dem Lehm des nassen Bodens verschmiert. Ich beschließe, es nicht zu säubern, um die Schwierigkeit des Trainings, das ich sehr hart gestalten möchte, noch zu erhöhen. Aus dem gleichen Grund lege ich 100 Meter zwischen jeden metallenen X-Bock, der das Kabel abstützt. Ohne Cavalettis ist das ein höllischer Abstand. Das ist auch die Spannweite meiner ersten Siege auf der großen Wiese von Vary. Da ich mit Zahlen wenig am Hut habe, kann ich mit einer Messeinheit am besten umgehen: 100 m, das ist Vary; sechsmal 100 m, das war das Training im Grand Canyon im vergangenen Jahr. Warum hier, bei dieser kräftraubenden Distanz, achtmal 100 m? Kathy hat mir davon abgeraten; weil sie sich an meine Versuche im Grand Canyon erinnerte (beim erstenmal vier Stunden Kampf, zum Schluss bei Scheinwerferbeleuchtung, was mich anschließend zu einer dreitägigen Ruhepause zwang).
Wozu?
Nun, um mich für diese endlose, mörderische Länge zu wappnen, die am 26. August unter meinen Füßen dahinziehen würde! TOUR ET FIL, das sind fast 700 m, 100 m weniger als hier, ich kann schon zählen!

Soll ich selbstgefälliger Vogel mich einschleichen, über die 800 m verschmiertes und schlecht gespanntes Stahlseil hingleiten, Schritt für Schritt, ohne zuviel Federn zu lassen, abwechselnd: mit zu schwerer Balancierstange, gegen die Sonne, barfüßig; zügig durchlaufen ohne auch nur einen einzigen Zwischenhalt, bei direktem Gegenwind von 25 km/h, von seitlichen Böen geschüttelt, die mir die Balancierstange verdrehen, im schwachen Nieselregen, bei stürmischen Eisregengüssen, trotz der Cavalettis, an denen man auf jeder Seite rüttelt, um die Schwierigkeit zu erhöhen, oder in der Abenddämmerung, wenn die Schatten alle Konturen verwischen bis zur Schwärze der Nacht, oder auch ohne Cavalettis, wenn einen die Schwingungen aus dem Konzept bringen, oder, warum nicht – aus seiltänzerischer Tollheit – ohne die Balancierstange? Soll ich das …

Dann, ja dann würde ich es wissen. Dann würde ich mir die Gewissheit verschafft haben – völlig durchnässt, aber was macht mir das! –, die Gewissheit, dass der Weg zum Turm, gestern noch illegal, morgen zum Spaziergang werden könnte, ein Vergnügungsflug, schon im Voraus bewältigt. Denn ich hätte ganz gewiss die starken Winde besiegt – und das Rendezvous mit der Sonne wäre bereits verabredet.

Um selbst daran zu glauben, bleiben mir noch siebenundfünfzig Tage.

Jules Cordière

Jules ist ein Teufel. Ein richtiger Teufel!
Platz da!
Da ist er, Athletenkörper, struppiges Haar, riesengroße Augen, kommt auf den Händen gelaufen, um mich auf den Mund zu küssen. Ja, auf Händen! Und aufs Feuerspeien verzichtet er nicht etwa deshalb, weil Rauchen verboten ist, sondern weil ihr ihn freundlich darauf aufmerksam gemacht habt, dass es euch stören würde und er einen doch gern habe. »Dein Wunsch ist mir Befehl!«, brüllt er dann manchmal zurück, aber wenn er mir, tüchtiger als jeder andere Helfer, seine starke Hand leiht, hat er keineswegs etwas von einem Sklaven an sich (ein Wort, mit dem er liebend gern diejenigen bezeichnet, die ihm helfen).

Jules kennt sich in der Kunstgeschichte aus, er ist ein erklärter Vagabund, er kann auf einem Drahtseil laufen. »Schlappseile, die hab' ich zum Fressen gern«, beliebt er zu sagen ... Aber Jules »sagt« nicht, er deklamiert. Er nimmt kein Blatt vor den Mund. Er schleudert seine Worte wie Wurfpfeile und verfehlt nie die Scheibe. Er malt, bildhauert, schmiedet Sprache wie auf einem Amboss. Er quält die Sprache, dass sie unter seinen Zähnen um Gnade winselt, um dann umso heftiger mit dem nächsten Satz herauszuplatzen. Kommt er an das boshafte Dröhnen von Raymond Devos heran? An die erhabene Romantik von Alain Cuny? Jules spottet jedem Vergleich, wenn er spricht. Damit wird man ihm nicht gerecht.

»Haste das Vieh gesehen?« Dieser dröhnende Ausruf entfährt ihm jedesmal, wenn er auf einen zukommt, beide Hände an den Aufschlägen seiner Jacke, die er darauf mit einer theatralischen Geste aufreißt, wobei der sich blähende Brustkorb einen Hemdknopf nach dem anderen absprengt und davonfliegen lässt, so dass man über die ganze Breite seiner Brust – ob man will oder nicht – ein tätowiertes Ungeheuer erblickt: halb Adler, halb Drache.

Man verdächtigt ihn, absichtlich ein zu enges Hemd zu tragen, bei dem er jedesmal, wie es sich gehört, die fünf Theater-Knöpfe wieder annäht. Aber was ändert das?

Solange er unterwegs ist, führt er ein erfülltes Leben. Seit fünfundzwanzig Jahren – nicht alle waren glänzend – lungert er in den Straßen herum, bringt er mit langen Schritten den Asphalt hinter sich. Viel Glück denjenigen, die sich ihm in den Weg stellen! Egal wie groß der Menschenauflauf ist, ob er vom Seil stürzt, er wird es dort spannen, wo es ihm gefällt. Bei Tag und bei Nacht, unempfindlich gegen kalten Wind und forschende Blicke, gegen junge Polizisten, die ihn verhaften wollen und die er gleich duzt: »He, du, du bist ein bisschen mickrig, hol dir sechs Kumpels zur Verstärkung!« Jules verwandelt sich oben auf einer Mülltonne in eine Statue, wirft einen drohenden Blick in die Runde, der die Menge erstarren lässt; dann bricht er das Schweigen mit seiner Ansprache, die immer so beginnt: »Anwesende und Nicht-Anwesende, Leute von überall und nirgends, guten Abend! Erlauben Sie einem Possenreißer …«

Mehrere Wochen lang hat er mir Kraft gegeben durch seine Komplizenschaft mit mir und der Kunstakademie und mit den 800 Metern; vor jedem Trainingslauf bereitete er den Aufbau vor. Dann war er plötzlich verschwunden. Er sollte der Verantwortliche für die Cavalettis während der Überquerung werden, vom Boden aus über mein Leben wachen. Hatte er Angst bekommen? Wovor? Hatte es irgendetwas gegeben, eine Geste (und was für eine?), eine Silbe, einen unangebrachten Tonfall, der ihn die Flucht ergreifen ließ?

Hast du die Vorführung gesehen? Komm zurück!

Die große Unbekannte

Ich erzählte niemandem etwas davon: ich begab mich regelmäßig auf eine kurze Reise, um mir Klarheit über eine wichtige Frage zu verschaffen.

Ich hatte entdeckt, dass ich mir bei der U-Bahn-Fahrt zwischen den Stationen Bir-Hakeim und Passy – man konnte dabei gerade bis sieben zählen – das Querprofil meiner Trasse veranschaulichen konnte. Bei jeder Fahrt ging es darum, aus einer imaginativen Eingebung heraus die Steigungslinie, die mein Seil annehmen würde, auf das vibrierende Zugfenster zu zeichnen.
Obwohl meine seiltänzerische Erfahrung sowie die Gleichungen des Ingenieurs das Gegenteil bewiesen – würde diese Linie morgen, wie ich es gestern festgestellt und wie es sich mir heute bestätigt hatte, vielleicht doch zu steil zu ersteigen sein?
Ich war mir ganz sicher.

Im Schlaf packte mich die Angst davor.
Das Schwierigste dabei war, bis zur Vorstellung durchzuhalten, ohne mit jemandem darüber zu sprechen.

Die Arbeit mit der Balancierstange

Wohin ich meine Schritte auch lenkte, Kathy heftete sich an meinen Schatten und verfolgte unter dem Seil bei jedem der 800 m-Trainingsläufe Schritt für Schritt, sammelte so seitenweise Informationen:

Wetterbericht mit Windstärke und Windrichtung, Seilspannung, Anzahl der 100 m-Abschnitte ohne Cavaletti, Anzahl der Cavalettis, Bauart, Marke der verwendeten Balancierstangen und -schuhe. Jeder Cavaletti, jede Befestigungskreuzung wurde nummeriert. Die Schwingungsausschläge in der Senkrechten und Waagerechten wurden vermessen. Die geringste Reaktion meinerseits wurde notiert. Unerbittliche Zeitnahme.

Demzufolge war zu lesen:

Donnerstag, 8.Juli 1989. Dritter Versuch.
Regen von vorn, leichter Wind aus Nord-Ost.
Balancierstange »Rudy Omankowsky« (8 m, 27 kg).
Schuhe wie beim World Trade Center.
Start: 17 Uhr 23.
In der Mitte der ersten 100 m-Strecke ohne Cavaletti heftige senkrechte Schwingung (1,50 m). Verliert die Kontrolle. Fällt in den Sitz. Steht wieder auf. Macht drei Schritte. Fällt wieder in den Sitz. Als Folge des Aufpralls waagerechte Schwingung mit 2 m-Ausschlag. Regen wird stärker. Zittrig weiter bis zur Verspannung Nr. 2. Langer Halt (3 Min.).
18 Uhr 12: sehr lange Ruhepause (4 Min.) bei Verspannung Nr.6.
Schwäche in den Schultermuskeln und Schwierigkeiten mit der Balancierstange (das Klebeband ist im Regen aufgeweicht und hat sich gelöst).
Letzter Abschnitt: häufiges Anhalten und Abwischen des vor Nässe triefenden Gesichts.
Dauer der Überquerung: 1 Std., 27 Min.

Unterbrechungen: 34.
Bemerkungen: eine leichtere Stange? Schneller gehen? Längere Pausen?

Unter dem Datum 15.Juli, fünfter Versuch, heißt es:
Große Hitze, Windstille.
Anzahl der Cavalettis: 24.
Schuhe: italienische, von Fumiko entdeckt.
Balancierstange: gefertigt von Alain (7,80 m, 24 kg).
17 Uhr 56 Start, Gegenlicht, geht schnell und sicher.
18 Uhr 02: ein Ultraleichtsegler kreuzt mehrmals in geringer Höhe über dem Seil, Pilot offenbar neugierig, Konzentration futsch.
18 Uhr 04: Krampf im Arm, horizontale Schwingung (0,75 m), schwierig unter Kontrolle zu bringen.
18 Uhr 18: Am linken Bein ein Insekt. PP lässt sich auf keine Jagd ein!
18 Uhr 26: sichtlich erschöpft, atmet schnell, hält Stange sehr tief.
18 Uhr 27: angekommen.
Dauer der Überquerung: 31 Min.
Anzahl der Pausen: keine!

Vom Seil aus gesehen waren die Eindrücke, die mir in Erinnerung blieben, anderer Art.
Ich war der Läufer mit der Balancierstange, der unablässig die gleichen Bewegungen ausführte. Ich war ... sehen Sie selbst:
Also, Kathy, zwei Schritte hinter mir, beobachtet und notiert. Rechts von ihr ruft Kurt die überschrittenen Cavalettis aus und liest mit lauter Stimme die in die Erde gesteckten Schilder vor, die mir mein Vorankommen deutlich machen: »Cavaletti Nr. 8, Ende der Springbrunnen! Cavaletti Nr. 11, Anfang der Brücke!«
Es folgt der junge Burro, mit einem Bein auf dem Gras, mit dem anderen auf dem Beton, mir am nächsten, aber nicht so nahe, dass ich ihn sehen könnte – gebeugt unter der Last eines Kassettenrekorders, der weiter auslädt als seine schmalen Schultern. Er muss halb taub sein von der Musik, die ihn in voller Lautstärke umschmettert. An seiner Seite gehen Jules und Manu, überprüfen die Konstruktion, jederzeit

bereit, ein schlaffes Seil nachzuspannen. Und da ist Isabelle – das Drehbuch in der Hand –, manchmal in meiner Nähe, dann wieder am anderen Ende der Strecke, die sich als Regisseurin betätigt: »Philippe, du hast vergessen die Fährleute zu grüßen!« Oder auch: »Ich war ganz da hinten, weißt du, was toll ist: du musst erst wieder aufstehen, wenn der Satie (*Musik von Érik Satie, Komponist*) zu Ende ist ...« Dann kommt Fumiko, die auf alles Acht gibt. Sie wird viel zu tun haben, falls ich mich dazu entschließe, noch einen weiteren Kostümwechsel zu machen, oder wenn bei der Überquerung ein Schuh zerrissen ist.

Weit dahinter, damit mich das Motorengeräusch nicht stört, rollt Alain mit halber Kraft mitten auf der Bahn dahin. Zigarre und ein Lächeln im Gesicht. Wenn etwas passierte, würde er mit hundertachtzig km/h losjagen – im Moment geht alles gut, warum ist er also so vergnügt? Ein paar Freunde und Gäste beschließen den Zug, über ihnen ein paar Vögel, die die Neugierde herbeigelockt hat.

Ungehindert, weil unsichtbar, streift Michael, der Fotograf, überall herum und knipst seine Sicht des Abenteuers.

Denken Sie sich noch einige Helfer hinzu, die kommen und gehen, ein Fernseh-Team, das Aufnahmen machen will – »Setzt ihnen Grenzen, sonst ist nichts vor ihnen sicher!« – und drei Techniker von der Pariser Videothek, die immer alles, was passiert, aufnehmen.

Die ganze farbenfrohe, bunt zusammengewürfelte Gesellschaft mit ihren Ferngläsern, Windmessern und Kompassen bemüht sich schlecht und recht, aber eifrig, mir möglichst leise zu folgen. Wenn ich anhalte, halten auch sie an. Wenn ich mich wieder in Bewegung setze, gehen auch sie weiter, schützen sich mit Kapuzen, Zeitungen, Säcken, wenn der Regen uns überfällt, schwingen Leuchten, Feuerzeuge, Fackeln, wenn der Einbruch der Nacht uns überrascht.

Ich war ein vom Wahnsinn geschlagener Herrscher, auf der Flucht nach vorn, unempfindlich gegen Sturm und Finsternis, der seinen Hofstaat (alles Verdammte!) wie benommen geradewegs in die Hölle führte.

Andererseits war ich ein Gefangener des Seils, zerbiss mir die Lippen, um nicht zu jammern. Brüllte Befehle, alles musste nach meinem Kopf gehen: »Macht die Musik aus, Musiiiik aaauuus! Jean-Marc, kannst du noch nich mal aufn Knopf drücken? Dann lass jemand anders dran! ... Was? ... Er kann mich nicht hören wegen der Musik? Ach so.« Schlecht gelaunt, böswillig, alle und alles zum Teufel wünschend, besessen von dem Zwang zu siegen. »Kurt, wo bin ich hier? Bin ich an der 23. vorbei?« Wütend. »Ruhe, verdammt noch mal!«

Oder, was noch schlimmer war: ich verließ schweigend das Seil. Als Gallionsfigur an den Bug irgendeines Geisterschiffes genagelt und den Sturmteufeln ausgeliefert. Oder an die Ruderpinne gefesselt, wie es die Stiche zeigen, die »Die Erzählung des alten Seemanns« illustrieren, die Hanfstricke so angezurrt, dass die Knochen brechen und das Salzwasser in die Wunden dringt.

Oder auch noch, wie Yeats es in »Shadowy Waters« gewollt hat: sich der endlosen Suche nach einer hinreißenden Königin hingeben – der Todesgöttin? – an Bord eines fluchbeladenen Schiffes, um das ein Schwarm Vögel mit Menschenköpfen kreist.

Aber jedesmal, wenn der Bug die Wogen teilte, im Auf und Ab, im Eintauchen und wieder über den Schaumkronen Erscheinen und erneut im Wellental Verschwinden, war ich, wohl oder übel Gischt schluckend, Wellenreiter über dem Grausen, trotz aller Erschöpfung, trotz der Einsamkeit und sehr oft auch der absoluten Stille. Selbst als ich meine Karten verbrannt hatte, meine Instrumente zerstört, den ältesten Rum getrunken, hielt ich den Kurs, ich war – das muss man mir glauben – dieser gierige Wasservogel, der immer weiter jagt, den Schnabel in den Wellen, die Flügel im Wind, den Blick in die Ferne gerichtet.

Manchmal narrte mich der Boden. Das Gras fuhr unter meinem Blick dahin, als würde es auf einem Teppich gezogen. So etwas kam nach einer langen Strecke vor, die ich in einem Zug zurückgelegt hatte, wenn ich die Balancierstange auf einem Oberschenkel zur Ruhe brachte, um eine Pause einzulegen. Ich musste die Augen aufreißen und die Schultern schütteln, um diese optische Täuschung loszuwerden, die meinen Gleichgewichtssinn herausforderte (oder war es der Zorn der Erde, die sich anschickte sich zu spalten, um mich zu verschlingen?).

Am Ende der Überquerungen war ich immer ganz erschöpft. Wenn ich die Finger, die die Balancierstange umkrampften, einen nach dem anderen öffnen musste, wenn ich mich an der Spitze des Zielmastes anklammerte wie ein verängstigtes Äffchen, bis mir meine Kräfte erlaubten, mich zum Boden hinuntergleiten zu lassen. Da blieb ich dann liegen, Arme und Beine gespreizt, mit dem Gesicht zur Erde, der Hohepriester der Abgründe, und beschwor die Geister des Erdinneren oder – wenn ich es in der Berührung mit diesem kühlen dunklen Lehm könnte – die Kräfte, die mich wieder aufrichten.

Alain erzählt, dass Jean, mein Chauffeur, eines Nachmittags den Wagen die ganze Strecke entlang geschoben habe. »Warum denn?« – »Um dich nicht mit dem Motorenlärm zu stören.« – »Aber warum hat er den Wagen denn zum Zielpunkt gebracht?« – »Um dich abzuholen und dich zum Start zurückzufahren, wo deine Sachen waren; du konntest an dem Tag kaum mehr laufen und warst nicht mehr zu genießen.«

Habe ich von der improvisierten nächtlichen Party erzählt, mit der ich einen harten Trainingstag beschließen und die Freunde um ein Lagerfeuer versammeln wollte, einen Steinwurf von dem schlafenden Seil entfernt?

Leo, Alexandre, Nicolas und Gypsy spielten »Wer kann näher rangehen?«, warfen mit großem Vergnügen Holz und noch mehr Holz auf den schon zu hohen Stoß, der zusammenzustürzen drohte, und ließen die Würstchen, die sie nicht mehr aßen, langsam in der Glut verkohlen, während wir, die Erwachsenen, Heiteres und Ernstes erzählten und unter den Sternen sangen. Und dann der Wettstreit, über die Flammen zu springen.

Spät schon, der Morgen begann zu dämmern, wurden wir sparsamer mit Worten wegen der Kühle, lagen eingerollt in unsere Decken. Sahen wir nicht aus wie vogelfreie Nomaden, die auf das Tageslicht warten, um sich von Neuem an die Verfolgung des fliehenden Teufels zu machen, der ihren Stamm ausgerottet hatte?

Dann kam dieser so schläfrige, zu heiße Nachmittag, an dem Gypsy über eine Stunde, über 700 Meter lang darauf wartete, ihren Vater am Ziel der Begehung zu empfangen und ihm das Gänseblümchen zu überreichen, das sie am Fuß des Start-Mastes gepflückt hatte und das inzwischen Zeit gehabt hatte, in ihrer Kinderfaust zu verwelken.

Tänzer, schiffbrüchiger Seemann oder wahnsinniger Prinz, über

Flammen oder verwelkten Blütenblättern umherirrender Nomade – in dem Maße, wie meine Füße jeden Kilometer dieses unendlichen 800 m-Seils abschritten, nahm ein beunruhigendes Gefühl Gestalt an und schnaubte in meinem Kielwasser hinter mir her: die Überzeugung, einen sehr viel längeren Weg als dieses Seil zurücklegen zu können, stark genug zu sein, auf diese Weise die Erde zu umrunden, und vielleicht noch verrückter: die Planeten miteinander zu verbinden.

Im Hintergrund, unberührt von dem Trubel, hatte der Mais, der zu Zeiten meiner ersten Versuche gerade dem Boden entsprossen war, inzwischen Mannshöhe erreicht und wuchs noch immer weiter.

»Passierschein«

Jeder neue Helfer bei TOUR ET FIL, der unverrichteter Dinge oder mit Verspätung von seinem Auftrag zurückkehrte, konnte sich bei der Produzentin oder dem Seiltänzer Ratschläge für mögliche Strategien holen, die in der Hauptstadt zum Erfolg verhelfen sollten:

- Dir erst mal ein Taxi schnappen und wenn du drin bist dein Ziel nennen!
- Du kommst mit einer dicken Akte, um einen zusätzlichen Telefonanschluss zu beantragen, und kannst sicher sein, dass sie dich nach zwei Stunden Warten wieder fortschicken und sagen, dass ein Formular fehlt.
- Du musst direkt in das betreffende Büro hineinstürzen, wenn du einen Brief abgeben willst. Wenn du dich verläufst, frag dich auf den Gängen durch, aber lass dich nicht von der Empfangsdame aufhalten, die dir den Brief abverlangt, um ihn auf ihrem Tresen verschimmeln zu lassen oder ihn am nächsten Tag ins falsche Büro zu bringen.
- Du suchst sechs Vorhängeschlösser, die mit dem gleichen Schlüssel zu öffnen sind? Der Eisenwarenhändler wird hartnäckig behaupten, dass es so etwas nicht gibt, dass so etwas nicht mehr hergestellt wird.
- Der Postbeamte durchwühlt zweimal seine Schränke und kommt zu dem Schluss, dass kein Paket für dich da sei. Sage ihm, dass man es dir heute morgen gezeigt, aber nicht ausgehändigt habe, weil du den Personalausweis nicht dabei hattest. Er wird ein drittes Mal wühlen und es finden.
- Man erwidert dir am Telefon, dass der Direktor gerade gegangen sei. Dem widersprichst du und versicherst, dass du vor noch nicht einer Minute mit ihm gesprochen hast und dass er dich gebeten hat, am Apparat zu bleiben, dass ihr unterbrochen worden seid – nein, du könntest jetzt nicht darüber sprechen, worum es geht –, erwähne den Namen des Präsidenten und knurre ungeduldig. Die Sekretärin wird

bei zwei oder drei Stellen anfragen, wo du eine persönliche Nachricht hinterlegen kannst, das ist besser als eine von vornherein verlorene Nachricht in der Zentrale.
- Du willst unangemeldet jemanden sprechen. Es heißt: »Er ist nicht da«, lächle und nimm vor der Tür Platz: »Er hat mir gesagt, dass er kommt, ich warte hier!«
- Man darf nichts glauben. Man muss alles infrage stellen. Wenn das Lächeln keine Wirkung mehr hat, muss man drängen, verhandeln, sich weigern, schockieren, drohen. Man muss alles Mögliche versprechen, man muss stehlen, Fehler machen. Man muss schwindeln, man muss Tricks anwenden. Den anderen überraschen, ihm zuvorkommen. »Wir haben nämlich eine Überquerung vor, wissen Sie, am 26. August!«

Frage

Hat man es nötig, ein schlechtes Gewissen zu haben – nur weil man das wichtigste Ereignis seines Lebens vorbereitet, wegen dem man offenbar alle Welt gegen sich hat –, wenn man im Mondschein auf der Brücke eines stillliegenden Schleppkahns Karaburun-Kaviar und Wodka auf Büffelgras genießt, während man nicht weiß, wovon man die Telefonrechnung bezahlen soll?

Den Griff lockern – oder kämpfen

Sie warf es im Gespräch überraschend dazwischen. Sie brachte es scharfsinnig dann an, wenn wir über die Montage diskutierten. Wenn wir die einzelnen Wegpunkte durchgingen, passte sie sich an, damit es ganz natürlich wirken sollte.

Ich durchschaute jeden ihrer Versuche, Gründe vorzubringen: ... weil man dann das unschöne Gerüst entfernen könnte, das als Ankunfts-Plattform dienen sollte, ... weil das Publikum die letzten Meter besser im Blick hätte, ... weil das die Montage vereinfachen würde, ... man das Kabel besser spannen könnte ...

Sie hatte sich mit dem Problem auseinandergesetzt und beherrschte das Thema.

Selten trieb sie die Tollheit so weit, dass sie das Wesentliche aussprach: Wenn ich den Zielpunkt unbedingt auf der Höhe des Quer-Rahmens lassen wollte, der die zweite Etage trug, würde die Steigung zu steil, die Begehung zu gefährlich werden – das Wort »gefährlich« sprach sie nie aus. Lösungen: ihre Tasche war immer voll davon. Die wurde auch nicht leerer und zog tagaus tagein mit zwanzig Pfund an ihren Schultern.

Ein einziges Mal hat sie es gewagt – ein Wagnis, das sicherlich wohl berechnet war –, mich mit einem »Und warum hängen wir das Seil nicht in der ersten Etage ein?« zu überfallen. »Oooouuuh! Nein-nein-nein-nein-nein, nein!«, heulte ich und hüpfte herum; das war auf dem Trocadero, die Spaziergänger auf dem Platz drehten sich alle um.

Auch sonst gaben meine Reaktionen, obwohl nicht ganz so eindrucksvoll, kein gutes Vorbild. Dabei fegten meine Arme wütend in der Luft herum und machten alle Hoffnungen auf ein sachliches Gespräch zunichte.

Das war ein Angriff auf die Seele meines Werkes, anders konnte ich das nicht sehen, zweifellos kindisch, aber wichtig genug, um es mit meinem

Leben zu verteidigen, und wenn es mich eben dieses Leben kosten sollte.

Ich bewies einen bemerkenswerten Eigensinn beim Verteidigen der Überquerung, wie sie mir von Anfang an bis ins kleinste Detail vorgeschwebt hatte. Ohne großen Respekt vor der Realität, die mich immer zu packen sucht, wenn ich ein Projekt aufs Trockendock zur Ausführung steuere.

Wenn ich auch davon überzeugt bin – sei es, indem ich meine Angehörigen verrate, sei es, dass mich alle verlassen haben –, genügend Knoten zu kennen, um in der Wüste eine Zeltstadt für einen Prinzen aufzustellen, so wie ich sie geträumt habe, nun ja, so gebe ich doch zu, dass mir die Ratschläge eines Menschen, der sich die Füße nicht sandig machen möchte, nicht geheuer sind – dort eine Spleißung zu verändern wäre für mich dasselbe, als wenn man sich mit einem Krummschwert über meinen Wald von Seilen hermachte. Wenn der große Karawanenführer der Weisheit mich einlädt, wieder »auf den Teppich zu kommen« und das Salz mit ihm zu teilen, verwandle ich mich in eine Fata Morgana und antworte nicht.

Bis zu diesem Abend war sie mit ihren Argumenten bei mir nicht durchgekommen.

Oh, du verfluchte Nacht! Du unselige Nacht!
Aber woher hatte sie es gewusst? Und wusste sie es überhaupt?
Ganz sicher hätte jeder, der den Blick auf die Stahlträger des Turms heftete, festgestellt, dass es Wahnsinn gewesen wäre, das Seil in der zweiten Etage anzuhängen, aber der hätte das mit den Augen eines Touristen gesehen. Sie jedoch urteilte aus dem Gefühl heraus. Oder ahnte sie, dass ich meine Zweifel hatte? Hatte sie mich einmal dabei ertappt, wie ich an der schmutzigen Scheibe dieser Unglücksbahn geklebt und besorgt vor mich hingemurmelt hatte?

Wir waren auf dem Heimweg vom »Haus des Kaviars«, ich wodkaschwer (sollte sie das so inszeniert haben, könnte ich es eigentlich nicht glauben), Alain fuhr uns mit dem Auto.

»Komm, wir schauen uns das Seil an!«, schlug sie vor. Das Seil war noch gar nicht da, aber was für ein delikater Ausspruch!

Alain setzt uns auf einem Gehweg ab. Die Wagentüren schlagen zu, er fährt davon (hatte sie ihm eingeflüstert, dass er uns einen Moment allein lassen sollte?).

Kein Mensch auf der Debilly-Fußgängerbrücke. Wir setzen uns im Schneidersitz mitten auf den kalten Asphalt. Wir schauen beide. Sie wartet.

Unter meinen Füßen eine träge schwarze Seine.

»Das ist ganz schön steil, aber wenn das Seil straff gespannt ist, mit guten Cavalettis, dann müsste es gehen.«

Sie gibt ihre Meinung dazu, serviert mir noch mal das unschöne Gerüst, das Publikum, das meine letzten Schritte nicht verfolgen kann, und all das, was ich überhaupt nicht hören mag.

»Jaaa ...« Zum ersten Mal begebe ich mich auf dieses Glatteis der vernünftigen Beurteilung. »Ja, vielleicht ist es ein bisschen zu steil, aber was soll ich machen? Ich will den Verankerungspunkt nicht verlegen.«

»Doch, das kannst du. Schau, das wäre viel einfacher, viel schöner. Außerdem – das Gerüst, das den Turm verunstaltet, du sagst es doch selbst, es ist abscheulich.«

»Ja, aber nur so kann sich Chirac am Ziel aufhalten. Ich habe darum gekämpft, dass er zugestimmt hat, mich da oben zu erwarten, ich habe es auf der Pressekonferenz bekannt gegeben. Es ist auch auf dem Modell so!«

»Du kannst ... man kann ihm eine Nachricht zukommen lassen, dass aus Sicherheits...«

»Ich weiß, ja, aber ...«

»Es war dir doch nie wohl bei der Vorstellung, dein Eintreffen im Ziel mit einem Politiker zu teilen, der dort steht, um sich ...«

»Ja, ich weiß, aber ...«

»Welch andere Möglichkeit gäbe es denn, mit Chirac zusammenkommen, wenn er dich auf dem Restaurant-Dach in der ersten Etage erwartet und dein Ziel-Schäkel schwebt irgendwo unter den Trägern, da zum Beispiel ...«

»Ach was, da doch nicht! Du bist ja verrückt, das ist viel zu niedrig! Das kann man doch noch nicht die zweite Etage nennen!«

»Na gut, ein bisschen höher; da zum Beispiel ...«

»Da? Ja, sieh mal, das sind ja nur zehn Meter Höhenunterschied, die könnte ich jederzeit auf Abruf runtersteigen, oder ...«

»Genau! Auf Abruf runterkommen. Das wäre doch großartig, überhaupt falls ...«

»Ja, ich weiß schon ...«

Über mir der strahlend weiße, volle Mond, während ich mich sträube, lamentiere, aufsässig und wütend werde.

Ich hätte sie am liebsten totgeschlagen, um sie zum Schweigen zu bringen. Ich schlucke die Tränen meines ohnmächtigen Zorns hinunter; ihr Salz brennt mir auf der Seele. Denn ganz gegen meinen Willen – zu wenig Schlaf in letzter Zeit und keine Ruhe für die notwendigen Entscheidungen, erschöpft von der dauernden Anspannung, dazu der fade Geschmack der Kapitulation im Mund –, ganz gegen meinen Willen tauchte die Notwendigkeit eines neuen Verankerungspunktes auf, wie eine Rettungsboje, die sich vom Grunde des Ozeans gelöst hat: zunächst verschwommen wahrnehmbar, dann näherkommend, dann die Wasseroberfläche durchbrechend. War der Schiffbruch andernfalls nicht gewiss? Gewiss und von Tausenden von Zuschauern mitzuerleben. Warum wollte ich diese letzte Überschreitung machen?

Als Alain uns abholen kam, hatte ich in den anbrechenden Tag bereits meine Entscheidung herausgebrummt: »Gut, also, da kommt er hin! Ich trenne mich von dem blöden Gerüst, das Ziel ist dann zehnmal besser zu sehen, die Seilschlinge zehnmal leichter zu setzen, dadurch ist das Seil straffer gespannt ... und sogar noch ein bisschen weniger steil, außerdem, pff, was gab's da für Probleme?«

In der Morgendämmerung, bevor ich einschlief – groteskerweise ist das der Augenblick, den sich meine Gedanken aussuchen, um ihren Fanatismus abzulegen, und in dem meine Erinnerung noch einmal dem nachzuspüren sucht, wie die Ereignisse wirklich abliefen (selten beschrittene Wege für die Rosse meines inneren Wächters) –, stieg die Katastrophe von Lausanne wieder vor mir auf.

Schlechte Organisation und die Unehrlichkeit eines Produzenten – Youri Messen-Jaschin, dieser Namen geht mir nicht mehr aus dem Gedächtnis – hatten mich dazu gebracht, auf eine bereits aufgebaute

Überquerung in der Innenstadt zu verzichten. Es war das erste Mal, dass ich nein sagen musste, und dieses einfache Wort brachte ich nicht über die Lippen. Ich hatte schon so oft eine Begehung mit zusammengebissenen Zähnen, mit dürftigsten Mitteln gerettet. Das Seil war gespannt, es brauchte nur noch verankert zu werden. Aber Werkzeuge und Monteure kamen nicht mehr.

Sie war es, die mir damals gewaltsam die Augen geöffnet hat, indem sie mich mit der Nase auf das Drama stieß, dessen Opfer ich sein würde. Ich sollte nein sagen, anstatt einen Marsch zu unternehmen, der zum Scheitern verurteilt war. Für mich hieß nein sagen aber die Flucht ergreifen.

Die Geschichte wird noch niederträchtiger, wenn man hört, dass der Produzent nach meiner Pressekonferenz, auf der die Absage bekannt gegeben wurde, nicht den Mut hatte, zu seiner Schuld zu stehen, sondern stattdessen erklärte, der Artist habe ihn bestohlen und dann im letzten Augenblick ohne triftigen Grund, aus einer Laune heraus, wahrscheinlich aus Panik oder weil er einen schlechten Ingenieur hätte, das Engagement rückgängig gemacht.

Der Mann hatte gegen mich ein juristisches Verfahren eingeleitet – mit allem, was dazugehört; die Polizei durchsuchte mein Hotelzimmer (um einen Geldbetrag sicherzustellen, einen Vorschuss auf die Gage, der, wie es im Vertrag ausdrücklich hieß, im Streitfall nicht zurückzuzahlen sei). Eine Verurteilung vorwegnehmend hatten die Männer der Schweizer Flagge einfach dem Bürger, der ihre Farben trug, Recht gegeben. Der Betrag war und blieb unauffindbar. Das Verfahren verlief sich im Sande. Der Seiltänzer schlich sich verbittert und unter dem Eindruck des Verrats davon. Seine Wunden heilten erst nach langen Jahren.

Die mich damals vor dem Scheitern bewahrte, hatte mich auch heute Nacht auf die Klippen hingewiesen: Kathy verhinderte, dass ich in ein Labyrinth geriet, dessen Schaurigkeit ich hier nicht beschreiben will.

Ich erinnere mich noch – ich war fünfzehn und lernte Mähen – an die Ratte, die halb toll vor Hunger ihre Zähne in das Skelett des Tierkadavers schlug, den ich auf den Zinken meiner Heugabel wie besessen schüttelte; ich stach zu, bis sich nichts mehr regte. Sie hatte sich fest verbissen. Niemand erfuhr davon.

Habe ich dazugelernt, als ich mich damals mit dem abscheulichen Blut besudelte im goldgelben Kornfeld?

Hallo!

Ich rufe bei einem wichtigen Amt in Paris an: tüüt... tüüt...tüüt... tüüt... tüüt... tüüt...

»Ja?«

»Hallo?«

»Ja, ja, hallo!«

»Ähm – mit wem bin ich verbunden?«

»Das müssen Sie doch wissen! Sie haben doch angerufen!«

»Ja ... ich kann doch wohl erwarten, dass Sie sich mit dem Namen ihrer Firma melden, wie das allgemein üblich ist, nicht wahr, zum Beispiel: ›Hier ist die EDF, was möchten Sie bitte?‹, oder ›Guten Tag, hier ist der Élysée-Palast, was kann ich für Sie tun?‹ oder ...«

»Schon wieder ein Spinner!« Klack!

»Ja!«

»Hallo, guten Tag, bin ich mit dem Pariser Rathaus verbunden, mit der Direktion der Informations- und Kommunikationsabteilung?«

»Was wollen Sie?«

»Ich möchte Ihren Leiter, Herrn Bernhard Niquet, sprechen.«

»Den Namen gibt es hier nicht! Augenblick ... doch!«

...

»Wer sind Sie?«

»Hallo-bitte-legen-Sie-nicht-auf!«

Zwei Minuten später: »Ja ...«

»Ich dachte schon, Sie hätten mich vergessen. Ist da das TF1?«

»Ja, welche Abteilung wollen Sie?«

»Den Präsidenten, sagen Sie ihm, hier wäre ...«

»So! Den Präsidenten persönlich? Warten Sie, bleiben Sie am Apparat ...«

Sechzig Sekunden später:

»... Ja, tut mir außerordentlich leid, was wollten Sie noch mal?«

»Was ich wollte? Mit dem Präsidenten wollte ich sprechen, das habe ich Ihnen doch gesagt.«

Klack. Weichenstellung, Nebengleis. Warten. Dann wieder Zentrale: »Hallo-bitte-legen-Sie-nicht-auf!«

…

»Sind Sie noch da? Wenn da oben niemand abnimmt, ist er nicht im Haus.«

»Ich wollte eine Nachricht hinterlassen.«

»Nur die Sekretärinnen könnten Ihre Nachricht notieren; wenn sie nicht da sind, kann ich Ihnen auch nicht … Meine Güte! Legen Sie nicht auf!«

»… wenn Sie die Freundlichkeit haben würden, diese Nachricht dem Herrn Bürgermeister zu übergeben, sobald er zurückkommt, Madame … und darf ich noch erfahren, wer Sie sind?«

»Na schön! Ich gehöre zum Personenkreis des Privatsekretariats.«

»Sehr gut. Und Ihr Name bitte?«

»Ich glaube nicht, dass Sie meinen Namen benötigen. Wie ich Ihnen gesagt habe, wird Ihre Nachricht übermittelt, ich bin über die Angelegenheit unterrichtet.«

»Ja, natürlich. Klar … falls Sie … aber angenommen … wenn ich mich auf unser heutiges Gespräch beziehen will, dann sage ich, dass ich mit Frau … äh …?«

»Mein Name spielt keine Rolle; Sie brauchen nur zu sagen, Sie hätten mit jemandem aus dem Privatsekretariat gesprochen.«

»Entschuldigen Sie noch mal … ähm … Sie sind nicht zufällig Frau Esnous, oder Frau De Martini, oder Frau Sauvan?«

»Nein.«

»Nicht … Hm … Dann sind Sie die … Dame-die-ihren-Namen-nicht-nennen-will?«

»So ist es. Auf Wiedersehn, mein Herr!«

Gymnopädien[4]

»Kauf sie alle, ich suche dann aus!«

Fumiko rief mich vom Musikgeschäft aus an und fragte, welche Wiedergabe von Trois Gymnopédies sie nehmen sollte, weil sie die, die ich haben wollte, nicht fand, nämlich die mit Évelyne Crochet.

Ich war gestern mit einem Korb voller Schallplatten und Kassetten aller Art im Tonstudio an Land gegangen (wie zu einem Picknick), um ein Band für die Vorstellung zusammenzustellen, war aber von dem Toningenieur darüber belehrt worden, dass man heute nur noch mit Compact-Disks arbeitet, welche ich *chou compact à la crème*[5] zu nennen pflege.
    Die CDs hatte ich beisammen, nur der Satie fehlte noch.

Fumiko hat inzwischen alle Spezialkataloge durchgeblättert. Ich habe ohne Erfolg in New York und Paris angerufen, um Évelyne zu erreichen. So mache ich mich denn am Abend im Kerzenschein auf dem Achterdeck des Schiffes beim Nachtisch des ausgezeichneten Essens, das Fumiko und Kurt angerichtet haben – der Mond spiegelt sich in den glucksenden Wellen, der Eiffelturm ist beleuchtet und hört unser Lachen –, daran, vier unbekannte Stücke von Satie zu genießen …

Aber vorher hören wir uns noch meine alte zerkratzte 33er an, die ich mir ganz dringend aus New York habe schicken lassen:

ÉVELYNE CROCHET PLAYS ERIK SATIE / PHILIPS / PHS 900 – 179
Die erste *Gymnopédie*, gespielt von Évelyne Crochet, handelt von einem einsamen Wanderer, der ein Traumland erkundet. Er verirrt sich im dichten Wald, der sich in einen Strand verwandelt. Er stapft durch den Sand, der zum Himmel wird. Das ist die irritierende Lust am

Ungewissen, des Zögerns an Wegkreuzungen, des Zurückschauens. Man beugt sich nieder, um das Treiben auf einem Ameisenhaufen zu beobachten, man pflückt eine bisher nie beachtete Pflanze und riecht daran, man schaut durch das Geäst alter Buchen in die Sonne. Man entdeckt mit einem Mal, dass die winzigen Moosbewohner Farandola tanzen, dass verborgenen Pilze duften, sieht die Quelle von Ginster umgeben, wird von der Flucht eines Rehs überrascht.

Das Spiel dieser Interpretin ist transparent, intelligent und leidenschaftlich, dabei zugleich zart und zerbrechlich, so wie es für einen Satie unerlässlich ist. Wagemut fordert er bei tiefer innerer Ruhe und Reife. Währenddessen muss man unbedingt leicht bleiben, durchsichtig, schwerelos, ohne deshalb das Seil davonfliegen zu lassen, auf dem der Spaziergang stattfindet. Den Zuhörer dabei die Seufzer und falschen Pausen mit seinen Träumen ausschmücken lassen. Nein, man darf nichts heucheln, nichts erklären. Man muss flüstern, seufzen, lächeln. Aber nicht schwächlich. Die Gymnopädien, das ist: die Beredsamkeit des Schweigens, des Nicht-Gemeinmachens, das ist ruhelose Irrfahrt auf einem Seil, das ist nicht spielbar, es sei denn, man trifft widersprüchliche Entscheidungen, so, als ob man sich hastig die Kleider vom Leib reißt, bevor man sich – langsam – ins Wasser gleiten lässt.

Évelyne Crochet gelingt das.

Der Wanderer geht weder zu schnell, noch zieht er die Füße nach, er hat einen traumwandlerischen Gang. Er fühlt Wärme über dem Land heraufkommen, wohlige Müdigkeit seine Adern durchziehen, das Gold der Erinnerung seine Träume überfluten.

Beim Bau von Évelyne Crochets Instrument hat man ein makelloses Holz verwendet, das den Ton zum Klingen bringt und ihn dann ohne Nachhall oder Verschleppen entlässt. Ein schlichter, aber weicher Klang, beinahe schmelzend, und doch entschieden, klar. Ohne Klirren oder Widerhall. Ihr Steinway ist genau das Richtige für sie. Er verzaubert.

JEAN-JŒL BARBIER / ACCORD / 200072 – DI 750
Brutaler Angriff. Vom ersten Schritt an geht der Wanderer zügig und selbstsicher immer geradeaus. Er trödelt nicht. Keine seelischen Schwankungen. Es gibt keine Stille, erst recht keine Pausen. Sie be-

schränken sich auf die in der Partitur festgelegten Unterbrechungen des Spiels.

Die Waldbäume sehen alle gleich aus. Die Sonne ist eine künstliche Lampe. Kein Lüftchen weht. Keine Blumen. Keinerlei Gerüche. Kein Lebenszeichen. Und das Klavier hallt! Die Bässe ohne jede Struktur, aufgebläht und glatt, auf- und niederhüpfend wie Ballone.

Die hohen Töne berühren unsere Seele nicht, sie reizen uns wie Stechmücken. Man hofft dann auf die mittlere Tonlage. Zuweilen meint man ein elektrisches Klavier zu hören.

FRANCE CLIDAT / FORLANE / UCD 10514 – CA 803
Ah, der Wanderer setzt sich in Bewegung, es ist schönes Wetter, aber irgendetwas erfüllt ihn mit Sorge – nicht etwa, dass er in Eile wäre –, aber er schaut sich unruhig um, er fasst das Ende des Weges ins Auge, so wie man sich im Leben eine Aufgabe vornimmt ... und fort ist es: das Schwebend-Ungewisse und das maßvoll ruhige Erkunden. Wenn er eine Blume pflückt, dann vergisst er daran zu riechen, wenn das Reh seinen Weg kreuzt, schaut er dessen Sprüngen nicht nach, weil er gerade Pilze sieht –, weil er ... Und dann vermischen sich die Gerüche, die Luft füllt nicht mehr die Lungen des Wanderers, der sich bald darauf in Nichts auflöst.

Beim Zusammenbau des Instruments hat man anscheinend zu viel Leim verwendet. Es will nichts hergeben. Wo bleibt das Spielerische? Nein, die Töne tragen hell und klar, aber eine gewisse Melancholie lähmt ihren Schwung. Man schenkt ihnen kein Vertrauen. Sie sind wie eingekapselt. Gleichwohl ist der Ton gepflegt und rein, ihm fehlt nur das helle Gold und das Lächeln.

ALDO CICCOLINI / CDC 7497022 – PM 518
Kaum losgegangen, hat der Läufer bereits die Hälfte der Bahn zurückgelegt und übernimmt die Führung. Diese Hetze! Diese seelische Dürre! Oder ist er etwa ein Vertreter auf dem Wege zu einer Werbeveranstaltung? Wie farblos der Himmel ist! Die Bäume haben keine Blätter, die Blumen sind von irgendeinem holländischen Gärtner in sauberen Reihen gepflanzt. Auf Schildern steht »Pilz«, »Reh«, aber das Tier ist nicht anwesend. Es gibt keine Geräusche, erst recht keine Pausen.

Dem eiligen, oberflächlichen Betrachter mag die Szene im Augenblick liebenswert erscheinen, aber nur, weil sie trickreich überpudert ist.

Die Töne sind unterernährt, im Piano wirken sie zerbrechlich, die Noten tragen Uniform. Einigen gelingt es, sich umzukleiden, sie werden dann aber wieder von anderen übertönt. Die Finger des Pianisten sind zaghaft, trauen sich nicht mit den Tasten zu reden. Ich sehe zwei Familien von Tönen, die sich nie zum Essen einladen, obwohl sie Nachbarn sind. Die Straße zwischen ihren Wohnungen liegt leer und verlassen.

ANNE QUÉFFÉLEC / VIRGIN CLASSICS / LC / 7873 VC7 – 90754 – 2
Freude. Ich laufe aufs Geratewohl. Allerdings weist mir der Weg den Weg. Meine Schritte lassen das trockene Laub rascheln, entlocken ihm längst vergessene Gerüche. Aber ich versäume, in den Lichtungen zu verweilen, die ich durchquere. Ich folge meinem Weg ohne Eile, aber auch ohne mich in Betrachtungen zu verlieren, die ich mit Unbeweglichkeit bezahlen müsste. Dennoch ist Unbeweglichkeit nicht Untätigkeit: hört nur, wie dieser Wald vibriert und gehört werden möchte!

Gemächlich bummle ich weiter. Schade, es könnte so schön sein, ja, wenn meine Finger auf diesem ehrwürdigen Weinstock verweilen dürften, statt ihn nur flüchtig zu streifen, wenn man mich leise mit dem Hirsch reden ließe, dem ich mich glücklich nähern konnte ... Die Sonne leuchtet wie Blattgold, aber ihre Wärme durchflutet nicht das Herz. Deshalb nicht, weil sich etwas in mir gegen die Ruhe und den sinnlichen Genuss sträubt.

Hören Sie diese Töne, die lange in Flammen stehen, dann plötzlich erkalten? Oder geschieht das nur in meiner Einbildung? Da, noch einer: geradlinig, aber nicht ganz gerade, wie ein Pfeil aus einem Holunderschössling, den sich ein Kind mit dem Taschenmesser zugeschnitten hat, um Bogenschießen zu spielen. Glatte, zarte Pfeile – ich sage nicht weich –, die aber nicht die Festigkeit besitzen, die ich ihnen für die Zielscheibe meiner Träume wünschte. Ein bisschen zu viel grünes Holz bei einigen hohen Tönen, und bestimmte Bässe aus Eisen statt aus Silber. Aber es ist fast ein Genuss.

Diese letzte Interpretation, gediegen genug, mich bei meinem Anstieg zum Turm zu tragen, milderte meine Sorge, dass ich die Krönung meines Werks nicht so festlich gestalten können würde, wie ich das schon lange in meinem Herzen trug.

Meiner üblichen Ungeduld entsprechend hatte ich jeder Aufnahme immer nur zehn Sekunden aufmerksam zugehört, bevor ich ein Urteil fällte. Was wiederum Fumiko – sie ist Konzertgeigerin und eine vollendete Musikerin – verblüffte: sie hatte bedeutend länger lauschen müssen, um zu ihren Erkenntnissen zu kommen, die, wie sich herausstellte, den meinen erstaunlich ähnlich waren, wenngleich konventioneller formuliert.

Der »Tote Mann«

Eine der ältesten Verankerungsmethoden besteht darin, ein Loch zu graben, einen sperrigen Gegenstand hineinzulegen, der mit einer Halterung versehen ist, und dann die Grube wieder zuzuschütten. Das nennt man einen *Toten Mann.* Früher hat man dazu ein Stück Eichenstamm mit einer geteerten Hanftrosse benutzt, heutzutage nimmt man einen metallenen Träger und eine Stahlseilschlinge.

In unseren Städten, die von unterirdischen Leitungen nur so durchsetzt sind, müssen die Männer mit ihren Spitzhacken und Schaufeln vorsichtig graben. Wird ein Bagger eingesetzt, muss man sich einfach Pläne vom Untergrund besorgen, auf denen die zu umgehenden Hindernisse zu sehen sind. Einfach?

Die Straßenmeisterei, das Denkmalschutzamt, die Verwaltung des Palais de Chaillot, die Direktion des Nationaltheaters, die Post, die Staatlichen Verkehrsbetriebe von Paris, die Französischen Gas-, Wasser- und Elektrizitätswerke, dazu noch einige untergeordnete Behörden regten sich über den Toten Mann auf, den ich unter einem Gehweg des Trocadero beerdigen wollte, aber einen Plan aufzutreiben war nicht möglich.

»Ah, wir haben schon zu viele davon hergegeben, jetzt geben wir keine mehr raus!«

»Ja, aber es hat sich dort eine Menge geändert im Untergrund!«

»Ach was, das ist alles so alt, da gibt es keine Pläne mehr!«

»Holla! Bloß weil's keine Pläne gibt, muss man da noch lange nicht überall rumgraben, Sie. Dazu brauchen Sie eine Genehmigung von uns!«

Da die Form des Gegenstandes, der in der Grube versenkt wird, lang und ungefähr zylindrisch sein muss, wenn es sich um schwächere Zugspannungen handelt, dachte ich, dass sich einige Behörden darum kümmern müssten.

Das Straßen-Hanfseil bei den Massaï-Mara. Foto Ron de P. Beaton.

Das Modell.
Foto Robert Doisneau.

Arbeitssitzung im Arsenal. Zum ersten Mal stehe ich dem Turm im Modell 1:100 gegenüber. Foto Sylvie Brault.

Rechte Seite: Das Kabel ist gespannt; nach einer Arbeitsnacht werden die sechs Kräne die Baustelle verlassen können. Foto Michael Kerstgens.

Pierre Souren (li.) überwacht das Säubern des Laufseils. Neben ihm: »Bourro« Herzog, Kerstin Meier und die Arbeiter von Linélec. Foto Michael Kerstgens.

Die 800 m Laufstrecke in Gegenrichtung (in der Ferne der Ziel-Mast), bei großer Hitze, von der Sonne geblendet und mit einer zu schweren Balancierstange. Am Boden folgt mir Kathy und notiert die Beobachtungen. Foto Michael Kerstgens.

Lokalnachricht

»Ihre Hunde haben einen Spaziergänger angefallen und zerfleischt!«

Das ist die Nachricht, die uns unser Praktikant bringt. Er ist ganz außer Atem. Das musste ja so kommen. Ich war von Anfang an dagegen gewesen, dass vier deutsche Schäferhunde mit ihren Kampfsportmeister-Herrchen nötig sein sollten, um bei Nacht und Regen ein friedliches Stahlseil zu verteidigen.

Unsere Nachforschung ergab, dass eine Person in die umzäunte Baustelle auf dem Chaillot-Platz eingedrungen war und sie nicht wieder verlassen wollte. Einer der Hunde sprang auf ihn los, wurde aber vom Wächter rechtzeitig zurückgehalten.

Offenbar war ihm der Saum an der Jacke aufgerissen worden.

Die Montage

Davon erzählen die Bilder.
Blättern wir also gemeinsam im Album von TOUR ET FIL

1. Ein Hochspannungsmast. Grau vor blauem Himmel. Jeden Augenblick kann ein Sturm losbrechen. Der beigefarbene Fleck dort, das bin ich. Ich klettere bis zur Spitze – 30 m hoch.
   Dort befestige ich das Seil, das in meinen Gurt eingehängt ist. Damit wollen wir den Prototyp der Cavaletti-Gegengewichte testen.
2. Eine Gestalt mit Kapuze hinten auf dem Lagerplatz. Mir gefällt die perfekte Aufreihung von zweitausend leeren metallenen Kabeltrommeln im Regen. Auf einem Rundgang durch die Werkstätten von Linélec in Marolles unter der Führung von Michel Savoye, auf dem wir die Materiallager und die Maschinen bestaunen, wird mir klar, wie viel Arbeitskraft hier für TOUR ET FIL mobilisiert wird.
3. Ganz in Gold. Die heulenden Maschinen der Seilerei waren alle in dieses Licht getaucht. Das Detail hier zeigt die letzte Etappe in der Herstellung des Laufseils: nach dem Ausrichten der Litzen vereint das Zusammendrehen in einem einzigen Arbeitsgang die sechs Litzen und die »Seele« zu einem Stahlseil mit vollkommen ausgewogener Lastverteilung. So schnell, dass man mit den Augen nicht folgen kann: 100 km/h.
4. Silbernes Kabel vor einer gelblich verwaschenen Wand. Saïdi Amar, der treue Arbeiter der Seilerei Clément beim Hand-Spleißen mit der Rundfeile. Werkzeuge und ihre Handhabung nach alter Tradition.
5. Rechts die schwere Trommel mit dem Laufseil, die sich langsam um ihre Achse dreht. Links die 40 m lange Reinigungsstraße. Die ganze Mannschaft ist eifrig bei der Arbeit, mit Schutzmasken und Handschuhen. Achten Sie auf die Modellzeichnung, die wie ein Teppich ausgebreitet ist, und die glühende Sonne. Im Vordergrund Pierre – ehemaliger Seiltänzer und Eigentümer des Schiffes, das ich mir zum

Wohnsitz auserkoren habe. Eines Morgens hatte er mir auf dem Zwischendeck der *Isadora* im Nebel die Worte zugeworfen: »Wenn du mich bei irgendwas gebrauchen kannst ...«, und seitdem half er, ohne eine Gegenleistung dafür zu erwarten, bei der Montage und übernahm oft die undankbarsten Aufgaben – kilometerweise Seile zusammenrollen, das Säubern der Seile anleiten –, aber gerade da waren mir seine Gewissenhaftigkeit und sein Fachwissen wertvoll. Von ihm stammte der Tip, ein Bleiblech in die Rinne der Kausche zu legen, damit die Litzendrähte sich bei Belastung nicht zu sehr verformen.

6. Ha, das ist ja lustig, das sieht aus, als ob er fliegt! Einer der Arbeiter von Linélec hängt mit seinem Gurt am Ausleger eines Kranwagens und sichert mit einer Nylonschnur das Kabel auf einem X-Stützbock gegen Verrutschen. Das war in Colommiers-Voisins, bei der Montage der 800 m. Er hat diesen Vorgang sechsmal wiederholt, jedesmal an einer anderen Stelle des Seils, ohne dass wir, die wir am Fuße des Bockes versammelt waren, einzugreifen brauchten. Dazu musste das Kabel mit dem Kran angehoben und, sobald es an dem X angeklemmt war, wieder abgelassen werden. Dieses Manöver ging schnell, war aber heikel. Raymond Perronier, dort drüben rechts, leitete die Operation im strömenden Regen, was seine gute Laune nicht zu beeinträchtigen schien.

7. Und hier? Hmm!
Das ist das Foto, das vielleicht am meisten über das Abenteuer der Montage aussagt. Eine Nahaufnahme meiner Fäuste, die ich hinter dem Rücken gekreuzt habe, über dem Regenzeug, einem Geschenk von Linélec. Tatsächlich hatte ich oft nichts weiter zu tun, als diesen Männern vom Fach bei ihrer Arbeit zuzusehen. Und mich vor dem Regen zu schützen.

8. Hier sind wir auf dem Hof der Seilerei Clément. Jean-Paul Fèvre lud mich zu einer Vorführung seiner Bockkran-Gegengewicht-Konstruktion im Maßstab 1:1 ein, die auf der Brüstung der Jenaer Brücke aufgebaut werden sollte. Jean-Paul begann mit einem Gewicht von 80 kg. Kurt hindert einen Holm am Wegrutschen. Hinten sieht man Michel Savoye und Raymond Perronier – die die ganze Zeit bei dem Versuch geholfen haben und sich nicht scheuten, die Ärmel aufzukrempeln.

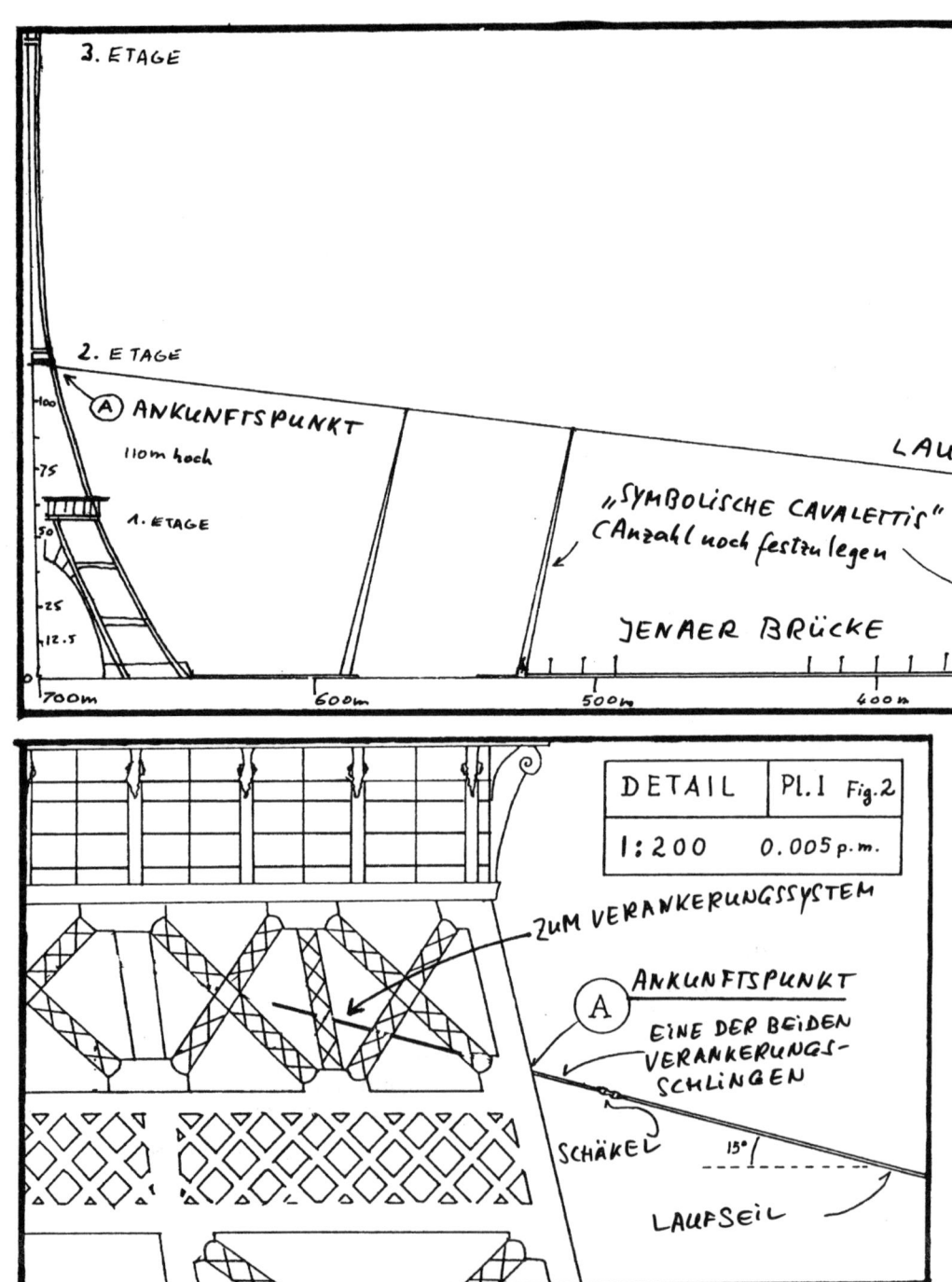

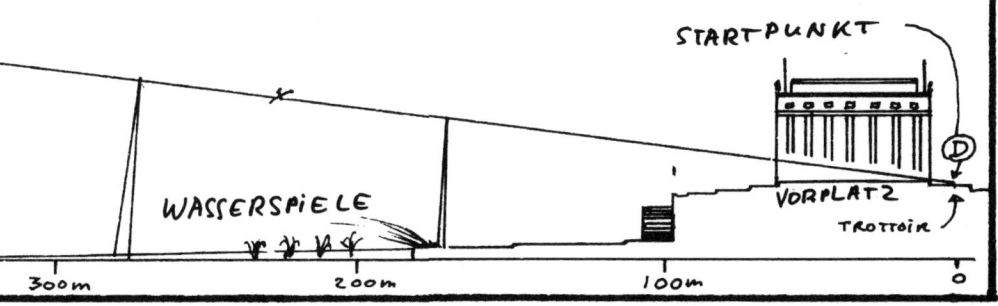
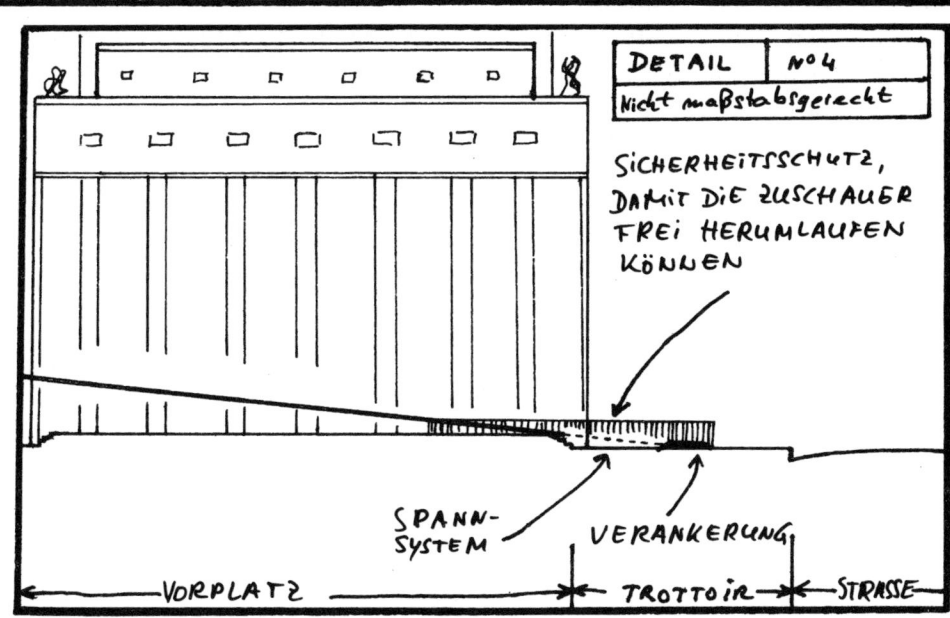

9. Immer noch in der Seilerei Clément. Diesmal sind wir in die 100 m lange Seilerbahn eingedrungen (die Straße, die die Seiler dazu benutzen, ein Hanfseil zu drehen). Das Bild fließt von Orange über, weil es übervoll ist mit den achtzehn gleichfarbigen Cavaletti-Trommeln.
Was wir machen? Wir überprüfen Meter für Meter die weiteren Kilometer des Seilwerks. Die quadratgeflochtene Litze von 18 mm Durchmesser läuft durch meine Finger, und jedesmal schreie ich »Stop!«, wenn ich in dem Polypropylen eine Unebenheit fühle. Dann muss jedes Cavaletti-Seil gemessen und etikettiert werden, bevor es abgeschnitten und auf einer nummerierten Trommel aufgerollt wird. Damit sind acht Leute drei Tage lang beschäftigt.
Mein Leben hängt nur an diesen Drähten.
10. Wenig Bilder vom Schiff, weshalb?
Hier auf dem Achterdeck (von wo aus man den Turm sehen kann) arbeite ich mit Michel Savoye und Jean-Paul Fèvre am Problem der Schlingen. Das Überwachungsbüro des Eiffelturms hat uns gerade eine neue Auflage für die Verankerung gemacht. Der Schemel auf dem Tisch stellt den Turm dar, und Michel – hier im Profil – hält eine dünne Schnur, die um alle vier Beine herumgeht; diese übernehmen das Amt der Seilscheibe. Die Schlinge muss gleiten können, damit sie die Kräfte vermittelt und gleichmäßig auf die Stränge verteilt. Die Lösung? Um jeden der vier Eckpfeiler des Eiffelturms wird eine etwa 40 Meter lange Schlinge aus flachem Litzenmaterial gelegt, die in einem Ring mit rundem Querschnitt endet. In diesen vier Ringen kann das durchgeführte Trägerkabel gleiten.
11. In einer Mülltonne hatte Alain ein Stück dickes, plastikbeschichtetes Tuch gefunden, aus dem er die Form der Schlinge ausschnitt, die wir in Auftrag geben mussten. Eine Abweichung von einem Zentimeter, und das Fabrikat wäre unbrauchbar gewesen.
Hier ist Alain zu sehen, 100 m über dem Boden, den Anorak vom Wind gebläht, wie er das Seil in die Öse seines Prototyps einfädelt. Raucht er seine Zigarre dabei? Das ist schlecht zu erkennen auf dem Foto.
Oh, ich habe vergessen, Sie darauf aufmerksam zu machen: auf dem letzten Foto – dem Porträt von Michel Savoye –, haben Sie da

bemerkt, dass er gerade jemanden anrufen will? Das ist auch typisch für TOUR ET FIL: bei der Prüfung einer schwierigen Frage mit der einen Hand eine Schnur zu halten – das hindert die andere Hand und den Mund nicht daran, irgendwo anzurufen.

12. Einige spielen Himmel und Hölle, andere malen große fröhliche Sonnen auf den Fußweg. Ich zeichne glücklich wie ein kleiner Junge mitten unter den Touristen mit Kreide den Aufriss des »Toten Mannes«, den Flaschenzug zum Spannen des Seils und den Startblock. Hinter mir bereitet der Geometer von Linélec seine Messung vor. Hinter ihm lädt ein Bus aus Mailand seine Touristen aus.

13. Im Hintergrund sieht man den hundertjährigen Eiffelturm, vorn den mächtigen Arm eines Baggers in Aktion. Zwischen beiden beißt sich der Seilläufer vor Freude auf die Lippen: mit seinem Presslufthammer durchstößt er den Asphalt des Gehwegs. Morgen wird der »Tote Mann« in der Grube sein. »Jetzt kann ›man‹ uns nicht mehr bremsen«, denkt der Seilläufer. Er hat sich getäuscht.
Einer der glücklichsten Momente während der Montage?

14. Am übernächsten Tag wird der »Tote Mann« in Beton eingegossen. Dieses Foto musste Michael für mich machen. Es erfüllt mich mit Freude: da ist der tiefe Graben in Form eines T, da sind die Absperrungen, die die Zuschauer am Betreten der »Baustelle« hindern, die gerade entsteht, der LKW, dessen dicker Bauch sich um seine Achse dreht und unter dem Getöse von Kieseln und Wasser seinen Beton ausspuckt. Die Fördergeschwindigkeit reguliert Raymond Perronier. M. Bouilhol leitet das Unternehmen. Ich, ich tue so, als würde ich kontrollieren, um nicht um das Grab herumzutanzen.

15. Hier sind wir in der ersten Etage des Turms, auf der Seite zum Marsfeld hin. Es will gerade Nacht werden. Die gewaltige Schlinge – sehen Sie, mein Kopf passt durch den Ring – hebt sich langsam. Sie muss nacheinander durch die Ösen der flachprofiligen Schlingen geführt werden, die um die vier Fachwerkpfeiler gelegt sind, bis ihre beiden Ringe in den Ziel-Schäkel eingeschlossen werden, der da oben unter freiem Himmel hängend auf sie wartet. Vier Nächte Arbeit.

16. Dieses Bild bete ich an! Das ist Alain, der sich auf dem Boden der ersten Etage ausgestreckt hat. Die Arme verschränkt, um sich vor

der Kälte zu schützen, so gönnt er sich zwanzig Minuten Schlaf zwischen zwei nächtlichen Akrobatiknummern. Wir arbeiteten bis zum Umfallen.

17. Dieses da? Das ist mein liebstes. Das ist ... Das ist das Titelblatt zu dem Buch, das nie geschrieben wird. Großartigkeit, Verwirrung, Ungewissheit und Sieg. Das Unternehmen einer ganzen Nacht, das Kabel vom Trocadero bis in die zweite Etage des Turms zu führen. Das Foto entstand am frühen Morgen. Man kann das Kabel kaum erkennen, das links oben gerade die Wasserfläche überquert hat – was wäre das für ein Abenteuer geworden, wenn es sich in den Leitungen der Springbrunnen verfangen hätte! Man kann ahnen, wie es über die Ausleger der fünf Autokrane läuft, die auf der Jenaer Brücke postiert sind. Dreißig Meter hoch. Nur wir wissen, dass es sich da oben am Himmel seinen Weg sucht zum Ziel-Schäkel. Einer Schlange gleich, die sich vor ihrer Beute in die Höhe reckt, ist es so ziemlich das Einzige, was hier sechs Uhr morgens noch vorankommt; wir anderen sind ganz starr vor Kälte und Müdigkeit.

    Auf einem Bild, das ich euch noch nicht gezeigt habe, ist Kathy als Silhouette zu sehen, wie sie am Rand der Wasserfläche steht. Sie überwacht jede Bewegung des Manövers. Währenddessen verbringe ich Stunden rittlings auf den Rohren der Wasserspiele, um zu verhindern, dass sich das Kabel dort verhakt.

18. Interessanter Schnappschuss von zwölf Männern in Arbeitsanzügen, wie sie an einem Seil ziehen und im Takt »Hau-Ruck« schreien. Der stramme Bursche rechts ist Manu, der es – ich weiß nicht wie – geschafft hat, alle seine Soldaten zusammenzutrommeln und TOUR ET FIL mit einem überraschenden Einsatz zu Hilfe zu kommen, was das ganze Unternehmen auch verdammt nötig hat. In weniger als zwei Stunden muss der sechsscheibige Flaschenzug mit seinem Tirfor-Seil versehen sein!

19. Ein Stimmungsbild: Zum ersten Mal stehen wir vor der fertigen Installation. Nächtliches Training in zwei Meter Höhe über dem Vorplatz. In der Ferne die Silhouette des Turms, der seine hundert Jahre feiert. Alles ist dunkel. Vorn auf einem Stück Seil, das ein Mondstrahl aufleuchten lässt, hält sich ein Mann auf einem Knie in

der Balance. Auf dem schwarzen T-Shirt, das seine Brust bedeckt, ist weiß die New Yorker Kathedrale St. John the Divine abgebildet. Dort wohnt er nämlich.
20. Hier fiel die Auswahl schwer. Ich musste an die zweihundert Dias nach der Seilbahn, der Schwebebahn, dem Korb, der Schaukel, nach dem »Blondin« durchsehen. Diese metallene Gondel erlaubte zwei Männern, das Kabel entlangzufahren und die berühmten Cavalettis anzubringen.
Das war eine Staatsaktion!
Zum großen Ärger von Michel Savoye bestand ich darauf, immer in der Gondel anwesend zu sein, und ich wollte nur Alain als Begleiter haben. Die Aufgabe schien einfach, aber sobald man unterwegs war, kamen zahllose Entscheidungen auf einen zu. An den markierten – oder im Augenblick neu zu bestimmenden – Punkten musste auf dem Kabel der Klemmknoten gesetzt werden, der in der Mitte des Cavalettis schon vorbereitet war. Bevor der Knoten festgezurrt wurde, musste wiederum eine Schutz-Unterlage auf dem Seil festgeschnürt werden. Wenn die Klemme angezogen war, musste man sie mit dünnen Nylonschnüren am Seil fixieren, nicht zu fest und nicht zu locker, damit der Knoten entsprechend dem Winkel, den die Spanndrähte mit dem Boden bildeten, »atmen«, aber nicht verrutschen konnte! Gleichzeitig säuberte ich ein letztes Mal das Kabel, brachte die windanzeigenden Fähnchen an (nicht zu dicht am Seil, damit ich mit den Füßen nicht daran hängenbleibe – nicht zu tief, damit ich den Blick nicht nach unten richten muss) ... und erhielt damit Orientierungspunkte, mit denen ich mir meine Route vertraut machen konnte.
»Okay, okay, Philippe. Aber nimm wenigstens einen von meinen Leuten mit, das geht bedeutend schneller«, bat der Unternehmer.
Warum unbedingt Alain?
Ich schwieg, aber heute kann ich es verraten: weil ich in Anbetracht des enormen Umfangs und der Dauer der Arbeiten (ich schätzte drei Tage und drei Nächte) wusste, dass wir keine Pause machen durften! Und wer außer Alain konnte mit meinem höllischen Tempo mithalten, sich unter der tödlichen Sonne die Finger verbrennen an kilometerweise Seilzeug, und das, wenn ich es so bestimmen

würde, ohne zu essen und ohne zu schlafen, bis alle Cavalettis an ihrem Platz waren? Vielleicht auch, weil es für mich nicht vorstellbar war, meine Begehung in Gegenwart eines Fremden kennen zu lernen und mich mit ihr anzufreunden ...
Stunden, Tage und Nächte verbrachte unser Duo zusammen, vom Wind hin- und hergerissen. Das Unternehmen verzögerte sich beträchtlich. Einesteils, weil wir uns nicht die Zeit genommen hatten, uns mit unserer Ausrüstung richtig vertraut zu machen, die wir mit uns führten (vor allem die Bremse: sollten wir sie einklinken oder nur ein bisschen anziehen?), anderseits wegen dem Abrollen der Trommeln, das wir nicht in Ruhe hatten üben können. (Auf welcher Seite soll die Trommel sein? Wenn du dein Seil fallen lässt, verheddert es sich mit meinem, das schon runterhängt, nein, warte, du musst mit deinem Seil auf der anderen Seite vorbei ... Nein! Auf der anderen!)
Und natürlich, weil Alain und ich immer darüber diskutierten, nach welcher Methode es gemacht werden müsste. Eine Diskussion, die bald in Streit ausartete und in ganz Paris zu hören war. Wir schrien uns unter freiem Himmel an!
Unsere Walky-Talkies ließen uns da oben im Stich, weil die Batterien streikten, wir waren auf uns selbst angewiesen ohne jede Verständigungsmöglichkeit mit der Mannschaft von Linélec, die sich am Boden recht und schlecht abmühte, die Gondel zu bewegen, indem sie unter dem Kommando des unermüdlichen Jo an einem 300 m langen Seil zog.
Zum großen Verdruss der Bodenmannschaft, die ungewollt zu Zuschauern geworden war, beanspruchte das Setzen der Verspannung, die dem Turm am nächsten war – Cavaletti Nr. 26 – vier Stunden. Ich musste fortwährend neue Probleme lösen, wir mussten unsere Methoden überdenken, aber eine Unterbrechung hätte zu viel Zeit gekostet! Die Verzögerung wurde immer bedrohlicher. Die Ungeduld der Arbeiter nahm zu. Wahrscheinlich hätten viele das Schiff verlassen, wenn es Michel Savoye nicht noch einmal gelungen wäre, die Geister zu beruhigen – wie vor fünf Tagen, als ich einmal beim Turm einen Bolzen kontrollierte und er der Linélec-Mannschaft einen ganzen Vormittag freigab.

21. Weiterer Verlauf des Kreuzzuges: Nachtarbeit, Alain und ich immer in diesem blöden Korb. Aber es war auffällig: vor dem wunderschönen Gemälde des erleuchteten Paris aus der Vogelschau brüllte man sich nicht mehr an. Oder lag es an unseren Stimmbändern, die um Mitleid bettelten? Oder an den feinen Makronen von Dalloyau, die Kathy uns bei der letzten Landung an Bord geworfen hatte?
22. Ja, ich hatte mein besonderes Vergnügen daran, bestimmte uns auferlegte Anweisungen nicht zu beachten: ich hielt es für wichtig, meine Cavalettis auf beiden Seiten an den Skulpturen des Bassins zu befestigen. Der Seiltänzer verband sich mit der Bildhauerkunst – und außerdem konnten diese Steinkolosse stolz darauf sein, sich endlich einmal nützlich zu machen. Hier sehen Sie den Cavaletti Nr. 2; ganz nahe am Start-X und sehr kurz.

    Vierundzwanzig weitere mussten noch am Boden verankert und gespannt werden. Jedesmal sollten sie länger und schwerer werden ...
23. Nach dem Festmachen das Überprüfen.

    Eine der seltenen erholsamen Beschäftigungen, die harmonisch verliefen: ich liebe dieses Foto von Alain und mir, wo wir auf dem Geländer über den Gartenanlagen des Trocadero sitzen. Er zeigt mit dem Finger auf einen Cavaletti und ich schaue prüfend durch das Fernglas. Jeder muss uns darauf für Touristen halten, die die Gegend bewundern.
24. Kommen wir zum Schluss!

    Dieses hier? Zwei Bergsteiger – sie sind darauf nicht zu sehen – haben mich am Ende eines Seils vom oberen Querriegel der zweiten Etage zum Ziel-Schäkel abgelassen. Zum ersten Mal gelangt jemand da hin, seit er so frei im Raum schwebt.

    Die Landung darauf war heikel. Meine groben Arbeitsstiefel fanden aber sogleich die richtige Seitänzerstellung, und ich balancierte auf der riesigen, schmierigen Schlinge, die die ganze fertige, gespannte und seitlich verspannte Installation hielt.

    Ich versuche mir einzureden, dass die Schräge in die Hölle, die sich vor mir auftut – mit einer Neigung von 45 % – nur eine optische Täuschung ist, die mir Angst machen will.

    Die Begehung soll morgen sein.

Etymologie

Die Arbeiter der Firma Linélec, die von dem Hin und Her auf der Baustelle ziemlich mitgenommen waren, gaben dem Mann, der für das Spannen der Seile zuständig war, die Anweisungen nicht so weiter, wie sie sie von mir hörten:

»Sachte kommen lassen ... Stop!«, oder: »Tiefer ... Tiefer ... Halt!« oder auch:

»Mach schon, 'n bisschen ablassen! Hee ... nicht zu viel, du! Nur'n bisschen!«

Stattdessen riefen sie einfach: »Sach Tenn, Sach Tenn, Sach Tenn!«

Ich konnte mir aus diesen sinnlosen Silben keinen Reim machen. Erst am Feierabend, nach getaner Arbeit ging mir auf, was es bedeuten sollte: »Sachten!«

Ausgehend von dem Wort »sachte« hatten sie die Tätigkeit »sachten« erfunden.

Wortspiel

Wie kann man im Land der 365 Käsesorten sein Leben erfolgreich gestalten?

In einem Land, in dem man die architektonischen Kunstschätze der Hauptstadt nicht einmal bewundern kann, ohne ein Opfer von ihrer Unfähigkeit zu werden, die Gehwege von Hundekacke zu säubern?

In dem der berühmte Berthillon, der größte Eiscreme-Fabrikant, während der heißesten Monate des Jahres seinen Laden dicht macht?

Oder in dem auf Seite 156 des Rechtschreib-Lexikons von Hachette zu lesen ist, dass man PEDZOUILLE* auch PÉDEZOUILLE oder PÉDÉSOUILLE schreiben kann?

Aber ehrlich! …

---

* Dorftrottel

Schlechtwetter? Explosivgeschosse!

Das Polizeipräsidium in Paris war mit dem Großteil unserer Bedingungen einverstanden. Warum lehnte es im Falle schlechter Witterungsverhältnisse das Verschieben der Vorführung auf den nächsten Tag so unnachgiebig ab? Weil das zwangsläufig den Personalaufwand beeinflusst und den Bereitschaftsdienst von einem auf zwei Tage verlängert hätte, weil am Sonntag höhere Löhne zu zahlen sind – »und außerdem werden Veranstaltungen wegen Schlechtwetter nicht verschoben, sondern abgesagt, weiter nichts«, beschied uns ein Verwaltungsbeamter und sagte damit auf, was er im Unterricht gelernt hatte.

Diese Entscheidung war nicht nur hübsch unsinnig, sie war auch kriminell. Sie schrieb mir vor, selbst bei Platzregen, bei Windböen, Hagel, Blitz und Donner zu laufen, denn vor dem Seil kann ich nicht nein sagen. Ein nett bemäntelter Selbstmord.

Jahre des Daraufhinarbeitens, Monate der Planung, Wochen der Durchführung zunichte machen, mein Kabel demontieren, meinen Traum demontieren, mein Heldenepos opfern, die Zuschauer wieder heimschicken?

Ich wäre beinahe auf den Tisch gesprungen, um gegen dieses beschränkte Beamtentum zu protestieren und diese widerliche, irrsinnige Ungerechtigkeit in der Luft zu zerreißen. Aber Kathy sah meine Reaktion voraus und brachte mich auch schon mit einem Fußtritt unter dem Tisch zum Schweigen. Unser heimlicher Verbündeter, der persönliche Referent des Bürgermeisters von Paris, der den Vorsitz dieser delikaten Zusammenkunft führt, gibt mir mit einem kaum merklichen Kopfschütteln, unterstrichen von einem schelmischen Augenzwinkern, zu verstehen, dass ich nichts sagen soll. Ahnen sie, was ich weiß?

Ich bleibe ruhig sitzen und erkläre: »Also gut, wenn das Wetter eine Begehung nicht zulässt, baue ich am nächsten Tag ab.«

Kaum draußen, platze ich in der nächsten Toreinfahrt, die mir Schutz gewährt, heraus:

»Ganz einfach, ich verstecke am Start ein Mikrofon, das an den Verstärker angeschlossen ist, und wenn wir die Sache wirklich wegen Wind oder Regen verschieben müssen, wende ich mich an die Menge: Hallo, hier spricht Philippe Petit. Wegen dem schlechten Wetter müssen wir die Vorstellung absagen! Kommen Sie morgen um 17 Uhr wieder.«

Zweifellos wird mir die Polizei innerhalb weniger Augenblicke das Mikro aus der Hand reißen und widerrufen, was ich gerade angekündigt habe, aber man wird schon mir glauben: »Die Begehung wird morgen um 17 Uhr stattfinden!« Und am nächsten Tag wird mich nur die Armee von meinem Seil verjagen können. Und das auch nur, wenn sie Explosivgeschosse verwendet, denn mit normalen Kugeln werden sie mich nicht aufhalten können.

Acht Tage später, zweite große Versammlung im Präsidium. Auf Kathys Rat hin war ich nicht dabei. Nach dreistündiger Verhandlung fasst sie die von allen anerkannten Punkte noch einmal zusammen und setzt mit harmloser Miene hinzu: »... und falls schlechtes Wetter ist, wird die Vorführung auf den 27. August, gleiche Uhrzeit, verschoben.«

»Nein, das hat man auf der letzten Sitzung nicht genehmigt«, fährt der Zeremonienmeister dazwischen.

»Aber ja doch! In der Zwischenzeit hat man sich darauf geeinigt«, versichert Kathy unter dem verschmitzten Blick unseres Verbündeten, der damit eine glatte Lüge absegnet.

»Ach, wirklich? Aber ... das kann ich gar nicht glauben ... sind Sie sicher?«

»Ja, ja, völlig sicher. Das ist so beschlossen worden.«

»Gut, also, wenn Sie es sagen ... dann übernehmen wir das ins Protokoll.«

Auf großer Fahrt

Ich bin bei einem Seiltanzprojekt an Bord gegangen – wann werde ich die Gewissheit haben, dass es nicht untergeht?

Wenn mir der Kapitän des Schiffes seine Unterstützung zusichert?
Wenn alle Segel gesetzt sind, kommt dann seine Eilzusage?
Wenn mir die Schatztruhe tatsächlich ausgeliefert wird?
Wenn die Verankerungspunkte befestigt sind, das Kabel gespannt ist?
Wenn sich die Haltetaue, die Cavalettis, am richtigen Platz befinden?
Wenn der Wind mir den heiß ersehnten ersten Schritt vergönnt?
Wenn wir, nur noch eine »Kabellänge« vom endgültigen Einlaufen in den Hafen der »Großen Fahrt« entfernt, auf den Wellen schwanken?

Wenn ich meinen Fuß auf den Ziel-Schäkel setze, dann werde ich den siegreichen Ruderern, die sich in meinem Inneren betrinken, zubrüllen: »Land!«

Die große Überquerung

Beschreiben, was ich empfunden habe, da unten, da oben?

Dazu müsste ich euch, ihr Worte, beim wilden Galopp meiner Gedankenpferde hinterherschleifen, weil ihr sonst nicht folgen könntet. Ihr müsstet mit einem Fuß im Steigbügel hängen, eure tausend Köpfe auf dem kieselbestreuten Weg aufschlagen, damit eure Gehirne den Schaum der durcheinandergerührten Begriffe verspritzen. Ich würde euch den Bauch aufschneiden, jedes unverdaute Wort herausholen. Ich würde eure »unglaublich«, »wunderbar«, »gigantisch« den Hunden vorwerfen, eure »außerordentlich«, »sagenhaft«, euer »tiefes Glück« in der Luft zerreißen. Euer Röcheln beim Zerrissenwerden wird mir deutlich machen, wie schwierig es ist, Worte zu finden für die Beschreibung einer Reise, die kein anderer Mensch je unternehmen würde.

Fließt mir aus der Feder, ich erwarte euch schon!

Diese Überquerung wird mein Leben sein. Mein Leben? Ja, ohne Vergangenheit, ohne Zukunft. Was? Schon diese Worte wollen Verrat an mir üben. Ich habe nicht gesagt: »Er hat keine Lust mehr zu leben.« Ich habe damit nicht das Jenseits gemeint, sondern die Ekstase. »Ekstase?« Ich bring dich um, verdammt noch mal! ... ah, dein Geseufze erstickt die Vision, die mir gerade aus der Feder fließen will:

Es war an einem Tag meiner Kindheit, ich blätterte in einem Buch voller Bilder ...

Warte noch! Die Überquerung beginnt vor der Überquerung, in den Garderoben des Palais, des Palais de Chaillot, des Théâtre de Chaillot. Jérôme Savary und seine Truppe hatten mich wie einen der ihren aufgenommen: Garderoben für Herren, für Musiker, und der berühmte Schlüssel, den ich seit zwanzig Jahren für mich beanspruche, den Schlüssel zu meiner Garderobe, vor der Überquerung, den habe ich von ihnen bekommen.

Folgen Sie dem Weg, der mit »Garderobe Philippe Petit →« gekennzeichnet ist, Isabelle hatte für alles gesorgt. Selbst im Aufzug waren die Bedienungsknöpfe beschriftet.

Nun sind wir hier in der Garderobe. Einschließlich der Blumen.

Wir schlüpfen unter den brühheißen Strahl der Dusche. Seife. Liebkosung über den ganzen Körper hin, Wonne hüllt mich ein, Lust umschmeichelt mich. Äußerstes Entzücken? Nein. Doch. Zweifellos. Jedesmal ist alles vor einer Überquerung eine Henkersmahlzeit.

Sorgfältig trocknen wir die Füße ab. Jede Zehe. Die Haut zwischen den Zehen. Und dann das dämliche Anmalen der Knöchel mit Silberbronze, aber das Kostüm verlangt es: ein Stück rosa Haut zwischen Hose und Schuh, die beide silbern sind, das würde nicht gehen. Die Knöchel mit der Farbe einreiben, aber nicht zu weit runter, damit man nicht das Gespür für den Schuhsaum verliert.

Die Gestalt des Nijinski zieht vor meinen Augen vorüber, im Profil für den »Nachmittag eines Faun« posierend, dann diejenigen der Massaï-Mara, mit bemalten Gesichtern, die sich darauf vorbereiten, zu jagen oder zu sterben.

Wir machen uns zu schaffen. Der eine putzt sich die Zähne, schminkt sich, denkt an das, was er zu leisten hat, an die Prüfung, die ihn erwartet. Der andere zieht schon sein Kostüm an, macht sich auf den Weg, ist ganz Stierkämpfer. Auch die Seele eingekleidet.

Mein Körper und ich drängen uns gegenseitig. Wir schlüpfen in die Schuhe, deren dünne Sohlen jetzt nur noch das Stahlseil berühren werden, und klack, klack, klack lassen wir unsere Holzschuhe klappern und steuern über einen langen Gang dem Fahrstuhl zu.

Bevor wir die Garderobe verließen, hat man uns dabei erwischt, wie wir die kostbare Holzstatuette leicht mit dem Finger berührt haben, den kleinen Löwen mit den sehnigen Flanken, den langen Fangzähnen, dem wilden Blick, den man dort – versehentlich? – neben dem Waschbecken stehen gelassen hatte, wie jedes Mal. Was? Abschied nehmen vom Greifbaren, bevor man sich ins Unbekannte stürzt? Einem Gegenstand auf Wiedersehen sagen, der uns lieb und teuer ist, den wir wiederfinden würden, sobald unser Tanz ausgeführt ist? Mit einem freundschaftlichen Klaps: »Rühr dich nicht vom Fleck, du, ich bin gleich wieder da.« Aberglaube? Ach was! Das war nur, weil das Figürchen schief stand und beinahe umgefallen wäre ...

Klack, klack.

Wir nehmen einen tragbaren Lautsprecher und bitten langsam und deutlich darum, dass das Geschrei draußen aufhört.

Was, nichts zu machen bei euch? Ja, aber wir, wir haben jetzt sehr viel zu tun, seid bitte leise.

Klack. Im Fahrstuhl.

Bei jedem Schritt muss man aufpassen. Am heimtückischsten sind heute die sonst alltäglich gewohnten. Ein verstauchter Knöchel: aus ist es mit der Überquerung. Der Aufzug dröhnt gewaltig – für meine Begleiter ein schwaches Summen –, und wir sehnen uns danach, ins Freie zu kommen.

Erfrischt von der kühlen Brise folgen wir den Abschrankungen, die uns zum Start leiten. Langsam gehen! Wir erblicken das Kabel, es ist nicht wiederzuerkennen. Es blitzt vor Ungeduld unter der Spannung von einigen Tonnen. Die Menge jubelt. Überrascht wenden wir den Kopf. Wir müssen sie grüßen, das gehört sich so: mit einer linkischen Handbewegung, wie ein Stuntman vor dem großen Coup. Wir hassen diesen Augenblick.

»Windgeschwindigkeit?«, rufen wir Kurt zu. Er gibt uns durch seine Anwesenheit drei Schritte von uns entfernt das Gefühl der Sicherheit. Seine Antwort berührt uns nicht sehr. Aber was geschieht da in unserem Körper, mit dem Herzen? Es pocht ungestüm in unserer Brust. Hau ab! Bleib hier! Ich will allein sein! Wir müssen zusammen bleiben! Seit dem Morgengrauen an Aufruhr gewöhnt, gewinnen wir wieder unsere Fassung. Die Schläge werden ruhiger.

Vor den Fußspitzen lesen wir auf der Steinplatte, die den Menschenrechten gewidmet ist, das Wort FREIHEIT. Ein Augenblick höchster Bedeutung. Ein notwendiger Kunstgriff des Schauspielers, der so tut, als könne er eine politische Rede, die er nicht begriffen hat, erläutern.

Keine Balancierstange.

Ein marmorgepflasterter Vorplatz.

Quer über den Platz gespannt, ein kaltes Stahlseil.

In diesem Kabel spiegelt sich der grün-graue Himmel.

Wir setzen den Fuß aufs Seil. Ich mache den ersten Schritt.
Fehlstart.

Weil das Bedanken für die Bravorufe unsere Aufmerksamkeit vom Seil abgelenkt hat. Weil ein dünner, kaum merklich ansteigender Stahldraht ein Wesen in die Höhe leiten soll, das wie auf Wasser zu gehen scheint, das bald Schwerelosigkeit erreicht, und weil dieses bewundernswürdige Wesen unsichtbar bleiben wird für alle außer für eine Filmkamera – die es offensichtlich nicht gibt. Unsichtbar für alle?

Weil die ganze Bahn entlang, die sich das Seil Schritt für Schritt dahinzieht, kein Mensch zu sehen ist. Schlimmer noch: eine Handvoll geladener Gäste schaut, die Ellbogen auf die Abschrankungen gestützt, zu oder flaniert wie bei einem Sonntagsspaziergang. Es war doch vereinbart, dass dieser Platz, wenn er nicht voller Gäste wäre, für das Volk freigeben würde, das sich hinter uns drängelt und nichts sehen kann. In dem gespannten Schweigen von 5000 Zuschauern, die mich bei meinem Auftritt in der Arena umgeben hätten, wäre ich unbesiegbar gewesen, Gelegenheit für einen unvergesslichen Spaziergang. Warum? Warum?

Weil uns etwas an unserem Vorwärtskommen hindert ... weil wir in der rechten Hand ... der rechten Hand ... eine Rolle aus starkem orangefarbenen Papier schwenken, das Faksimile der Erklärung der Menschenrechte. Unser heutiger Passierschein. Den wir besser verbrannt hätten. Der hier nichts zu suchen hat.

Weil – der Böswilligkeit des Gleichgewichts ausgesetzt – kein Wort hier darüber! – von ... die Senkrechte revoltiert, ihr fehlt die Höhe. Natürlich! So dicht über dem Boden ist das Seil eine heimtückische Angelegenheit. Der leere Raum fehlt, das lähmt den Seiltänzer, während sein Schiff über großen Tiefen vertrauensvoll dahingleitet. Piloten lernen: Schnelligkeit und Höhe gleich Sicherheit, geringe Geschwindigkeit und Bodennähe gleich Gefahr.

Weil mir die Winde nicht mehr gehorchen, die sich im Südosten zusammenrotten, um über mich herzufallen. Und der Himmel? Satte Quellwolken wollen uns von oben im Nacken lecken – aus welcher Höhe? Wir können ihn im Augenblick nicht befragen.

Weil wir unwillkürlich hin- und herüberlegen. Und aufgrund der Enttäuschungen, die sich seit dem ersten Schritt zu diesem Unternehmen angesammelt haben und in denen sich all das zusammenballt, was mir in den vergangenen Monaten gestunken hat, stellt sich mir mit einem Mal der ganze Widersinn der Sache in den Weg. Dies alles stinkt mir so, dass ich kaum atmen kann.

Luft!

Die Luft erfüllt mich nicht mehr, die den Beinen Kraft gäbe. Auf einem der Holzstapel, die verhindern sollen, dass das Kabel auf dem Boden aufschlägt, ruhe ich mich kurz aus, kann beide Füße flach aufsetzen. Ausatmen, Einatmen. Der erste Bock noch weit? 30 Meter. Der Bock.

Weil wir, weil ich ...

Weil der Eröffnungstusch ... »Kurt, warum spielen die nicht? Sie spielen nicht, Kurt!«

Hinter seiner Geheimagentenbrille bleibt mein »persönlicher Assistent« ganz ruhig, lässt mich keinen Schritt allein, obwohl er sich immer vier Meter hinter mir hält. Er schaut nur auf mich, ihm entgeht nichts. Wenn ich das Manuskript verliere, wird er es auffangen, bevor es den Boden berühren kann. Wenn das Seil so schwingen sollte, dass es mich aus dem Konzept bringt, wird er es packen und sich dranhängen, wie wir es zusammen geprobt haben. Er antwortet auf meine Fragen laut schreiend, so wie ich es verlangt habe, damit seine Antworten überhaupt durch den Panzer zu mir vordringen, der sich mit der Zeit immer mehr um mich verdichtet ... ja, der zur Rüstung wird.

Ich habe gerade wieder auf einem Holzklotz Fuß gefasst, diesmal 20 m von der Verspannung entfernt. »Kurt, was ist los?«

Kurt fragt bei Agathe nach, Agathe fragt über Funk bei Isabelle an. Die wiederum fragt Mathieu, welcher seinerseits bei den Hornisten anfragt. Die Verständigung klappt nicht: die Leitung ist besetzt, weil Isabelle im Regieraum wegen einer geschlossenen Schranke telefoniert ...

»Kurt, das ist mir scheißegal! Ruf sofort bei ...«

Im Bruchteil einer Sekunde habe ich die Antwort: »Philippe, die spielen! Du hörst sie nur nicht wegen der Mauer, aber sie spielen, seit du unterwegs bist!«

Immer noch auf meinem »Hochsitz« zwei Meter über dem Boden – stur geradeaus schauen. Eine undurchdringliche Miene aufsetzen, um nicht wie ein Affe auszusehen, das Seil nicht aus dem Blick zu verlieren. Wird das Spektakel sich noch weiter auflösen? Wie beim World Trade Center? Wo die Berufstätigen schon kamen, während die heimliche Montage noch nicht zu Ende geführt war? Vielleicht entdecke ich, dass irgendetwas an meinem Kostüm fehlt? Ich habe schon den bitteren Geschmack der Katastrophe im Mund. Ich weiß ja, die Verzögerung, Geldknappheit, die Generalprobe als letzten Versuch, etwas zu retten, und der Tonmeister, der uns keine Zeit ließ, uns an das Durcheinander des Sprechfunks zu gewöhnen ...

Tief durchatmen! Den Himmel, der auf mich wartet, in mich hineintrinken!

Wir Bedauernswerten machen weiter.

Der Bock ist noch weit. Dieses Metallkreuz da vorne, von dem ab sich unter dem Seil mit einem Mal der Abgrund auftut. Dieses hellgraue Kreuz, das uns verhöhnt. Wie ein rachedurstiger Vasall, der angesichts seines Ritters versucht, sein zu schweres Schwert zu zücken. Wird die Balancierstange, die uns zwischen den Armen der Kreuzung erwartet, uns zulächeln, oder hat sie vor, uns mit ihren acht Metern Länge in die schauerlichen Tiefen des Sturms hineinzuziehen?

Was macht der Himmel?

»Kurt! Windgeschwindigkeit?«

Ich möchte am liebsten auf die Erde springen, zu der metallenen Verspannung hinlaufen, ihr die Balancierstange entreißen, mit geschwellter Brust den Raum durchstoßen, den Sternen nachjagen, die sich hinter dem Turm verstecken, jagen, jagen.

»Kurt, du bist meine einzige Rettung, bleib in der Nähe!«

Wir müssen diesen bitteren Geschmack ausspucken, wieder entdecken, dass das Seil uns gewogen ist! Kurt! Kurt! Kurt! Wingeschw ... ah, da bist du ja! Du bist's tatsächlich. Ich seh deinen Schatten. Antworte mir doch. Windgeschwindigkeit? Bist du sicher da? Hältst du mich? Danke. Sehr gut. Bleib! Halt dich in meinem Kielwasser.

Sechs Meter bis zum Kreuz.

Jetzt hör ich sie! Die Hörner, Kurt!

Drei Meter zum Kreuz ... Ha – ha!

Drei Meter bleiben uns noch, uns in ein Wesen der Lüfte zu verwandeln. Sieh doch, ihm wachsen Flügel, er macht sich bereit.

Drei Meter Lächeln bringen mich auf der schwachen Steigung zum Kreuz dazu, meine Finger wieder ruhig zu schließen. Ich lasse uns hinter mir, wie man die venezianische Gondel, der man die Landung am Palast aller Freuden verdankt, mit dem Fuß wieder aufs Wasser hinausstößt.

Die Menge erwartet mich reglos. Ich huldige ihr knapp mit Blicken. Meine mit dem silbernen Kostüm herausgeputzte Erscheinung löst einen Sturm von Willkommensjubel aus. Das hat seine Auswirkungen auf das ganze Seil wie auch in meinen Adern. Ich recke einen Arm zum Himmel – das ist mehr als eine Begrüßung –, bringe so die ermutigenden Bravorufe zum Schweigen. Ich halte das kolorierte Manuskript hoch, das ich überbringen soll, und schwenke es langsam in alle Himmelsrichtungen.

Einen Augenblick lang meine ich die Bedeutungsschwere dieser Geste, die der ganzen Welt gilt, zu fühlen, aber Hohngelächter, das den Beifall übertönt, erinnert mich daran, dass es lächerlich wäre, die Sache zu ernst zu nehmen.

Die letzte irdische Tat wird die sein, dass ich das Schriftstück an meiner Balancierstange befestige (die durch den orangenen Fleck auf der rechten Seite zur ersten asymmetrischen Balancierstange in der Geschichte des Seiltanzes wurde).

Das letzte Wort wird sein: »Fünfundzwanzig Kilometer pro Stunde!«, Kurts Antwort auf meine letzte Frage. Wenige wären an seiner Stelle dort stark genug, es dabei bewenden zu lassen, ohne dieses entsetzliche »Viel Glück!« hinzuzufügen. Er kann das und verschwindet.

Die Hörner erschallen von unten und blasen von nun an beharrlich weiter.

Die Zuschauer werden still und starren nach oben.

Luftböen bedrängen mich, legen sich wieder.

Das ist die Stunde des wirklichen Beginns, die Stunde der Wahrheit, der Folter.

Wie gerade und ehrlich das Kabel ist – eine Brücke zum Himmel, ohne Zwischenhalt! Und wie verlockend die Distanz: siebenhundert Meter Luftlinie! Was für ein stolzer Turm, meine dreihundert Meter hohe Geliebte! Warum stellt sie sich auf die Zehenspitzen, verwandelt sich in ein fliegendes, flatterhaftes Lebewesen?

Werde ich meine Sitzstange erreichen oder mich im Käfig wiederfinden, wenn die Verwandlung der Ernüchterung weicht? Der düstere Himmel kann sich nicht zwischen Braun, Grau, Gelb und Grün entscheiden – hat er verlernt, Blau hervorzubringen? Das Heer der Winde, hat es sich verschworen, mich zu verderben? Ich habe mir immer eingeredet, dass ich nicht zu zerstören sei. Hat man ihnen verraten, dass ich gleichwohl sterblich bin? Ich bin am Zug, bewege auf dem Schachbrett meines Schicksals eine Figur nach vorn. Bin ich nun König oder Narr?

Andererseits – jetzt ist der Augenblick für deinen ersten Schritt gekommen, du Reisender ohne Gepäck!

Mit der Sohle auf dem Stahlseil vor- und zurückgleitend bereitet sich mein rechter Fuß (immer der rechte) darauf vor, das Gewicht meines Körpers für einen flüchtigen Augenblick zu übertragen. Genau in diesem Augenblick, vor aller Augen – ich schwöre es – fegt die Sonne graue Wolken vor ihrer Haustür beiseite, und ich erblicke, verwirrt, durch ihr Fenster das Antlitz meiner großen Überquerung. Die Menge gibt es nicht mehr. Ich hebe meine Balancierstange aus ihrer Auflage, halte sie dem Wind entgegen. Ich löse mich von dem Festpunkt, überlasse mich dem freien Raum. Der erste Schritt ist getan, Umkehr nicht mehr möglich.

Und lächelnd erobere ich mir, mit äußerster Feinfühligkeit einen Fuß vor den anderen setzend, meinen Titel als »Mensch der Lüfte«.

Es war an einem Tag meiner Kindheit, ich blätterte in einem bebilderten Lexikon …

Nein!

Wieder steigen Fragen und Zweifel in mir auf.

Den Ansturm abwehren. Die Lungen durchspülen mit dem mich umfließenden Wasser, von der mich umgebenden Stille drei Schlucke hinunterstürzen. Ich bewege mich vorwärts, aber ich fühle nicht, wie ich schreite. Kein Zweifel: ich bin nicht weit genug vom Boden entfernt, als dass sich verflüchtigen könnte, was mich beschwert. Zum Glück habe ich zu tun. Hier kommt die Stelle meiner Verwandlung, wie auf der Karte verzeichnet, ich meine im Programm. Wie ein ausschlüpfendes Insekt schäle ich mich aus meinem silbernen Panzer: Arme, Oberkörper, Unterleib. Meine neue Haut regenbogenfarbig bunt, enthüllt sich auf einmal, lichtübergossen. Eine Woge der Begeisterung schlägt zu mir empor: sogar in weiter Entfernung haben die Zuschauer diese Überraschung mit Beifall aufgenommen. Unter mir segeln Stoffteile wie Herbstblätter zur Erde hinunter.

Übrigens war das Kostüm der geduldigen Fumiko als Entwurf übergeben worden, die es dann zugeschnitten, von Hand genäht, noch einmal anders zugeschnitten, wieder genäht hat. Nur vier Anproben auf dem Boden und zwei Proben auf dem Seil gaben mir die Gewissheit, dass die Verwandlung tadellos klappen würde. Dieses Umziehen vor aller Augen in dreißig Meter Höhe, bei Seitenwind, mit einer freien Hand – das ist das erste Wunder der Überquerung. Erinnert mich daran, dass ich euch auf die vier weiteren mit Handzeichen aufmerksam mache.

Nun noch nackter, noch leichter, noch deutlicher zu erkennen, nehme ich die Strecke wieder in Angriff. In der Höhe verweht aller irdischer Dunst, bald bin ich auf meinem Weg, allein mit dem Stahlseil. Aber da rückt die Begegnung mit einem Verspannungspunkt lautlos näher: Cavaletti Nr. 3. Dort knie ich mich nieder.

Still da unten! Lauscht meiner Geste: ich werfe einen Arm in die Höhe, lasse ihn kreisen, stillstehen – grüße den Horizont. Ich öffne die Faust, und indem ich Finger nach Finger strecke – wie das Farnkraut, das man in der Zeitlupe des Films wachsen sieht –, löst meine Hand den Bann des Schweigens.

In dem Augenblick, in dem sich die letzten Fingerglieder strecken, bricht das Orchester auf dem Platz los.

Es erklingt die symphonische Dichtung »Der Tritonen-Brunnen« von Ottorino Respighi. Ich hole tief Atem, um meiner Geste das hinzuzufügen, was sich (ich hab's nicht vergessen!) als zweites Wunder heraus-

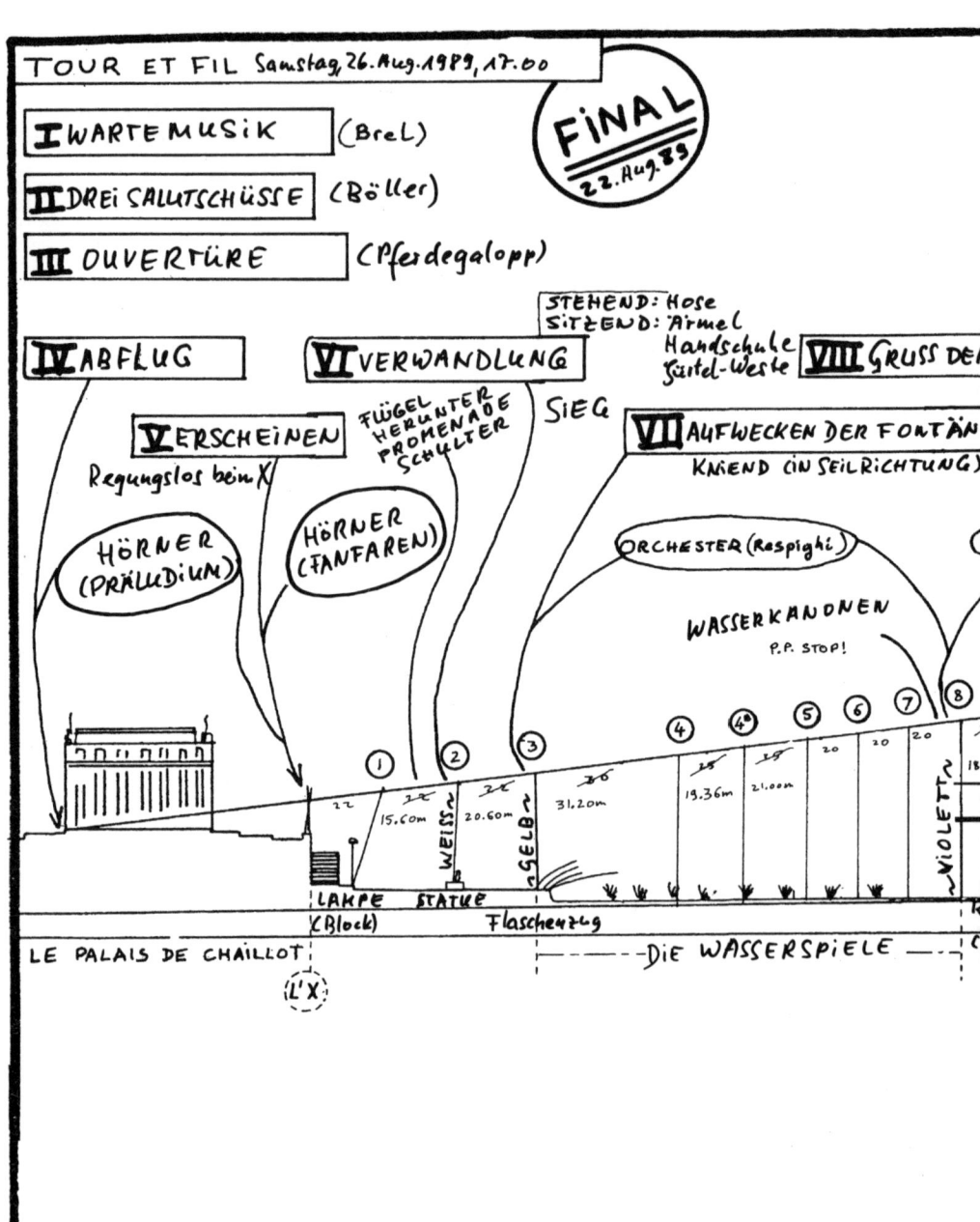

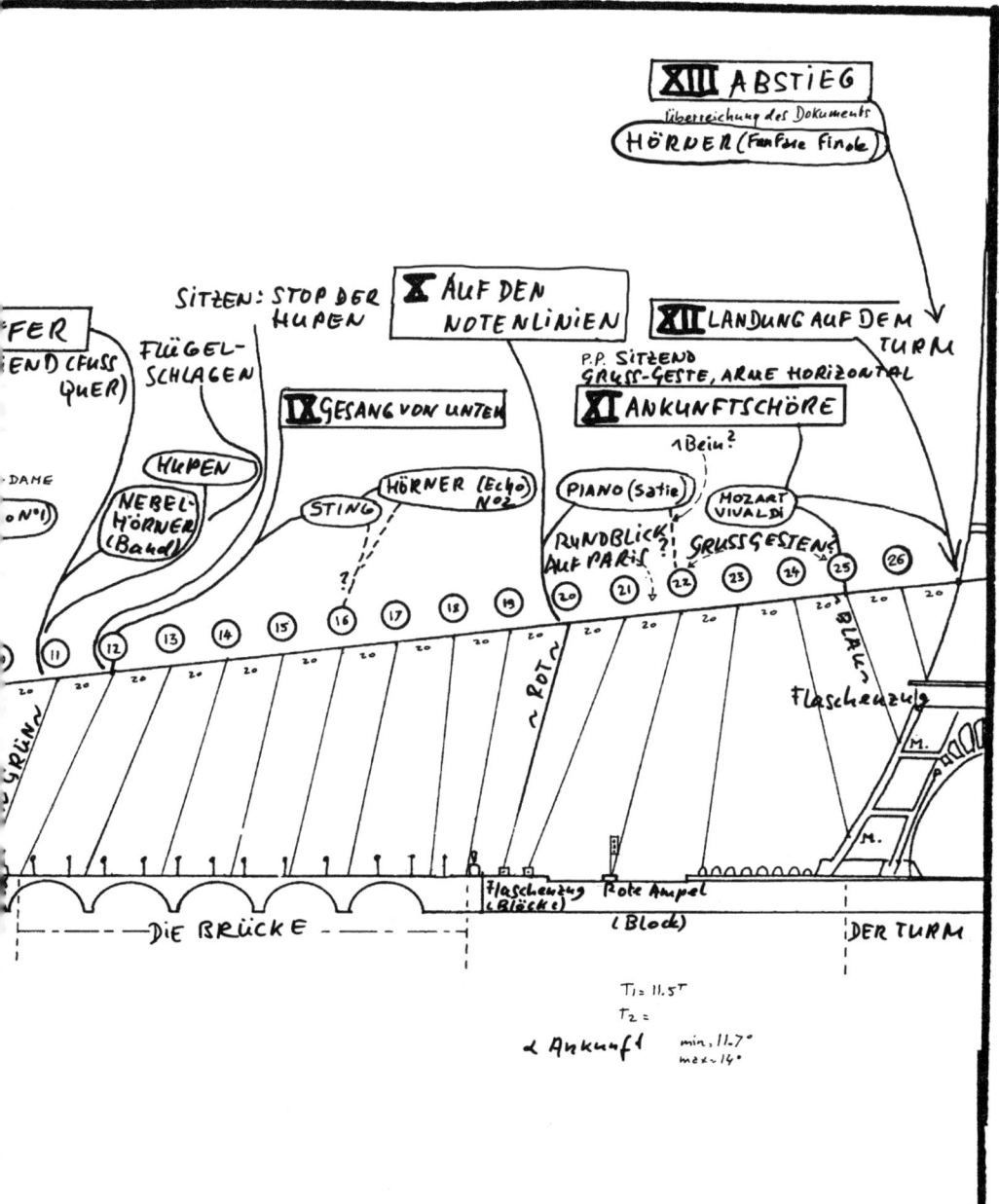

stellt: Vom Regieturm, der den Palast von Chaillot überragt, ist über Funk eine Anweisung weitergegeben worden. Die Nachricht drang durch die Blumenbeete zu Jean-Claude, dem Techniker, der in einer von niemand vermuteten Höhle unter der Wasseroberfläche die Schalthebel betätigte und veranlasste, dass gerade über seinem Kopf die Fontänen – nicht die römischen, wie sie aus den Lautsprechern erklangen, sondern die des Hügels von Chaillot – emporschossen; was sagen Sie nun?

Im Drehbuch steht:

TOUR ET FIL. SZENE II. AUSSENAUFNAHME. TAG:

Stille Wasserfläche.
Der Hochseilkünstler kniet, macht eine Gebärde.
Die Wasser gehorchen ihm.
Der Reihe nach emporschießen lassen: Stufen, Wasserfälle, Schrägen, Fächer, Kronen. Nach und nach den Druck steigern. Bei voller Kraft die Wasserwerfer auslösen (Achtung: Krach!)
Wirkung eine Minute halten.

»Schnitt!«
Das Getöse der Wasserkanonen sollte mich jäh stoppen. Aus fünf Messing-Spritzenrohren sechzig Meter hoch gespien, sollten die Strahlen versuchen, mich zu erreichen. Weil sie es nicht schaffen, sollten die Kanonen wieder das Maul halten, die Wasserstrahlen in sich zusammensinken. Was mich betraf, hatte ich, während ich da oben über der Symphonie meine Bahn zog, den Knall der Wasserwerfer gar nicht gehört (ja, ja, zu wenige Proben, fehlende usw. ...), ich bleibe also stehen, wo ich es für richtig halte, wende mich zurück, um ... hee! Nicht bei dem Wind! Dann warte ich eben. So, nun weiter.

Die Musik, kräftig wie wohl noch nie zuvor unter einem Seil, prallt auf mich auf, umströmt meine ausgestreckten Arme. Oben, unten – die Fülle ihrer Fluten, beglückend und dennoch tödlich, umhüllen, überschwemmen, überfallen mich mit jeder Note, jeder Nuance, packend, peitschend, genau wahrnehmbar und deutlich in perfekter Klangwiedergabe. Ich halte mich an der Balancierstange fest, damit die Wellen mich nicht davontragen, ich beiße mir auf die Lippen, denn ein Seiltänzer, der vor Freude laut lachen muss ... Ja! Lachen. Ich weiß es noch wie heute.

Hält die Verzückung an? Nein, denn auf dem Seil fehlt einem die Erde. Ich möchte mal sagen, verstehen Sie mich richtig: auf so einem Haar von Seil ist Wandern nicht möglich, jedenfalls für uns Menschen nicht. Wenn ich fliege, dann deshalb, weil ich Flügel habe. Ihr seht sie nicht, aber sie sind da, ich habe sie selbst entworfen. Wenn ich schwebe, dann deshalb, weil ich weiß, dass ich meine Seilkonstruktion selbst gezeichnet habe. Und weil ich meinem Turm vertraue, ich habe mit ihm gesprochen. Und weil ich am Boden unten ein Sicherheitsseil habe. Nein, ich meine nicht den Schatten, den mein Laufseil wirft – der Boden ist zu weit weg, als dass sich der Schatten darauf abzeichnen könnte –, nein, sehen Sie, ich habe zwei Leibwächter, die von einer Cavaletti-Verankerung zur nächsten rennen und mich zu beiden Seiten des Seils begleiten. Sie sind jederzeit bereit, an einem vibrierenden Spannseil Hand anzulegen oder ein Haltetau straffer zu spannen, wenn ich das vereinbarte Zeichen gebe. Oh, das Zeichen ist einfach: mit dem Finger auf das schlaffe Seil zeigen. Ja, natürlich, ich muss mich dazu, die Balancierstange auf dem Oberschenkel, auf einem Bein halten, wenn ich eine Hand freikriegen will. Also Manu rechts, wo es mit Hand und Blickfeld weniger Schwierigkeiten gibt, links Kurt, der gerade die Treppen von oben heruntergekommen ist und seinen Posten wieder einnimmt. Manu, mein verantwortlicher Mann für die Cavalettis, wie beim C.R.P.V. (Was? – Erinnert ihr euch nicht mehr: CORDE RAIDE – PIANO VOLANT, vor fünf Jahren – über dem Vorplatz?), er wird die Anweisung geben, dass sich drei oder vier Leute an ein Spannseil hängen sollen, wenn es nötig ist, er wird auch ein lockeres Gegengewicht wieder festmachen – aber es wird sich nichts lockern, ich habe alles überprüft. Er wird auch ... Aber es ist keiner zu sehen heute.

Untreue, wie sie schlimmer nicht sein könnte; ein Mordanschlag! Manu ist nicht erschienen. Ich hätte mich vor dem ersten Schritt vergewissern müssen, ob er da ist, genau so wie ich jeden Cavaletti überprüft habe. Warum ist der abgehauen? Dieser Deserteur!

Ich stehe allein da. Verlassen. Mit einem Kloß im Hals vor Angst.

Während das Seil ansteigt, die Luftschicht unter mir immer dicker wird, muss ich mir bewusst machen, dass es unten am Boden nichts Unbekanntes gibt. Hier oben dafür umso mehr! Sollte ich aufgeben? Sicherlich das Beste. Eine Überquerung mit dieser Steigung, dieser Ausgesetztheit, diesem Wind, dazu mit dieser Länge, und nicht wissen, ob einen von unten jemand sichert! Wenn keiner aufpasst, braucht nur einer unten an die Verspannung zu rennen, und ich fliege vom Seil, verstehen Sie? Einsicht größter Einsamkeit! Ich muss Halt machen!

Teufel noch mal, es muss sein! Aus Angst? Ich verlangsame meinen Schritt und überfliege das Gelände mit den Augen, ich halte ein, ohne anzuhalten, ein paar schnelle Blicke – wie Messerwerfen. Ein kreisender Adler, der nach seiner Beute ausspäht. Nichts. Ausgesetzt und zum Verrecken bestimmt. Verloren wie ein kleines Kind. Verlassen. Vor mir taucht flüchtig das Bild eines Kindes auf, Gypsy, mutterseelenallein, zur Hauptverkehrszeit, in der Pariser Métro, vollkommen verunsichert, weil sie die Sprache nicht versteht, zu viele Menschen und doch kein Mensch ... Verhängnisvoll, diese Angst. Schlimmer als hier runterzufliegen. Nichts. Nichts. Verzweifelter Entschluss: ich mache das Zeichen für einen Cavaletti, der nachgespannt werden muss, und warte, halte Ausschau. Der gelbe Fleck, Manu ist da! Er war schon lange vor meinem Start da, ist mir von Verspannung zu Verspannung die ganze Zeit gefolgt. Es hatte wohl mit dem Schwanken des Seils zu tun, mit der Balancierstange, die dem Wind ausgesetzt war, dem wirren Lärm da unten, der meine Blicke auf sich gezogen hatte. Er war da. Ah! Was ist denn mit meinen Augen los?

Gut. Also. Ich fange mich wieder, weite die Brust für ein zaghaftes Lied, ein stürmisches. Ah!

Werde ich meinen Marsch fortsetzen können?

Und dann, ein paar Cavalettis weiter, wage ich, NOTRE-DAME zu »spielen« (in meine Erinnerung eingegraben, wie es sich damals zwischen den Türmen der Kathedrale abgespielt hat: ich lege mich der Länge nach hin, ich schlafe ein). Wenn ich mein rechtes Bein nicht völlig entspannt der Länge nach auf dem Seil ausgestreckt habe, wenn ich meine Augen nicht bleiern fest geschlossen habe, so deshalb, weil der Schlaf mich sonst diesem von böswilligen Seitenwinden bedrängten Todesbett ausgeliefert hätte (an dem das heimtückische

Vibrieren des Kabels nagt, dieses Vibrieren, das das Seil in seinem Auflager verdreht). Da ich aber heute hierhergekommen bin, um meine Seele zu erfreuen, nicht um sie auszuhauchen, überlasse ich das Risiko den Sensationsdarstellern und deren nächsten Verwandten, den Seiltricksern.

Als ich so ausgestreckt lag, konnte ich dennoch nicht widerstehen, den Himmel mit einer erhobenen Hand zu grüßen, zwar nur flüchtig, das gebe ich zu, weil brenzlig, aber doch wie eine Fermate über den Bässen der Waldhörner, die in der Tiefe verklangen.

Ich erwache, weil alles still ist. Den Nachgeschmack des schlechten Traums, der mir beim Betreten des Seils ein Klotz am Bein war, habe ich ausgeschwitzt.

Ich richte mich auf. Die Luft wie ein Schlag auf die Augen. Kalt. Frisch. Die Stadt bietet mir, golden entflammt, ihre Dächer, ihren Fluss, ihre Brücken über hunderttausend nach oben gerichteten Köpfen.

Ich stehe auf. Das Kabel macht den Rücken steif, ohne zu zittern, es erwartet mich, es verlangt nach mir.

Ich laufe weiter, ich nehme alles wieder in mich auf: das Seil, die Bäume, unsere Zuschauer, mein Kielwasser, die Höhe, eure Hörnerklänge, unseren Wind, ihr Licht. Und diese Stille. Die Stille, die den schlafenden Vulkan, über den mein Seil führt, einhüllt in Frieden wie abendlicher Nebel. Eine Balancierstange gibt es nicht mehr, meine Arme sind acht Meter lang geworden und wiegen dreißig Kilo. Der Bug meines Schiffes teilt mit weitem Herzen die unerschütterlichen Fluten des Himmels. Alle Segel sind gesetzt, die Überquerung gewiss. Wenn ich zurückschauen würde, läge die Küste schon in weiter Ferne. Da vorne auf der Brücke stehe ich breitbeinig und schaue über die regelmäßigen Schaumkronen hin. Das Schiff steigt in die Höhe …

Es war an einem Tag meiner Kindheit, ich blätterte in einem bebilderten Lexikon, das ich aus dem nüchternen Bücherregal des väterlichen Arbeitszimmers entführt hatte. Der Zufall wollte es, dass die Darstellung eines Steinkohlenbergwerks meine Aufmerksamkeit fesselte.

Förderschächte, Förderkörbe, Kopfstrecke, Fußstrecke, Flöze, Abbau-Stoß, Wettertüren, Sumpfstrecken, die nirgends hinführen. Die Stollen waren weiß dargestellt, obwohl es in ihnen dunkel ist. Um sie herum schwarz und grau die Kohle.

Lange Zeit habe ich dieses Bild eines unterirdischen Bienenstocks in mir herumgetragen, wo jeder kämpfen, graben, vorwärtskommen muss, um zu überleben, um die Sonne wiederzusehen. Die Leidenschaft für den Tunnel, das Entkommen. Manchmal senkte sich dieses Bild auf meine Träume herab und ergriff sie oder stieg vor meinem inneren Auge auf als eine Wanderung durch die Luft.

Heute, während sich meine Überquerung feingemacht hat, um sich im Freilicht-Theater zu zeigen, wo sie erwartet wurde, habe ich ihr den schwarzen Mann vorgehalten, wie ihn meine Erinnerung hervorgebracht hatte. Mein Vormarsch durch die Wolken geht unterirdisch weiter. War der Himmel über mir nicht von einer Dichte wie Kohle? Einen Schritt vorwärtszukommen, war das nicht, wie wenn ich dem Gebirge einen Brocken Erz entreißen würde, und noch einen? Einen Stollen graben, war das nicht zu den Sternen vordringen?

Der Bergmann kehrt zurück, nachdem sein Tagewerk erfüllt ist, er taucht auf, sieht den Mond wieder, während ich noch weiter vordringe und vom Bergwerk in den Tunnel gerate. Einen Tunnel, den ich in den letzten Stunden gebohrt habe, während die Sonne hinter dem höchsten Granitbrocken auf meinen Durchbruch wartet, damit sie mir ins Gesicht lachen kann. Das ist das letzte Hindernis. Ja, diese Mauer bearbeite ich mit einer rasenden Freude, merke nicht, wie ich mich an dem heißen Werkzeug verbrenne.

Da ich Forschungsreisender, Eroberer, Erfinder, Alchimist bin, kam ich mühelos voran, nahm die Materie gar nicht wahr. Das Erz, verunreinigt durch erstickenden Staub, gegen den ich kämpfen musste, hatte sich in wolkigen Sand verwandelt, der vielleicht hellgrün war, vor meinen Füßen zurückwich, mich in seinen Duft hüllte. War ich schon aus dem Tunnel heraus, auf einem Strand aufgelaufen, war ich den Pforten des Paradieses nahe? Würde ich mich gleich dazu entschließen, von nun an bis in alle Zeiten die Erzgänge, die mir dieser Berg bot, abzubauen, um dort meinen Wohnsitz zu nehmen? Ja! Ja! Doch da führte mein schräger Stollen zu einer halb offenen Luke hinauf, und durch sie entwich meine Vision.

Cavaletti Nr. 11. Flatternde grüne Bänder zeigen frischen Wind an. Ich lasse mich auf ein Knie nieder und hebe, für alle sichtbar, eine Hand. Das ist das erste Zeichen: Ein Dampfer aus einem anderen Jahrhundert, der in den Wolken gewartet hat, lässt sein Nebelhorn ertönen. Hat er einen Eisberg vor seinem Bug gesichtet, will er einem anderen Geisterschiff im Nebel ausweichen? Wenn es mir nicht gerade so behaglich warm wäre, würde mir bei den tiefen Tönen dieses durchdringenden Rufs das Blut zu Eis erstarren.

Die dröhnende Antwort war so prompt gekommen, dass ich lächeln musste, während das Geheul verebbte. Sogleich führte ich sein Echo mit lebhaftem Kreisen des Armes weiter, als zweites Signal: zweihundert kleinere Boote – das dritte Wunder – antworten mir daraufhin mit ihren Sirenen (auf den Fotos von diesem Tage werden zwei magere Schleppkähne und ein Boot für Touristen-Rundfahrten vor Anker gehen: wem soll man glauben, dem Seiltänzer, oder dem Fotografen?). Hört nur das fröhliche Lärmen!

Der Gruß des Seine-Völkchens, der dem Himmelsläufer gilt, malt auf meine Balancierstange das Bild des alten Paris: Die Rufe der Schiffer und Kaufleute, das Stimmengewirr auf den bewohnten Brücken, das Grölen auf den schmutzigen, überfüllten Kais, Waschfrauen, die mit ihren Schlaghölzern, Ganoven, die mit ihren Dolchen hantieren – aber wenn Notre-Dame grollt, bekreuzigen sich alle. Das Mittelalter lebt …

Ich setze mich, hebe die Arme zu einem V, bitte so um Ruhe.

Aufstehen!

Meine Beine sind ungeduldig und ziehen mich aufs offene Meer hinaus. Mit ausgebreiteten Schwingen ergreife ich meinem Lebensraum, das freie Land, die weite See.

Wenn ein Pilot über seinem Zuhause eine Runde dreht, dann kippt er die Maschine links-rechts-links-rechts hin und her und winkt so seiner Familie zu, die sich auf der Vortreppe versammelt hat. Ich bedanke mich bei den Schiffern und all den beifallklatschenden Händen, indem ich mit den Flügeln schlage und mit meiner Balancierstange probiere, einen Abzählreim zu summen: »Si haut, si seul, silencieux« (»so hoch, so allein, so still«).

»After today, consider me gone« (»Morgen werde ich nicht mehr da sein …«). Ohne mir etwas davon zu sagen – ich wusste es zwar, hatte es aber wieder vergessen –, blättert mein Freund Sting die Seite um, streicht sie glatt: ein Lied, das mich mit meiner Stille verbindet. Musik und Worte dringen wie aus weiter Ferne zu mir herauf, ergreifen mich. »Morgen …« Allen zum Trotz hatte ich dieses Lied gewählt, das in seinem Verlauf alles in Erinnerung ruft, was einen Abschied ohne Wiederkehr verheißt.

Ich gehe weiter und schaue auf mein Seil, die Stadt kommt mir entgegen und schaut auf mich. Ich erinnere mich noch …

Familienausflug zum Mont-Saint-Michel. Obwohl erst fünf Jahre alt, war ich doch schon Einzelgänger, ich lief von der Gruppe weg und stieß die Tür zu einem Türmchen auf, aus der gerade ein Schwarm Touristen herausgekommen war. Ich schlüpfte hinein und befand mich in einer steinernen, fensterlosen, engen Rotunde. Durch ein Loch in der Decke fiel das Tageslicht mitten auf einen runden Tisch, dessen Platte sich zu drehen schien. Ich starrte auf seine runde, glatte Fläche und sah in blassen Konturen Einzelheiten einer Landschaft. Dächer, die Stadtmauer, das Meer. Plötzlich bewegten sich die Baumwipfel, Vögel flogen davon auf, das Bild war lebendig. Was für eine Zauberei steckte dahinter? Ich lief Hals über Kopf hinaus.

Kurz darauf zeigte uns der Führer den berühmten Pavillon mit dem Periskop, das die Mönche eingebaut hatten, um die Abtei überblicken zu können. Der runde Tisch war grau und bilderlos. Der Mann setzte die Metallscheibe in Bewegung und öffnete eine Klappe an der Decke. Im Drehen hellte sich die Scheibe auf, und die von draußen angelockten Szenen bildeten sich auf ihr ab. Zum zweiten Male kostete ich dieses Wunder. Die Besucher gerieten außer sich darüber. Ich kannte es schon. Ich streckte die Hand aus, bremste die Scheibe ab, deckte so den Mechanismus auf, verscheuchte die Träume und bekam eine Ohrfeige. Aber ich verließ den Ort hoch erhobenen Hauptes mit der Würde eines Alchimisten, der genau weiß, dass Wunder sich nicht jedem Beliebigen offenbaren.

Der runde Tisch auf meinem Seil drehte sich nicht mehr. Stings Chanson hatte mich verlassen. Es hatte meinen Schritten einen Rhythmus gegeben, es war auf der an den Wolken hängenden Brücke mein unauffälliger Führer gewesen. Der Nachklang in meinem Inneren ermutigte mich, das Schritt-für-Schritt-Gehen wieder aufzunehmen.

Es ist ja bekannt, dass der Körper vom Teufel zum Erdinnern hin gezogen wird. Dem zum Trotz bestand ich hier oben an meinem Zufluchtsort, zu hoch, um gesehen zu werden, hartnäckig darauf, wie im Destillierkolben gleichsam zu verdampfen. Ich brachte die Achsen der Erdanziehung in der Esse zum Glühen, bog sie, bis sie sich mit dem Seil vereinten. Ich kehrte die Kräfteströme um. Ich rührte die Erde tief im Kessel der Schwerkräfte durch, bis sie sich in die Waagrechte streckte. Dann fügte ich einige Tropfen erlesener Senkrechte hinzu, damit das Elixier einen Hauch Schrägseil erhielte.

Wenn mich jetzt eine unbesonnene Gottheit vom Seil fegte, würde mein Wesen, das ich im Übrigen in eine Kristallkugel verwandelt hätte, eher davonfliegen, als zu Boden zu stürzen, da es bereits vom Liebestrank der Musik und des Luftraums gekostet hat.

Als Alchimist hatte ich die Ordnung des Universums sicherlich gestört, und ihr da unten, auf Ameisengröße geschrumpfte Zuschauer, würdet es mir nie glauben, das wusste ich, also lasst mich alles berichten.

Und wie ein Kind, das jemandem einen Schabernack gespielt hat, laufe ich davon und lasse mich nicht kriegen.

Mit einigen Sekunden Verzögerung wird mir bewusst – oder waren es Stunden? –, dass das Lied zu Ende ist. Die Stille, die mir gerade noch sang, wird zum Stillschweigen. Die Luft ist so dünn, dass die Töne sie fliehen. Bald erreicht weder das Geräusch meiner Sohlen noch dasjenige meines Atems mehr mein Ohr. Heimatloser Seilgänger, die Flügel lautlos auf- und abschwingend, auf und ab.

Was würden die hören, die seit langem schon ein Mikrofon an meiner Balancierstange befestigen möchten? Niemand soll hören, niemand wissen, dass mein Herz schlägt, dass es ganz langsam schlägt, dass es plötzlich aussetzt, dass meine Sinne sich überschlagen, dass meine Nase die in der Luft fein verteilten Moleküle aufspürt, dass ich mich an Gerüchen berausche, dass ich Farben erfinde (das Grau des Starts war dem Grün der Wasserfontänen gewichen, dann dem Scharlach von Notre-Dame). Bei Sting wurde es orange. In diesem Augenblick verachtete ich das matte Gold des Turms, der sich mir in seiner blendenden Reinheit näherte. Niemand soll eine Ahnung davon bekommen, wie meine Lippen hier oben auf dem Seil den süßen Wind schmecken und dass ich mein Vorankommen nur diesem Genießen verdanke.

Einen Fuß vor den anderen setzend ziehe ich weiter, beglückt, mich einer Geste zu widmen, die aus einer Zeit stammt, deren Geheimnisse in Vergessenheit geraten sind. Um des Seils würdig zu sein, genügt es ganz einfach, dass man jeden Schritt vollkommen ausführt.

Diesen Schritt, den nächsten Schritt. Jeden Schritt ... vollkommen. Schritt, Schritt, noch einen Schritt, ja ... ich gehe, ich gehe.

Schritt, Schritt, Schritt, Schritt, Schritt. Noch ein Schritt.

Ich reihe sie aneinander wie Noten auf Notenlinien. Man meint, sie wären alle gleich, die Noten, die Schritte, aber jede Einzelne, jeder Einzelne klingt besonders. Es sind meine Schicksalsfanfaren.

Wenn dieser Schritt beschließen würde, die Schule zu schwänzen, jener in den Gemüsegärten klauen zu gehen, der dritte bis ins Dorf hinein Fangen zu spielen, dann würden sich die folgenden am Boden hinter Gittern wiederfinden.

Schritt. Schritt. Noch ein Schritt. Ein Schritt auf der Notenlinie. Ich bin die Note. Ich bin der Schritt.

Schritt, Schritt, Schritt, Schritt, wohin führt die Partitur?

Schritt, Schritt, Schritt, wer ist ihr Komponist?

Ich gehe, gehe, gehe.

Ein langsamerer Schritt. Ein größerer Schritt. Ein schleppender Schritt. Ein Schritt, den ich strecke. Ein Schritt, den ich verzögere.

Ich habe den Eindruck, dass ich mit dem klaffenden Maul eines Konzertflügels in Ätherwellenreich eindringe. Ja, klar ... weil gerade Érik Satie gespielt wird.

Schritt, Schritt, Schritt, Schritt.
Schritt, Schritt, Schritt, Schritt.

Ich spiele selbst, schlage die Tasten mit meinen Fersen an.

Hören Sie? Die erste Gymnopädie! Tiefblau, voller Seufzer, Schritte, chinesischer Tusche.

Ich selbst bin die Musik. Das Schreiten geschieht von allein.

Schritt – Schritt – Schritt – Schritt!

Ich beschleunige den Schritt ... oh! Ich muss über den Schatten irgendeines Riesen steigen, der sich quer über meinem Weg gelegt hat und eingenickt ist.

Satie dreht sich um, lächelt, dreht seine Melone in den Händen, kraut sich den Spitzbart, kichert.

Ich schreite vorwärts, komme voran, schreite kräftiger aus, drängender, ich laufe, renne, rase, ich fliege und springe auf dem Klavier dahin. Ich stampfe über die schwarzen und weißen Tasten. Ich wandle, ich balanciere.

Ich liebkose die Tasten, ich taste die Töne.

Ich erklimme die Tonleitern, steige, komme oben an.

Ich flaniere, vagabundiere, und plötzlich beuge ich mich – nur so, einen Augenblick – aus meiner Überquerung heraus, um in die Herzen meiner Zuhörer zu schauen: schön im Gleichklang begleiten sie mich Schritt für Schritt. Schritt für Schritt gleiten sie neben mir her, sie fließen im gleichen Schritt. Meine Zuschauer und ich im gleichen Schritt. Wie ein Mann – in einer Kolonne, in einer Linie wie ein Regenbogen. Ein Zug, eine Prozession, Spaziergang, Irrfahrt. Wo wird uns das alles hinführen?

Schritt. Schritt. Schritt für Schritt. Schritt. Schritt.

Ich schreite, schreite, schreite. Ich fliege. Ich fliege. Ich wehe davon.

Érik Saties Spiel verklingt.

Dorthin gehe ich, wo man vergisst, wo man herkommt. Dorthin gehe ich, wo der Wasserspiegel des Himmels ganz klar ist, so klar und blank, dass die Erde sich darin spiegelt. Eine Erde, so transparent wie der Himmel am Ende der Welt. Einem Himmel, der meine Adern erfüllt.

Ruhig strebe ich weiter, hoch am Himmel.

Aufrecht schreite ich fort, kein Hindernis, Himmel!

Der Wind keucht wie abgehetzte Pferde. Ich sitze immer noch im Sattel und dringe durch den gewöhnlichen Lauf der Dinge, über die Erinnerung hinaus, über die Leere und ihr tiefes Schweigen, über mich selbst in meinem Abgetrenntsein von der Welt da unten. Könnt ihr meine Augen erkennen? Seht ihr meine Finger? Esst ihr gerade? Trinkt ihr? Unterhaltet ihr euch mit dem Nebenmann? (Vielleicht ist es sogar besser, wenn man mich nicht beobachtet!)

Überlasst mich den Wolken, geht ihr den Eiffelturm besichtigen!

In seiner ersten Etage, hinter einem Gitter, stehen im vollen Wind, an der offenen See, erster Rang Mitte, dichtgedrängt die wichtigen Gäste, die Einflussreichen.

Da ist der Bürgermeister mit seiner Frau. Beide haben Angst. Das Seil ist so steil, der Wind so stark. Jacques Chirac hat es höchstpersönlich laut ausgesprochen, was man so tuschelt: »Das ist Wahnsinn, ich hätte es nicht zulassen dürfen!«, um sich einige Minuten später zu widersprechen: »Das ist ja außergewöhnlich! Wie gut, dass ich meine Zustimmung gegeben habe!« Kommandant Cousteau neben ihm bestätigt das. Als Mann der Winde und der Meerestiefen gibt er begeisterte Kommentare zum Besten: »Sehen Sie! Die Silhouette von Défense (Stadtteil) ... Jetzt ist er noch darunter. Gleich ist er darüber. Gleich durchbricht er den Horizont ... er ist durch!«

Und die Menschen, die mir etwas bedeuten, die Freunde und andere mehr.

Da ist Gypsy, deren Nabelschnur ich durchtrennte. Was sieht sie von ihrem fliegenden Vater? Sie stellt sich auf die Zehenspitzen und runzelt die Stirn hinter dem für ihr kindliches Gesicht zu großen Fernglas. Wozu die Aufregung, wo sie doch weiß, dass ich gleich ankomme und sie behutsam in die Arme nehme? Da ist Elaine, ihre Mutter, die voll banger Freude hofft, dass ich glücklich wieder auf die Erde komme, dass die Aufwinde sich legen, dass alles bald vorüber ist. Über ihnen, auf der Restaurant-Plattform stehen Alain und Kathy. Alain bemerkt, wie brav das Seil ist, er weiß eine ausgezeichnete Begehung zu schätzen. Und Kathy. Die am liebsten möchte, dass ich keinen Fuß mehr auf die Erde setze, dass diese Reise, die mich zu ihrem Entzücken so verklärt, ewig dauerte. Sie weiß, dass ich unverwüstlich bin. Mit Hilfe ihres Fernglases versucht sie sicherlich, mich zu begleiten ...

Und ich spaziere im Alleingang. Allein und weit entfernt von allen. In einsamer Höhe. Allein und doch aufrecht und voller Leben. Allein und angreifbar. Der Gefräßigkeit der Luft ausgeliefert, aber noch nicht gefressen.

Nein, nicht allein.

Da ist die Stadt wieder. Im Duft der Sonne, im milden Schweigen. Ich schreibe es einem göttlichen Einfluss zu, dass ihre Einwohner die

Flucht ergriffen haben. Ich knie nieder, um sie zu grüßen. Beifallswellen steigen auf wie Ballone; sie können an meine Einsamkeit nicht rühren.

Ich setze mich und betrachte sie aufmerksam.

Eine Hauptstadt, in der das Räderwerk stillsteht, Paris unter der Dornröschenhecke. Dort ist Notre-Dame! Dort der blitzende Invalidendom, Sacré-Cœur! Gegenüber das Pantheon! Ich versuche die Rue Laplace zu entdecken ...

Ich gebe Handzeichen wie der Matrose im Mastkorb: ich zeige mit dem Finger zur Seite, während ich mit der Hand die Augen gegen die Sonne beschatte. Ich weiß, dass mir der Seegang nie wieder diesen schwindelerregenden Überblick gewähren wird, von einem Ort aus, der auf keiner Karte verzeichnet ist. Ich markiere und notiere ihn im Bordbuch mit Geheimzeichen, mit deren Hilfe ich die Schatzinsel wiederfinden kann. Aber die Anstrengung war umsonst. Eine Bö reißt es mir wie einen Papierdrachen aus der Hand. Mir bleibt nur noch die Schnur.

Einen Augenblick nur reißt es mich fast vom Seil, sekundenlang huscht das Bild vor meinen Augen vorüber, das ich den Vögeln biete: ein großes offenes Auge. Mein zusammengekauerter Leib ist die Pupille, die konvexe Krümmung des Balancierstabes zeichnet die Wölbung der Braue, das Konkav des Seils den Bogen darunter. Wie ein Lächeln und sein Gegenstück, Auge im Spiegel.

Das Seil: gebogen – die Wimper: arglistig.

Schnell zurück zum Seil!

Schau an, da ist der Turm ja! Warum ist er so aufgeregt?

War es schon Zeit? Nein, ich konnte noch warten.

Ich beobachte ihn von meinem Thron aus. Er betrachtet mich von oben. Trotz allem sind wir aus dem gleichen »Holz« geschnitzt. Er lässt wie ich den Wind um sich heulen. Er kommt mir entgegen, schimmernd und gleichzeitig düster. Ich richte mich auf bei seinem Nahen, gehe unserem Treffen entgegen. Wie stolz er schreitet! Wie sein Gewand von hunderttausend Edelsteinen klingt! Wie sein Körper unaufhörlich von Röntgenstrahlung leuchtet! So viele Glieder, so viele Gitterknochen! Ein Drachen mit purpurnen Schuppen, ein Geist, ein apokalyptischer Dinosaurier, wie er sich breitbeinig auf den Hinterpfoten aufrichtet, mit seinem Kamm dem Gewitter spottet, kein Gespenst jagt ihn in die Flucht.

Ich mache weiter, rücke vor.

Wenn dieser Turm aus Eisen ist, wird er sich emporrecken, sich niederbeugen, mich zermalmen wollen. Wenn er sich als Kobra zusammenzieht, wartet er darauf, zuzustoßen. Sein Angriff steht unmittelbar bevor.

Gehen wir noch näher heran.

Ohne ihn aus dem Auge zu lassen, gehe ich schnell in die Hocke und ziehe die Waffen.

Ich kenne seine verwundbare Stelle, die einzige, die er hat: sie hat die Größe eines Schäkels; die zu erahnende Lage: zwischen den Trägern der zweiten Etage. Dort muss man ihn treffen mit dem Fuß, ohne nachzudenken, mit einem einzigen Schritt ins Ziel, dem Schlusstreffer. Zögern ist nicht erlaubt.

Der Turm bläst sich dicht vor mir auf. Ich spüre seinen Atem. Ohne zu zittern, vorsichtig wie ein Kind, das etwas gestohlen hat, ziehe ich meine Schuhe aus und mustere ihn dabei. Die beiden Schuhe aus Büffelleder, die meinen Kampf geführt haben, schiebe ich einen nach dem anderen unter meinen Gurt. Das Fleisch des Fußes umschließt das Kabel, jede Zehe schmiegt sich an. Dieser Eisen-Koloss soll meine Krallen nicht öffnen können!

Aufrichten!

Nun soll er kommen! Den Balancierstangen-Schild kräftig vor mich hinstreckend erwarte ich den Anprall.

Nein, ich erwarte nichts. Angriff! Mit eingelegter Balancierstange greife ich an. Nein, ich greife nicht an. Die nassen Füße gleiten nicht auf dem stählernen Weg, jeder Schritt braucht seine Zeit. Das verzögert den Todesstoß, den ich dem dreihundert Meter hohen Zyklopen versetzen will. Wer spricht da bereits von Sieg?

Eine Möwe über Paris? Sie kreist über mir und wirft aus rotem Auge einen stechenden Blick auf mich, dann taucht sie zum Fluss hin ab. Ein Bote des Menschenfressers? Nein, ich weiß: Wenn der Seemann gegen

Ende einer großen Fahrt einen Vogel um den Großmast kreisen sieht, dann sagt er, dass das Land nicht mehr weit ist.

Der Turm hat seine gespaltene Zunge wieder eingezogen. Aus den Nüstern dringt kein Rauch mehr. Er zeigt nicht mehr die Zähne, er lächelt mir zu. Er tritt brüderlich an meine Seite, um bei dem triumphalen Einzug dabei zu sein, den er den Helden bereitet, die sich ihm gegenüber zu behaupten wissen. Ich höre gerade: mein Seil bittet um die Musik für einen letzten Angriff, ohne Schlacht.

Bei Cavaletti Nr. 25, dem vorletzten, wo blaue Bänder von Aufwinden gepeitscht werden, unterbreche ich meinen Flug. In der Hocke koste ich die Glanzleistung aus, dass ich die Fragen der metallenen Sphinx beantworten konnte. Nur einige Augenblicke des Schweigens hängen mir nach, bevor ich der Wirklichkeit wieder die Stirn bieten kann, und die erhabene Stimmung zu verlassen fällt mir schwer. Nun ist es an mir, Lunte zu legen an die Kanonen der Chöre, die Mozart und Vivaldi huldigen wollen.

Ich recke die Arme zur Spitze des Turms empor, die Handflächen majestätisch dem Himmel zugewandt, und erflehe seinen Segen. (Unter dem Deckmantel dieser verehrenden Gebärde werfe ich mit beiden Händen die Fetzen des Plans in die Luft, den ich zerrissen habe, und schaue ihnen nach, wie sie verwehen. Keiner wird je den Kontinent finden, den ich erdichtet habe. Wir haben die Spuren verwischt – mir wird man gratulieren!)

Mit ausgestreckten Armen hatte ich die Leinen zu Beginn der Überquerung losgeworfen. Mit der gleichen Geste gaben nun meine lebenshungrigen Hände das Tauwerk frei, mit dem das Schiff am Ende der Reise am Kai vertäut werden würde.

Nun musste das Schiff nur noch quer durch den Hafen an seinen Anlegeplatz gesteuert werden. Als Antwort auf mein Zeichen – das ist das vierte Wunder – bricht es tausendstimmig über uns herein, richtet mich auf, stützt uns, schiebt mich vorwärts, wirft uns auf seinen Böen dem Turm entgegen. Das Gratias der großen c-Moll-Messe von Wolfgang Amadeus Mozart treibt uns mit seinem Brausen an.

Das Kabel schwankt nicht mehr, vibriert nicht mehr, schwingt nicht mehr um sich selbst, wie es das die letzten vierzig Minuten getan hat unter gelegentlichem Brummen, an das ich mich gewöhnte (die immer wiederkehrenden Stöße gegen meine Sohlen, die merkwürdigerweise immer stärker wurden, oder der Wind, der an den Cavalettis rüttelte) ...

Die Steigwinde sind so stark, dass sie die Chöre und gleich darauf uns mit Leib, Seele und Balancierstab in einem Wirbel nach oben saugen. Wir aber steigen weiter aufwärts, ohne die hinterhältigen Angriffe zu beachten, die uns vom Grunde des letzten, gefährlich steilen Abschnitts drohen.

19, 84 m vom Ziel-Schäkel entfernt heißt es über den letzten Cavaletti steigen, während die Chöre mir drei Sekunden Ruhe bewilligen, die vorerst letzte Ruhe.

Dann aber bricht ein Jubelsturm über die Vorstellung herein: Die Streicherklänge des Orchesters strahlen bis in die Wolken hinauf, die Sänger schmettern ihr »Gloria, Gloria ...«, das »Blech« fährt wie ein Donner über den Turm und schlägt seine Zähne ins nackte Eisen. Ein musikalisches Feuerwerk stürmt auf seinen Schlusston zu und verschleudert Blitze. Und ich soll ihn einholen? Der Seilläufer jagt hinter ihm her.

Wir müssen gleichzeitig mit dem letzten Ton ankommen. Ich reite; die Balancierstange wird zu unseren Flügeln, wir rennen alles über den Haufen. Wer ist der Erste im Ziel, die Musik oder unser Schatten?

Ziehen wir das Schwert! Äolus will unsere Niederlage, säbeln wir die Luftmassen nieder! Auf Hieb und Stoß! Achtung da rechts, Achtung links! Aus Leibeskräften stampfen wir nieder, was sich uns in den Weg stellen will, ich zerschneide den Wind. Das Seil kann meinen Füßen nicht mehr folgen.

Auf dem Turm verkrampfen sich alle Hände vor Angst, Kathy und Alain aber müssen lachen: sie haben als Einzige erfasst, dass der Seilgänger gegen die Stoppuhr läuft, um einen Ton der Musik auszustechen.

Die Chöre treten zum Schlussakkord an. Ich flehe das Echo an, mir den Sekundenbruchteil zu schenken, den ich vertrödelt habe. Meinem rechten Bein befehle ich, sich zu strecken, den Fuß in die Zielscheibe zu schicken. Mit einem Satz erreichen wir die Lyra des riesigen Schäkels, an das das Ende des Laufseils angespleißt ist. Letzteres bekommt Schluckauf, während die vier Bänder der Verankerungsschleife auf- und niederwogen wie ein Kinderchor beim Angelus.

Wir schreiben das irdischen Einflüssen zu. Man kann sagen: der Wunschtraum, mit dem Orchester ins Ziel zu kommen, ist geglückt. Das darf man wohl das fünfte Wunder nennen.

Der Hochseilkünstler bindet seinen Balancierstab fest, damit der Wind ihn nicht entführt. Ich hole das Manuskript hervor, präsentiere es der Menge, die darauf mit Hochrufen antwortet.

Ein eisiger Wind streift mich. Geistesabwesend werfe ich einen Blick auf meinen Doppelgänger, der sich bei den Massen bedankt. Ich nehme seine Huldigungen entgegen und gebe sie an mein Seil, meinen Himmel, meinen Turm weiter.

Der Hochseilkünstler hat sich die Siegermiene aufgesetzt. Er ist überglücklich. Warum bin ich es nicht? Bin ich es jemals am Ende einer großen Begehung gewesen? Hinter der Maske legt sich der Schatten einer trostlosen Wehmut über mein Gesicht. Ungewollt verbinde ich mich wieder mit dem, der den Bügelsitz zwischen die Beine klemmt und sich ins Leere wirft. Gemeinsam landen wir auf dem Dach des Restaurants, das sich als Präsidentenbühne verkleidet hat.

Ich halte Abstand. Ich beobachte ihn, wie er hin- und herrennt.

Er nimmt Gypsy in die Arme, die man nach vorne geschoben hat. Er zieht einen strahlenden Jacques Chirac zum »Sprungbrett« – diesem Stück Gerüst, das in die Luft hinausragt. Die Menge unten bemerkt sie und spendet Beifall. Mit der Gebärde eines antiken Schauspielers will der Hochseilkünstler das Manuskript der Menschenrechtserklärung dem Pariser Bürgermeister überreichen ... ich mische mich ein, damit Gypsy die Rolle in die Hände bekommt und sie ihrerseits dem Bürgermeister gibt, der einen Augenblick überrascht ist, dann aber strahlt.

Mit dem Dokument, mit dem Bürgermeister, mit dem Töchterchen, mit seinen Freunden posiert der Hochseilkünstler für die Fotografen und

Kameramänner. Ich, ich habe einfach Durst. Gypsy fragt sich, was sie da noch zu schaffen hat und was das blöde Pergament soll, das sie aufgerollt den Objektiven entgegenhalten muss. Das frage ich mich auch.

Seit wir vom Gipfel abgestiegen sind, bin ich an nichts mehr interessiert, außer daran, die Erinnerung an die Begehung zu bewahren, die sonst verblasst. Auf dem festen Boden habe ich auf nichts mehr geachtet. Doch: der Bürgermeister hatte schwarze Schuhe an mit schmalen Leder-Schnürsenkeln, ich mein Regenbogen-Trikot und nackte Füße.

Ich verschwinde auf Fußspitzen in Richtung des nächsten Eckpfeilers und schlüpfe durch ein Mannloch in den darunterliegenden Raum, meinen Körper lasse ich sich allein in Ordnung bringen. Zum Anziehen des Kimonos und der Holzschuhe, die Alain ihm bringt, braucht er mich nicht. Auch nicht, um die Stahltreppen hinunterzusteigen.

Klack, klack ... Halt dich am Geländer fest, du Schwachkopf, du hast doch keine Beine mehr! Schau dich an! Du siehst aus wie eine alte Frau, die nicht mehr ganz richtig im Kopf ist: der verstörte Blick, die zu Berge stehenden weißen Haare. Was für ein unnützer Lärm, die vielen Bravos, die man dir zuruft! Zieh dein Kostüm aus! Spring unter die Dusche! In einer Minute musst du angezogen sein! Beeil dich doch, jetzt ist nicht die Zeit zum Träumen! Unter dem Gustave-Eiffel-Raum, in der provisorischen Garderobe, beginnt die unsinnige Hetze, die ich so hasse.

»Wo sind meine Schuhe? Elaine, meine Schuhe!«

Ich habe das Paket selbst gerichtet, das auf die andere Seite gebracht werden sollte. Hatte ich es vergessen? Elaine, die mir bei der hektischen Anzieherei hilft, schaut unter dem Mobiliar nach.

Die werden ungeduldig da oben, es ist Zeit für die Pressekonferenz, alles ist gedrängt voll, der Bürgermeister wartet auf seinen Hochseilkünstler. Trotz alledem kann ich nicht barfuß im Straßenanzug erscheinen! Immer wieder macht Elaine die Tür einen Spalt auf und erwidert dem persönlichen Referenten Jean-Eudes Rabut, der von Minute zu Minute gereizter wird: »Er kommt! Er kommt!«

Ich komme nicht. Wie ein eigensinniges Kind, dem man die Spielsachen weggenommen hat, will ich in meinem Zimmer eingesperrt bleiben. Ich weigere mich, mich den Journalisten zu stellen, Glückwünsche von Freunden entgegenzunehmen. Hier nicht! Jetzt nicht! Die Entschuldigung dafür, dass ich mich nicht sehen lassen will, sollen meine nackten Füße sein. Kindisch!

Da will es das Schicksal, dass ich unten in einem Wandschrank ein paar Schuhe aufstöbere, schwarz und absolut nicht meine Größe (ein Kellner muss sie dort vergessen haben) ...

»Wenn es noch eine Minute länger dauert, muss der Bürgermeister gehen. Er wird vom Präsidenten der Republik auf dem Gipfeltreffen der Grande Arche erwartet«, teilt mir Jean-Eudes Rabut durch die Tür mit.

Mit gesenktem Kopf zuckele ich hinter meinem Schatten her, der – ja, der weiß, dass man sich mit erhobenem Kopf zeigt.

Und dann wird mir's zuviel! Halt deinen Vortrag alleine! Ich warte draußen; zu viel Qualm, zu viele Fragen. Meine Silhouette steigt aufs Podium. Ich lasse sie auf die Fragen der Journalisten antworten. Wie viele überflüssige Worte! Ich habe Durst, ich habe Hunger. Der Turm ist jetzt wieder nichts anderes mehr als die hochmütige Pyramide aus Stahlträgern, wie vorher auch! Und ich bin seine Geisel. Wenn ich mich jetzt davonmachen würde? Wenn ich jetzt wieder aufs Seil ginge zu einer Reise ohne Wiederkehr?

Es geht weiter! Der Bürgermeister schenkt Gypsy eine Puppe! Stellt euch das vor! Puppen sind ihre Leidenschaft – davon wusste er nichts! Und eine so große Puppe. Hinreißend!

Noch dazu ... wie eine Prinzessin gekleidet.

Zu Füßen des Podests spielt Gypsy mit ihrer Puppe.

»Wieviel wiegt die Balancierstange?«
»Fünfunddreißig Kilo« (für euch werden es morgen vierzig sein!) ...

Gut. Der Bürgermeister und sein Gefolge verschwinden. Ich stelle der Versammlung die fünfzehn Monteure vor, die das Seil eingerichtet haben. Sie stehen auf der Bühne mit ihren Sicherheitsgurten und lassen die Karabinerhaken klingeln.

Und ihr anderen hinter euren Mikrofonen, was wollt ihr noch alles wissen?

Aber sicher, mir geht's gut! Nein, ich hab' keinen Durst!

Es war wundervoll, gigantisch, herrlich, diese sagenhafte Unendlichkeit, dieses innige Glück, außerordentlich!

Zu meiner Freude nehme ich die Gesichter einiger Freunde wahr, aber kein Herz, dem ich mich anvertrauen könnte. Wir haben hier nichts mehr verloren. Also, lasst uns aufbrechen!

Ich stelle die zu großen Schuhe in den Wandschrank zurück und verbinde mich – klack, klack, wie ein Gefangener, der seine Ketten nachzieht – unter Begleitung einer Wache, über den großen Fahrstuhl des Nordpfeilers, wieder mit der Erde. Man bringt mich zu meinem Schiff, wo ich meine Schuhe wiederfinde (ja, ich war derjenige, der sie dort vergessen hatte) und wo ich meine feuchten Handflächen lange auf den runden Lacktisch stütze, der sich neben dem Steuerrad befindet. Das Steuer starrt mich an. Es richtet mich wieder auf. Ich blicke es unverwandt an, wie von Sinnen. Es raunt mir verliebte Worte zu. Es sagt: »Beruhige dich, du brichst bald wieder auf, ich werde dich führen, wir fahren weit weg, heute Nacht noch, wenn du willst, schließ die Augen, du wirst schon sehen …«

Man reißt mich aus dem Betrachten des Mahagoni-Steuerrads heraus, das mir von neuen Fahrten sprach. Es ist sicher besser so. Ich komme im La Coupole, in fröhlicher Runde meiner Freunde, wieder zu mir. James hat die ganze Reihe neun reservieren lassen (die Bänke rund um das riesige Blumen-Arrangement), und auf dem Kopf der Speisekarten steht: TOUR ET FIL. Das ist Freude genug für mich.

Der Alkohol, der Rauch, das Gelächter schließen den Vorhang hinter diesem Tag, der die Güte und die Grausamkeit hat, dieses Kapitel zu beenden.

Wieder an Bord. Wie ein betrunkener Seemann wünsche ich dem Steuerrad, das immer auf seinem Posten ist, Gute Nacht und lasse mich dann in meine Koje fallen. Ein letztes Mal betrachte ich das Großfoto, das Michael mir beim Dessert geschenkt hat – er ist nicht zum Essen gekommen, er hat den ganzen Abend im Labor verbracht. Das erste, ganz frisch abgezogene Foto: es zeigt eine Gestalt auf einem unendlich langen Seil, vor einem unendlich hohen Turm, darunter den Erdboden mit einer unendlich großen Menschenmenge. Es ist also doch wahr. Und ich dachte, ich hätte es nur geträumt.

Einer sechzehnspännigen Kutsche gleich, die sich unter dem Peitschenknallen und dem Geschrei des Lenkers in Bewegung setzt, schüttle ich die Tränen ab und meine den ersten vorüberziehenden Traum bei der Mähne zu packen.

Später wird man mich darauf hinweisen, dass ich diese Nacht woanders verbracht hätte: in einem Fünf-Sterne-Hotel, in Begleitung eines Liebhabers und einer Geliebten. Dass mich um vier Uhr morgens der junge Mann im Empfang erkannt habe. Dass ich beim Erwachen unter der Tür einen sehr persönlichen Brief von seiner Hand mit seinen Glückwünschen vorgefunden hätte, zusammen mit der Ausgabe des Herald Tribune mit dem Foto des Hochseilkünstlers und dem Eiffelturm auf der letzten Seite ... damit ich es auch glaube.

Eines ist unbestritten – das sollte aber nicht bekannt werden: dass ich diese große Überquerung mit einer erschreckenden Leichtigkeit abgewickelt habe – falls sie stattgefunden hat.

Wenn jemand Angst gehabt hat, dann der Himmel.

»Die lächerlichen Preziösen«[6]

»Oh-mein-Gott-oh-mein-Gott! Wie kommen Sie nur darauf, so etwas zu machen? Mir genügt es, wenn ich auf einen Stuhl steige, da wird mir schon schwindlig!«

Rätselhaft

Nachdem ich mich vergewissert habe, dass wir nichts auf den Trägern liegengelassen haben – was bei starkem Wind eine tödliche Gefahr für Besucher bedeuten würde –, steige ich auf das Dach der ersten Etage, um die Balancierstange zu zerlegen und mit dieser Handlung die Demontage abzuschließen.

Ich binde die beiden langen Rohre zusammen und begebe mich zu den Aufzügen.
»Halt! Das geht hier nicht rein. Da müssen Sie zur anderen Kabine.«
Nein, auch da ist es zu lang.
»Dann geht es sicherlich im Personalaufzug!«
Was? Zehn Zentimeter fehlen? Vielleicht müsste man sie diagonal reinstellen …
Nichts zu machen. Ich stütze mich auf den »Stein des Anstoßes«, wie der Philosoph sich beim Anblick der Sphinx auf seinen Weisheitsstab stützt, und schließe die Augen, um nachzudenken: Hinauf ist es doch auch gegangen … es muss an meiner Müdigkeit liegen …

»Ach, natürlich, das hatte ich ganz vergessen, sie ist ja durch die Luft gekommen!«

Bilder einer Ausstellung

Das Modell (auf seinem Deckel als Untersatz).
 Die 800 m-Kabel-Rolle (mit Keilen gesichert, damit sie nicht wegrollt).
 Das Heft (beim Kapitel über die Cavalettis aufgeschlagen).
 Die Schuhe, die Fumiko entdeckt hatte (ganz ordentlich nebeneinander).
 Eines der drei Mobil-Telefone, die bei der Arbeit geholfen hatten (dasjenige, das ich im Auto benutzt habe).

Wenn ich die Dinge ausstellen sollte, die meiner Ansicht nach am meisten zum Gelingen der Überquerung beigetragen haben, dann gehörte jenes dazu, das sich in dem architektonisch aus dem vorigen Jahrhundert stammenden Museum unter der Kuppel befinden würde:
 Wie eine Arche Noah, die den Aufmarsch ihrer von der Sintflut geretteten Tiere überwacht, würde der riesige Frachtkahn ISADORA sicher an seinem Ausstellungskran hängen, in Gurten, die dreißig Tonnen tragen, das Wasser rieselt noch an ihm herab, seit er der Seine entstieg.

Wahrscheinlich findet sich unten in seinem Laderaum der kleine kostbare Holz-Löwe, den ihr kennt.

Das ist der Traum, den ich in der Nacht nach der Begehung geträumt habe. Während meine Traumkamera eine Reise in das Vergangene filmte, wurde mir klar, dass das betreffende Museum nicht anders war als der Bauch des Eiffelturms.

Der 25. und der 26.

Im Schiff hatte ich an meine Zimmerwand eine 1,50 m lange Ziehharmonika aus Papier gepinnt. Darauf waren die fünfundvierzig Tage eingetragen, die mich von der Begehung trennten.

Jeden Morgen – oder jeden Abend, das kam darauf an – riss ich einen Abschnitt ab, wie ein Kind an seinem Adventskalender im Vorgeschmack auf Weihnachten. Das war Sache eines Sekundenbruchteils. Für den es aber an den ein, zwei Tagen vor dem Ereignis nicht mehr reichte.

Seitdem verhöhnten mich bis zur Abfahrt des Schiffs vier Monate später zwei schmale Rechtecke aus Zeichenpapier (Bristol-Karton), die an ihrer verrosteten Reißzwecke baumelten, mit der Grab-Inschrift: »25, 26«.

Den 26. hatte ich mit einem Stern hervorgehoben, den man mit fünf Strichen so in einem Zug hinkritzelt, ohne den Stift abzusetzen.

Rudys Balancierstange

Unter der Kuppel des Cirque d'Hiver, der mit verstärkten Gastspiel-Aktivitäten seinen Abriss zu verhindern sucht, sind wir während der dreizehnten Galavorstellung des Cirque de demain gerade durch die Bouglione-Sippe zugunsten der KNIE'schen Dynastie von unseren Vierhundert-Francs-Logenplätzen vertrieben worden (was kein Beinbruch war, denn wir waren eingeladen), während eine chinesische Schlangenfrau mit ihren schlecht dressierten Tauben in der Manege kämpft, da beugt sich Rudy Omankowsky zu mir herüber:

»Sag mal, das wollte ich dich schon lange fragen: Warum wolltest du unbedingt meine Balancierstange beim Eiffelturm benutzen? Weil du ... ähm ... ein bisschen abergläubisch bist, oder ...«

»Genau. Das ist schlecht zu erklären ... deinem Vater zu Ehren, ›Papa Rudy‹. Er hat mich ja betreut, als ich anfing ... Diese Balancierstange hat so viele tolle Überquerungen mit dir erlebt ... die ist in Ordnung, weißt du, das ist meine Lieblingsstange. Du hast sie gut dressiert: ihr verdanke ich es, dass ich da durchgekommen bin!«

Rudy, der Kräftigste unter den Hochseilläufern, kann auf richtige Heldentaten und »Erstaufführungen« zurückblicken (die Tausendzweihundert-Meter-Strecke über dem See von Gérardmer, Salto mit dem Fahrrad), aufgrund deren er heute eine Dozentenstelle innehat bei diesem skandalösen Durcheinander, das sich Staatliche Hochschule für Circuskünste, Châlons-sur-Marne, nennt.

Zwei Reihen unter uns dreht sich ein Zuschauer ärgerlich um: »Sind Sie bald fertig mit Ihren Kommentaren?« Genau genommen hat es nicht so richtig geklappt mit seinen Bandaufnahmen während der Vorstellung, die laut Programmhinweis ausdrücklich verboten sind.

Die täppischen Vorführungen erschüttern mich. Was wollen diese Artisten-Schüler einmal anfangen? Sie haben zwar Ausdauer und Ideen, nur – bis auf wenige Ausnahmen – leider keinerlei Begabung!

»Aber Sie dürfen immerhin hier auftreten! Dieses Festival ist ein voller Erfolg!«, wird mir lächelnd erwidert.

Ganz oben in der Kuppel (heißt es im Circus auch Paradies?) verliert eine Pseudo-Marmor-Stütze weißen Sand aus einer klaffenden Wunde: das war ein koreanischer Seiltänzer im vergangenen Jahr, der von Montage nichts verstand! Umgekommen ist er nicht. Man hat sie bis jetzt nicht ausgebessert (oder mit Farbe übermalt, wie das wiederum in die Tradition der kleinen Wandercircusse gepasst hätte).

Ich weiß die Glückwünsche von Annie Fratellini, von Alexis Gruss und seiner Frau Gypsy, dieser bezaubernden Seiltänzerin, zu schätzen, sie erinnern mich daran, dass es noch wirkliche Artisten in der Manege gibt, und lassen mich das Gewimmel von Direktoren und Agenten vergessen, die das Dilettantische und Gewöhnliche kommerziell betreiben und die wahre Kunst in den Abgrund geführt haben.

Wenn die Trübsal Circus spielt, dann nicht in meinen Wolken!

Chirac ist dumm ...

»Hallo, spreche ich mit Rechtsanwalt ...? Ich bin's noch mal, Kathy ... Philippe hat mir eine Liste gegeben, die ich Ihnen vorlesen soll, und bittet Sie, nichts zu sagen, bis ich zu Ende gelesen habe.«
»Ich höre ...«

»Also: Erstens – Chirac ist dumm.«
» ...!«
»Sie haben versprochen, nichts zu sagen.«
»Ich habe nichts gesagt, ich musste nur lachen.«
»Zweitens – Ist Chirac dumm?
Drittens – Ich habe gehört, dass Chirac dumm sei.
Viertens – Ich glaube, Chirac ist dumm.
Fünftens – Es gibt viele Menschen, die Chirac für dumm halten.
Sechstens – Ich halte es für möglich, dass Chirac wie alle Menschen mal dumm reagiert.
Siebtens – Chirac hat Folgendes gemacht, die Dinge sind überprüft. Ist das nicht dumm?
Achtens – Glauben sie, dass Chirac dumm ist?

Das ist für sein Buch. Es handelt natürlich nicht von Chirac, aber Philippe möchte gerne wissen, welche Formulierungen in Frankreich ohne rechtliche Konsequenzen veröffentlicht werden dürfen.«

»Nun, alle diese Formulierungen sind möglich, wenn sie gerechtfertigt sind, insofern derjenige, der sie benutzt, nicht beabsichtigt, der betreffenden Person Schaden zuzufügen, und ... aber wenn Chirac schwachsinnige Dinge tut, dann doch wohl, weil er dumm ist!«

Die französischen Medien

Vorher: nichts.

Danach: Weder fünf Spalten auf der Titelseite bei den Zeitungen noch irgendeine Reportage in den Illustrierten, kein Interview im Fernsehen, keines im Rundfunk.

Völlig demoralisiert schicke ich ein Schreiben – einschließlich eines Exemplars des Programms – an die Produzenten und Showmaster der bekanntesten französischen Fernsehsender:

TOUR ET FIL vor zweihunderttausend Zuschauern ...
Die Presse der ganzen Welt würdigt (anschließend) den einmaligen Hochseilkünstler, der nicht Seinesgleichen hat.
   Aber in Frankreich: nichts.
   Wollen Sie zu den Ersten gehören, die mich in meinem Heimatland vorstellen?
   Ich lebe in den USA, halte mich aber zur Zeit in Paris auf.

Nicht eine Antwort.

Schwerer Abschied

»Alain, Kathy! Drei Kartons noch, dann sind wir fertig!«, kündige ich nach einer letzten Besichtigung des Schiffs an.

Ich muss mir ein Lächeln verkneifen: Alains eleganter Wagen geht unter den Gepäckmassen – auf seinem Dachständer stapeln sich die Pakete dreifach übereinander – in die Knie, wird einmal mehr zum Exoten.

Aber ein Ende ist abzusehen. Wie bei den vorigen Umzügen geht alles im Laufschritt und unter Gelächter vor sich, als sollte die Wehmut verscheucht werden, die immer aufkommt, wenn man eine Stätte verlassen muss.

» Und die Teile vom ›Riesenmodell‹, was machst du damit?«, sorgt sich mein Bruder und zeigt auf drei schlecht verschnürte Gepäckstücke auf dem Zwischendeck: eine Jenaer Brücke, ein Trocadero-Brunnen, ein Palais de Chaillot. Das sind, grob gesehen, die drei Bestandteile, aus denen sieben Meter Bindfaden – an einem drei Meter hohen Eiffelturm befestigt – das berühmte Jahrhundert-Modell machten, das wiederum der detaillierten Vorbereitung der Kabel-Installation diente und das seine Sternstunde bei der Pressekonferenz mit dem Pariser Bürgermeister erlebte.

»Ich weiß noch nicht, ich befasse mich heute Abend damit.«

Der Eiffelturm wurde zu seinem Eigentümer zurückgebracht. Die Geländeteile ereilte das Schicksal zerbrochenen Spielzeugs, bei dem keine Aussicht darauf besteht, dass es eines Tages repariert wird, und das zu sperrig ist, als dass man es irgendwo unterstellen könnte.

Die Seine glitt am Grunde der Nacht dahin, stumm wie ein See. Die Kerzen, die ich backbord auf dem Achterdeck aufgestellt hatte, schmolzen unter den Schmeicheleien der liebenswerten Brise. Lange betrachtete ich wehmütig die drei Kisten, die weggeworfen werden sollten.

Wegwerfen ... in einen See ...

Vor meinem inneren Auge läuft noch einmal der Film von einer nächtlichen Feier irgendwo bei Bali ab: die festlich gekleideten Bewohner des Dorfes übergeben dem Wasser ihre Opfergaben, um den Seegott friedlich zu stimmen.

Kleine, kerzengeschmückte Schälchen mit Blumen und Nahrungsmitteln treiben in einer Laune der Strömung davon.

Man hätte es für den feierlichen Zug der Seerosen halten können, von dem das Märchen erzählt, dass man ihre Stengel durchtrennt hatte, um ihnen die Freiheit zu geben.

Ich bedenke mich nicht lange, befestige auf jeder der Modellplatten eine Kerze und bugsiere sie eine nach der anderen über Bord. Aber der Wind – der wusste, wie viele Stunden ich mit meinen Kumpels verbissen am Bau dieses Modells gearbeitet hatte – war mit so einer Verschwendung nicht einverstanden: er machte sie dem Flussgott streitig und drehte die Jenaer Brücke auf den Kopf, so dass ihre Kerze verlöschte und die Dunkelheit sie verschlang. Ebenso verschwanden die Gärten des Trocadero mit ihren Wasserwerfern, nachdem ihr Licht ausgeblasen war, im Nichts.

Mit dem Palais de Chaillot war mir das Glück hold. Da hatte ich wohlweislich das Glas, das die Flamme schützte, sorgfältiger befestigt und zusätzlich windabweisende »Scheuklappen« angebracht (auch hatte ich das Start-X gelöst und sichergestellt, für dessen Bau ich mich einen ganzen Vormittag lang mit dem Mini-Lötkolben abgeplagt hatte).

Der Palais kippte nicht um.

Kathy und ich verfolgten ihn, wie er langsam in Richtung offene See davontrieb. Er zögerte. Er kam zurück, drehte sich um sich selbst, um sich bewundern zu lassen, streifte dann zärtlich den Rumpf der am Kai vertäuten Lastkähne. Das Flackern seiner Laterne verschmolz mit den Spiegelungen im Fluss. Bald darauf tauchte er wieder auf. Plötzlich hatte die Finsternis ihn verschluckt. Hatte er sich in einen der Canyons gewagt, zwischen zwei Seite an Seite schlafende Zillen?

Einzig eine Rauchsäule, die sich vom Nachthimmel abhob, gab uns Kunde davon, dass das Schiffchen weiter unterwegs war. Nein, der Rauch war zu dicht, da musste wohl ein Schiff auslaufen.

Ein Radau unterbrach die Nachtruhe. Da hinten kamen die Schiffer, wutentbrannten Dörflern gleich, lampenschwenkend aus ihren Kajüten hervor. Sie zeigten auf den Qualm, der in dichten Wolken zwischen zwei Kähnen aufstieg.

Weitere Männer tauchten auf, mit Wasserschläuchen und Eimern, andere hielten Ausschau nach dem Schuldigen.

Wir hatten uns in die Kabine verzogen, von wo aus wir die Szene durchs Bullauge verfolgten.

Die Dunkelheit machte alles übertrieben dramatisch: Der Hafen schien in Flammen zu stehen!

Ich konnte nicht anders, ich murmelte vor mich hin: »Ja, so leicht wird man TOUR ET FIL nicht los! Ihr werdet noch an mich denken! Die ganze Armada soll in Flammen aufgehen und Paris soll davon verschlungen und in Schutt und Asche gelegt werden!«

Das dahintreibende Feuer war augenblicklich unter Kontrolle gebracht. Die Leute gingen wieder in ihre Kojen, ohne eine Antwort auf ihre Fragen bekommen zu haben. Aber der Wind weigerte sich, die dunkle Masse zu vertreiben, die sich dort am Himmel häuslich eingerichtet hatte, und erlaubte ihr, einen Teil der Nacht über dem Fluss zu wachen.

Überblendung:
Der Rauch, der das Bullauge verdüstert hat, wird zum Nebel. Der Dunst löst sich auf.

Man erkennt eine Lichtung in einer fremdartigen Landschaft. Nein, nicht bei meinen Freunden, den Massaï-Mara, sondern sechstausend Kilometer weiter nord-östlich. Der Lehmboden hier, siebenhundert Kilometer nördlich von Chiang-Mai, hat eine ganz andere Beschaffenheit als der in Kenia: ein helles mehliges Ocker, das nach Vanille riecht. Urwald verbirgt das zweitausend Meter hoch gelegene Chiang-Dao-Trainings-Center den Blicken.

Die junge Elefantenkuh links wird hier abgerichtet. In diesem Jahr lernt sie Baumstämme zu einer Pyramide zusammenzustellen und Kinder auf ihrem Rüssel zu tragen.

Die Aufgabe, die man ihr heute Morgen stellt, ist ihr neu und macht sie gereizt: sie soll ein Seil straffziehen, das an einem Baum befestigt ist, darf den Baum aber nicht mit einem Ruck der Schulter entwurzeln. Sie kann nicht begreifen, dass ihr Führer von ihr verlangt, das Ding behutsam gespannt zu halten.

Ich balanciere auf dem Seil und jongliere dabei.

Aus Thailand – wohin ich mich flüchten musste, um den bitteren Geschmack des Misserfolgs von TOUR ET FIL loszuwerden und mir nur seine Aura der außergewöhnlichen Begehung zu bewahren – brachte ich einen ungewöhnlichen Gegenstand mit.

Einen Gegenstand, der keinen anderen Zweck als den der Täuschung hat (oder den, die Kunstfertigkeit seines Schöpfers unter Beweis zu stellen): eine Kette aus dreißig Gliedern, die aus einem einzigen Stück Rotholz geschnitten war.

Selbst ganz aus der Nähe merkte man den Irrtum nicht; die narbig rauhe Oberfläche stellte täuschend ähnlich Rost dar: das war Metall! Wenn die Kette zum Beispiel eine Kassette verschlösse ... Wer würde sich da nicht eine Metallsäge beschaffen, ehe er daran dächte, kurzerhand zuzupacken und die Kettenglieder mit einem Ruck zu zerbrechen?

Während der Tagung der im Staate Ohio ansässigen Schlosser nahm ich unerlaubterweise am Abschlussabend teil, der im Tresor-Raum einer Bank in Columbus stattfand und bei dem ein Wettbewerb veranstaltet wurde: der beste Safe-Knacker sollte ermittelt werden.

Das ist schon lange her, aber ich erinnere mich, dass bei einem Test die Zeit gestoppt wurde: Jeder der Profis stürzte sich beim Gongschlag auf die Panzertür eines Tresor-Raums und fummelte mit seinen Dietrichen und Nachschlüsseln, den klassischen Einbrecher-Werkzeugen, an den Schlössern herum.

Keiner hatte daran gedacht zu prüfen, ob der Tresor überhaupt verriegelt war, bevor er ihm fachgerecht zu Leibe ging.

Er war es nicht. Die geschlossene Tür war offen.

Chronologie

1966
Ich entdecke das Seil.

1969
Notizen zu einem heimlichen Spannseil von der Militärakademie hinüber zum Eiffelturm (welche Etage, ist nicht angegeben)

1971
Ich erwähne das Vorhaben am Ende meines Berichts vom unerlaubten Schauspiel über Notre-Dame. Um aber keine schlafenden Hunde zu wecken, streiche ich diesen Zusatz wieder, bevor ich den Redakteuren meinen Artikel abliefere.

1972 – 1979
Nach zahlreichen Montageskizzen zeichnet sich eine Alternative ab: eine Überquerung mit Genehmigung von der Kuppel der Militärakademie aus, oder ohne Genehmigung vom Joffre-Denkmal vor der Militärakademie hinüber zur zweiten Etage des Turms (Länge: 900 m).

Ohne Datum, ein greuliches Gekrakel auf einem Stück Tischdecke vom »La Coupole«: sieben Cavalettis anstelle der später erforderlichen gut sechzig, ein paar parkende Autos halten die Seile gestrafft, alles, was für eine heimliche Blitzmontage erforderlich ist.

Eine andere Zeichnung aus dieser Zeit: erstmalig geht das Seil vom Naturhistorischen Museum aus und spannt sich quer über die Seine zur zweiten Etage des Turms.

Eine weitere Kritzelei: diesmal realistischer auf die Erfordernis eingehend, dass die Aktion in der Nacht stattfinden musste, Verankerung des Kabels vor der Jenaer Brücke zu Füßen der Chaillot-Brunnen (einschließlich eines Luftunglücks, dem Absturz eines alten Doppeldeckers direkt vor der Militärakademie, der die Polizeikräfte des ganzen Bezirks zusammenziehen und davon ablenken sollte, dass ich währenddessen am anderen Ende des Marsfeldes mit meiner Überraschungsmontage vorankomme. Sogar den Piloten hatte ich schon dazu!).

Ich meinte, das bliebe ein Geheimnis, dummerweise plauderte ich aber in meinem Bekanntenkreis darüber ...

1980
April
Eine Verehrerin in den Sechzigern, die mich beim PODIUM EUROPE NR. 1 in Tréport auf dem Seil gesehen hatte, beschließt – ohne mir etwas davon zu sagen –, die Genehmigungen für mich zu beantragen! Sie schreibt sogar an Jaques Chirac, der Bürgermeister von Paris ist. Henri Cuq, der damalige Regierungschef, leitet die Skizze an den Vorsitzenden der Société nouvelle d'exploitation de la tour Eiffel (SNETE)[7] weiter und antwortet mir, dass das Vorhaben außerdem vom Pariser Polizeipräsidium genehmigt werden müsse.

Wieder ohne mich davon in Kenntnis zu setzen, schickt die Pensionärin komplette Unterlagen über meine Aktivitäten an den Berater des Präfekten Sommeveille, Louis Made. Sie entschuldigt den Mangel an Fotos, gibt die Adresse meiner Eltern an und schließt P.S.: Ich darf Ihnen versichern, dass die Durchführung in diesem Falle für Herrn Petit keine Frage des Geldes ist, sondern einzig und allein eine Frage des Ansehens. Aus diesem Grunde sollen die gesamten Einnahmen der Krebsvorsorge und dem Städtischen Waisenhaus zugute kommen.

Einige Jahre später erfahre ich über verschlungene Wege von dieser unglaublichen Geschichte.

Starrköpfchen, meine »Wohltäterin«, sehnt sich nach dem Turm. Man erwidert ihr, der Hochseilkünstler müsse genaue Angaben über die Verankerung und die Spannung des Seils machen.

1982
Ich erhalte – zwar nicht vom ganzen Vorgang – aber von seinem Ergebnis Kenntnis:

Ein Herr Gilliéron hatte – wie, das konnte er nicht mehr sagen – von *meinem* Vorhaben gehört, er sei ihm wohlgesonnen, wenn ich seine Ratschläge bezüglich Verankerung und Spannung beherzigen wollte.

Hinter meinem Rücken telefoniert meine Gegenspielerin währenddessen regelmäßig mit SNETE, um zu hören, ob ich auf die Bedingungen eingehe.

Mittlerweile habe ich den Eindruck, dass das geheime Projekt ernstlich gefährdet ist. Dass SNETE zustimmen könnte, glaube ich keinen Augenblick. Anstatt den Artisten aufzufordern, sein Projekt vorzustellen, beschränkt sich der Gesprächspartner – über einen Vermittler – auf zwei Routinefragen: Wo wollen Sie das Seil befestigen, welche Zugkräfte treten auf? – und beweist damit einen Mangel an Durchblick. Offenbar glaubt er, es bei diesem Hochseilkünstler mit einem Fall von Rekordsucht zu tun zu haben.

Ich beschließe, nicht nachzugeben.

1983
Dass das Projekt bekannt geworden ist, regt mich fürchterlich auf. Ich entwerfe folgende Strategie: Ich tue solange, als ob ich eine Genehmigung beantragen würde, bis die Sache läuft.

Ich sage, dass ich ein technisches Gutachten in Auftrag geben werde, mich jedoch weigere, es von vornherein auf die Frage Verankerung / Zugkräfte einzuschränken. Dafür erbitte ich freien Zugang zu den Archiven und zum Bauwerk selbst!

Auf diese Weise könnte ich spionieren, mir Zeichnungen kopieren, die Zeitpläne der Wachmannschaften auskundschaften, Sicherheitsvorkehrungen durchleuchten, Nachschlüssel herstellen ... und unter dem Vorwand, mögliche Verankerungspunkte zu begutachten, die mich interessierenden Träger fotografieren und vermessen.

Ich könnte sogar erforderliches Material in Verstecken deponieren, und – warum nicht – die Vorrichtung zum Aufziehen des Kabels: eine Seilscheibe sowie das dazu gehörige dünne Stahlseil (zweimal 120 m) unter dem Boden der zweiten Etage anbringen. Das Stahlseil würde dann an einem der Stützfüße entlang hinunterlaufen und dort im offenen Schiebedach eines Lieferwagens verschwinden, der eine elektrische Seilwinde beherbergt.

Ich fordere den Turm heraus und habe dabei das Gefühl, mich in die Höhle des Löwen zu begeben.
Mein Gesuch wird abschlägig beschieden. Man verlangt eine Antwort auf die bereits gestellten Fragen.
»Ich bin ganz Ihrer Meinung, aber um Verankerung und Zugkräfte festzulegen, muss ich die Örtlichkeit kennen!« Ein Argument, das ich beharrlich wiederhole, mit dem Hintergedanken, dass man mir endlich, um Ruhe zu haben, die Tore zum Turm öffnet. Statt eine Auseinandersetzung zu riskieren, die alles verderben würde, beharre ich auf meinem Standpunkt – und halte das Gespräch in Gang, indem ich mich – im Abstand von einigen Monaten – immer wieder mit Briefen in Erinnerung bringe, die zunächst ein Freund in Paris, dann eine amerikanische Geschäftsfrau für mich schreibt.

Das Jahresende bringt mir eine unerwartete Chance: Unterstützt von Jack Lang schlägt mir Paco Ibanez vor, ein Spektakel zu inszenieren. Ich darf mir aussuchen, wo.
Ich entscheide mich für das Palais de Chaillot.

1984
Palais de Chaillot, das ist ein Angebot!
Weitläufige Büroräume im ersten Stock des Museums für französische Denkmäler. Ein Übungsseil auf dem Dach. Und sogar – ganz inoffiziell – mit einer provisorischen Wohnung da oben! Die Helden dieses Wunders: Christian Du Pavillon, Beauftragter von Jack Lang, und vor Ort: Jean-Jacques Meyfrédi und Herr Pétri, seine herzerfrischenden Helfer.
Unter dem Vorwand, die Aufführung vorzubereiten, erkunde, messe, besichtige ich Zufahrten und unterirdische Gänge, freunde mich mit der Wachmannschaft an. Ergebnis?
Mir wird klar, wie die Startverankerung für das Unternehmen TOUR EIFFEL aussehen wird, wo das Material zu lagern ist. Bekomme einen 1 : 200-Plan des Geländes Trocadero – Eiffelturm!

Die Möglichkeit einer illegalen Riesen-Überquerung nimmt Gestalt an.

Ich habe vergessen:
21. Mai, 22.30 Uhr
CORDE RAIDE – PIANO VOLANT (Spannseil – Fliegendes Klavier): Hochseil-Aufführung mit Jacques Higelin über dem Chaillot-Vorplatz vor 40.000 Zuschauern. Der (misslungene) Schlusseffekt war das Aus- und Wiederanschalten der Eiffelturm-Beleuchtung. Dieser Sieg der Stadt Paris bestärkt mich nur im Verfolgen meiner Strategie, mit der ich meinen großen Coup landen will.

15. Oktober
Brief an Bernard Rocher, den Vorsitzenden von SNETE: »Projekt der großen Überquerung / Bitte um Genehmigung für Voruntersuchungen / Technisches Gutachten folgt.«

Mein Schreiben und die darauf folgenden Anrufe werden jedoch automatisch an das Büro im Nordpfeiler weitergeleitet, dem Büro von Herrn Gilliéron!

Ich bekomme die Zusage für eine Besprechung.

20. Oktober
Zum ersten Mal erhalte ich Zutritt zu den Geschäftsräumen des Eiffelturms.

Fünfzehn Jahre der Ungewissheit haben damit ein Ende. Kurze Begegnung mit Herrn Guinchard, dem stellvertretenden Ingenieur: erste Fragen, erste Antworten.

Auge in Auge mit meinem Berater, Herrn Gilliéron: den 14. Juli, den ich vorschlage, hält er nicht für günstig: »Große Menschenmengen machen den Turm kopfscheu«, sagt er. Er wünscht sich, dass das Schauspiel zu einem Weltrekord wird, und ich »zu einer Huldigung an Eiffel« ... Ich habe gewonnenes Spiel. Darüber hinaus behält er sich vor, sich etwas zu überlegen, das meine Leistung in ein noch besseres Licht setzen könnte.

Er schließt mit den Worten, dass die SNETE nicht an der Verwirklichung des Projekts beteiligt sein wird.

Beginn der Recherchen.

Frau de Manneville, die liebenswerte und kompetente Bibliotheka-

Auf der ersten Etage bereiten M. Bouilhol und der Autor das Hieven des Ziel-Schäkels vor (108 mm stark, 153 kg, 650 Tonnen Bruchlast), der an seinen Platz 100 m über dem Boden hinaufgezogen werden soll. Foto Kathy O´Donnell.

Im Herzen des thailändischen Urwalds liegt das Trainingszentrum Chiang-Dao. Foto Kathy O´Donnell.

An Bord des »Blondin« (einer Gondel) haben der Autor und sein Bruder Alain einen ersten Cavaletti gesetzt. Foto Michael Kerstgens.

Linke Seite: Balanceakt mit Francis Brunns Ball über dem Übungssaal der Akademie der Bildenden Künste. Foto Michael Kerstgens.

»… werfe mit beiden Händen die Fetzen des Plans in die Luft, den ich zerrissen habe …«. Foto AFP.

»Ich setze mich und betrachte die Stadt. Eine Stadt, in der das Räderwerk stillsteht. Paris unter einer Dornröschenhecke.« Foto Michael Kerstgens.

Folgende Doppelseite: »Achtung da rechts, da links! Ich zerschneide den Wind. Das Seil kann mir keine Hilfestellung mehr geben.« Foto Michael Kerstgens.

Darauffolgende Seite: »Ich lasse mich auf ein Knie nieder. Ich hebe, für alle sichtbar, eine Hand, das ist das erste Zeichen …«. Foto Langevin/Sygma.

rin, überreicht mir Fotos der Turmkonstruktion und schlägt mir vor, Eiffels Werk »Der dreihundert Meter hohe Turm« zu befragen. Der leitende Ingenieur, Herr Floc'h, macht mir in seinem winzigen Büro ein bisschen Platz und fördert meine täglichen Arbeiten fachkundig und mit Wohlwollen.

Reiche Ernte: Lerne den Turm und seine Geschichte kennen, kopiere die Stahlstiche in Eiffels Buch, untersuche die Arbeitsweise der Sicherheitsüberwachung sowie die Örtlichkeiten aller Büroräume (ich gehe in meinem Eifer so weit, dass ich den Durchmesser der Abwasserrohre messe, in der Vorstellung, dass sich ein Zugang über die Kanalisation finden ließe).

Meine Geheimakte TOUR EIFFEL nimmt an Umfang zu.

1. November

Unvermittelt taucht in meinem Kopf der Titel des Ereignisses auf. Es wird TOUR ET FIL heißen.

Eine hinreißende Entdeckung: in einer Vorort-Werkstatt fertigen Fachleute unauffällig und in aller Ruhe ein drei Meter hohes Modell vom Turm, im Maßstab 1:100. Mit sämtlichen Trägern. Ich gewinne die Zuneigung der Techniker, nehme Pläne zum Kopieren mit.

9. November

Historischer Augenblick: erste Expedition ins Gitterwerk der zweiten Etage. Mein Bruder Alain begleitet mich. Drei Minuten werden wir von einem diensthabenden Feuerwehrmann überwacht, dann uns selbst überlassen. Wir dringen zu dem Träger vor, der der Zielpunkt der Begehung sein wird. Messen, fotografieren.

Um das Schicksal zu besiegeln, posiere ich – eine Romeo & Julia Nr. 3 rauchend und auf den Chaillot-Vorplatz deutend – für ein Foto.

Rückkehr nach New York.

1. Dezember

Zeichnung, drei Meter lang, von der gesamten Installation im Maßstab 1:200, mit ihren vierundzwanzig Cavalettis. Das Kabel geht dabei vom Dach des Chaillot-Palais aus.

Vierzehn Tage später wird der Entwurf dem »endgültigen« Verlauf des Seils angepasst und geändert: Start vom Gehweg vor dem Platz. Modell von der Verankerung am Turm.

Es wird von Mal zu Mal schwieriger, die Arbeit an dem Projekt geheimzuhalten: aus dem kürzlich erhaltenen Datenmaterial ergibt sich die denkbar ideale Seillinie; sie erfordert eine lange, sorgfältige und aufwendige Montage unter den Augen der Öffentlichkeit.
Ich entschließe mich, das Genehmigungsspiel weiter zu spielen; für den Fall einer Ablehnung hätte ich genügend Komponenten zur Verfügung, um auch ohne Genehmigung einen schnellen Handstreich zu organisieren.

1985
21. Februar
Versand des Hefts TOUR ET FIL, in dem das Projekt in seinen künstlerischen und technischen Grundzügen vorgestellt wird, mit der Bitte an SNETE, »die Weiterarbeit an dem Vorhaben zu befürworten« (in vierfacher Ausfertigung, handgemacht, kartoniert, 33 x 50 cm, mit Bildern).

Rückkehr nach Paris.

10. April
Besprechung mit Herrn Gilliéron, der das Heft zu unhandlich findet und eine nicht bebilderte Version, 21 x 29,7 cm, anfordert. Er erklärt sich für bevollmächtigt, darüber zu entscheiden, ob das Projekt weiter verfolgt wird oder nicht. Für den Augenblick ist er eigentlich dafür, vor allem weil sein Generaldirektor nicht dagegen ist.
April 1987 ist der bereits erwähnte Zeitpunkt. TOUR ET FIL könnte der Auftakt einer Woche zu Ehren Gustave Eiffels sein.

Meine Bitte um Genehmigung wird entschiedener.
»Bevor ich eine Reihe Fernsehsender ansprechen und beim Polizeipräsidium vorstellig werden kann, brauche ich eine generelle Zustimmung von Ihrem Vorsitzenden sowie die Befürwortung der Ingenieure des

Turms.« Herr Gilliéron verspricht mir alles, innerhalb eines Monats hätte ich den Brief in Händen.

Sieben Monate später schreibe ich von New York: keine Antwort.

1986
4. Februar
Ich rufe Herrn Gilliéron an:
»Was ist mit meinem Brief?«
»Der Generaldirektor muss ihn unterzeichnen, nicht der Vorsitzende. Ihnen kann das aber egal sein. In vierzehn Tagen haben Sie ihn.«
Zehn Monate später.
20. Dezember
Ich schreibe an Herrn Gilliéron:
»Ich habe mich in New York mit Madame Mitterand getroffen, mit Jean Villiers, dem Staatssekretär für Bildungswesen und Kultur, und mit dem neu ernannten Minister François Léotard. Sie alle befürworten das Projekt. Was ist mit meinem Brief?«

1987
Wieder in Paris.

14. Januar
Kurze Begegnung mit Herrn Gilliéron.
Ich bin in Begleitung eines Unterhändlers: Kathy O'Donnell, eine amerikanische Freundin, die mich seit einigen Jahren geschäftlich vertritt. Sie mahnt den Brief an, er verspricht ihn von Neuem. Er stellt einige Bedingungen: wir sollten den Nachweis erbringen, dass TOUR ET FIL über die erforderlichen Geldmittel verfüge, sichtbare Sponsorenwerbung sei nicht erlaubt, das französische Fernsehen müsse beteiligt sein, das Kabel müsse von einem anerkannten Unternehmen installiert werden.

»Und unser Brief?«, fragt Kathy immer wieder im Laufe der nächsten vier Monate.
»– Bald! – Innerhalb von zehn Tagen! – Morgen«, ist jeweils die Antwort.

4. März
Abendessen bei Taillevent.
Mein Freund Rémi Clément – von der Seilerei Clément, seit NOTRE-DAME mein Seil- und Kabellieferant – stellt uns, Kathy und mir, den Unternehmer vor, den er empfiehlt: Gérard Moulin, von Charpentiers de Paris. Sie haben an einem Christo-Projekt zusammengearbeitet, der Verhüllung der Pont-Neuf. (Diese Firma hatte vor den Arbeiten auf der Baustelle die Genehmigungen eingeholt.)
Ein Château Léoville-Las-Cases 1961 besiegelt unsere künftige Zusammenarbeit.

Zurück nach New York.
24. April
Der Brief kommt, auf den ich zwei Jahre gewartet habe. Datiert 8. April, unterschrieben vom Generaldirektor, Christian Maresquier, nicht mit der erhofften grundsätzlichen Zustimmung, sondern mit einer neuerlichen Liste von Bedingungen. Außer den bereits angemeldeten: das Ereignis muss 1988 stattfinden; das internationale Fernsehen muss dabei sein; alle Sponsoren brauchen die Zustimmung von SNETE ebenso wie die beteiligten Personen und das Drehbuch der Veranstaltung. Prüfzeugnisse und behördliche Genehmigungen sowie Versicherungsnachweise müssen vor der öffentlichen Ankündigung der Veranstaltung vorliegen.

Mai
Ich begleite Kathy auf einer Rundreise zu den amerikanischen Fernsehsendern: keiner hat Interesse an TOUR ET FIL, weil die Zeitverschiebung zwischen den beiden Ländern eine Life-Sendung ausschließt.

Rückkehr nach Paris.

18. Juni
Der Regenbogen von Ay-O.
Charpentiers de Paris spannt für einen japanischen Künstler ein 300 m langes Banner von der Spitze des Eiffelturms zum Boden hinunter. Ich verfolge die Arbeiten meines zukünftigen Unternehmers und studiere das Verhalten der Turmverwaltung bei einem derartigen Spektakel.

22. Juli
Brief von Herrn Gilliéron.
Weitere Bedingungen: das Datum sei festgelegt, der 3. September 1988; Änderungen seien ausgeschlossen. »Bevor wir uns im Einzelnen mit Ihren Unterlagen befassen, brauchen wir unbedingt von den amerikanischen Fernsehgesellschaften eine Zusage ...« Bis zum 30.September 1987 bleibe uns noch eine Frist, die zum Antrag fehlenden Unterlagen beizubringen, danach werde es Herrn Gilliéron nicht mehr möglich sein, das Vorhaben zu prüfen.

26. September
Kathy trifft sich mit Herrn Gilliéron.
Er entwickelt ihr seine persönliche Sicht der Veranstaltung: die Bevölkerung soll sich auf der Jenaer Brücke frei bewegen können; eine namhafte Sportkletterin wird während meiner Überquerung den Turm ersteigen; das Ereignis soll der Öffentlichkeit über alle Medien vermittelt werden, nicht aber über große Menschenmengen an Ort und Stelle ...
Der Anstrich des Eiffelturms werde demnächst erneuert, Herr Gilliéron erwarte als Gegenleistung von uns, falls er uns das Baudenkmal zur Verfügung stelle, dass wir in unserem Finanzierungsplan eine Beteiligung an den Anstrichskosten einkalkulieren!
Kathy bewirkt, dass der Unternehmer akzeptiert wird, den wir ausgesucht haben, verlängert die Frist zum Nachreichen der fehlenden Akten auf Dezember und weist mit diplomatischem Geschick alle neuen Auflagen ab, ohne ein Wort über deren Widersinn zu verlieren. Nichtsdestoweniger besteht ihr Gesprächspartner darauf – gleichsam um das letzte Wort zu behalten –, dass nicht Kathy, sondern er selbst mit dem französischen Fernsehen Kontakt aufnimmt. Er werde uns bald benachrichtigen (»Bald, in zehn Tagen, morgen?«, denkt Kathy, die darin einen neuen Grund wittert, das Projekt zum Stocken zu bringen).

Oktober.
Ich erfahre, dass TOUR ET FIL ohne meine Einwilligung auf das Programm einer Wohltätigkeitsveranstaltung zu Gunsten drogengefährdeter Kinder gesetzt worden ist! Ein Brief von Kathy macht rechtzeitig einen Strich durch dieses Schwindelgeschäft.

November / Dezember
In Zusammenarbeit mit Charpentiers de Paris: Ausarbeitung eines ersten Konstruktionsplans (mit der das Unternehmen in meinem Namen die Genehmigung beantragen kann).
 Es wird das erste Mal sein, dass ich das Kabel nicht selbst installiere. Ich muss mich von Gérard Moulin belehren lassen, dass ich in künstlerischer Hinsicht Einbußen hinnehmen muss, die Strecke muss kürzer werden, und ich muss den Ingenieuren der zuständigen Behörden die Wahl des Verankerungssystems überlassen ...
 Sollte ich den offiziellen Weg zum Teufel jagen und mich wieder auf eine illegale Begehung verlegen?

Bestandsaufnahme am Jahresende:
Herr Gilliéron gibt kein Lebenszeichen von sich, es ist unmöglich, seine Auflagen rechtzeitig zu erfüllen.

Rückkehr nach New York.

1988
Zehn Monate lang halte ich das Projekt »mit Genehmigung« für gestorben.

Oh Wunder!
19. Oktober
Mein Freund Mikhail Baryshnikow stellt mich in Paris Jacques Chirac vor. Ich erzähle von TOUR ET FIL. Der Bürgermeister ist dagegen. Ich überzeuge ihn. Er setzt eine Besprechung an.

Kathy kommt Hals über Kopf aus New York.

25. Oktober
Erste Unterhaltung zwischen einem begeisterten Jacques Chirac, seinem persönlichen Referenten Jean-Eudes Rabut, Kathy und mir. Der Bürgermeister ist davon beeindruckt, dass meine Managerin extra aus den USA gekommen ist, zeigt sich dem Projekt wohlgesonnen und denkt praktisch: »Die einzige Möglichkeit, das Durcheinander, das Ihre

Vorstellung verursachen wird, in Grenzen zu halten, ist, sie mit einer anderen bereits geplanten zu koppeln ... Am 26. August 1989 ist ein Flutlicht-Konzert in Chaillot mit Herrn Mourousi geplant. Am Nachmittag könnten Sie die Überquerung machen. Das ist der Jahrestag der Menschen- und Bürgerrechts-Erklärung.«

Herr Rabut steuert die Idee des durch die Luft beförderten Manuskripts bei. Kathy schildert unsere Enttäuschungen mit dem Turm.

Der Bürgermeister, dem es nicht sofort gelingt, Präsident Bernard Rocher zu erreichen, fragt, wer unser Verhandlungspartner bei SNETE sei, und greift zum Hörer: »Hallo, Monsieur Gilliéron? Hier ist Jacques Chirac!«

Vier Stunden später kann man bei der vom Bürgermeister angesetzten Besprechung miterleben, wie Jean-Eudes Rabut Herrn Gilliéron erklärt, was wir brauchen. Kathy und ich in stillvergnügter Genugtuung. Alles, was man uns bisher verweigert hat, wird jetzt auf der Stelle bedingungslos genehmigt!

Der Begründer und Direktor des Taillevent-Restaurants, mein Freund Jean-Claude Vrinat, sichert mir seine Unterstützung zu und stellt mir eventuelle Sponsoren in Aussicht.

Ich erkundige mich nach dem Mourousi-Konzert. Hm! Die müssen in den nächsten dreißig Tagen erst einmal fünf Millionen Dollar auftreiben, oder die Idee ist gestorben ...

Ja ..., wird es meinem Projekt genauso gehen?

Kathy kehrt nach New York zurück.

    17. November
Brief von Jacques Chirac:
Am 14. Dezember werden in einer internationalen Pressekonferenz die Vorführungen zur Zweihundert-Jahr-Feier angekündigt, die unter der Schutzherrschaft des Pariser Bürgermeisteramts (Mairie de Paris: MDP) steht und zu der TOUR ET FIL gehört. Der Bürgermeister lädt mich ein, mein Projekt dort selbst vorzustellen.

8. Dezember
Auf der Suche nach einem Träger des Schauspiels, den TOUR ET FIL bald nötig haben wird – alle sind bereit, ihren Namen mit dem Projekt zu verbinden, aber nicht, dafür zu bürgen –, treffe ich auf einen gewissen Herrn Schaub, der mir erklärt, er habe das Projekt beim MDP eingeführt. Wie dem auch sei, er rechnet damit, dass er – mit oder ohne meinen Segen – *sein* Vorhaben auf *seine* Weise zum Abschluss bringt; er sei nicht der Mann, der Rückzieher mache; seine ganze Professionalität stehe auf dem Spiel!

Ich rufe Kathy zu Hilfe (sie bereitete sich gerade darauf vor, zur Pressekonferenz nach Paris zurückzukommen). Einige hitzige Besprechungen. Später macht sich der Usurpator elegant aus dem Staub – »Es war ein Missverständnis, mein Lieber!« ...

9. Dezember
Gérard Moulin bringt mich mit Jean-Jacques Aillagon zusammen, dem Beauftragten für Kulturveranstaltungen im Pariser Bürgermeisteramt. Der Zufall will es, dass Letzterer 1971 bei meiner illegalen Vorführung über Notre-Dame dabeigewesen ist, außerdem – unglaublich! – bei der überraschenden Überquerung 1974 am World Trade-Center! Jean-Jacques hat dadurch in gewisser Weise meinen Werdegang verfolgt und würde sich freuen, wenn er mir helfen könnte. Wir schließen spontan Freundschaft: endlich jemand beim MDP, dem ich mein Herz öffnen kann.

Ich erfahre, dass Jacques Chirac mir den Brief mit der grundsätzlichen Zusage, um den Kathy ihn gebeten hat, kurz vor der Pressekonferenz persönlich überreichen will.

Jean-Jacques gibt mir Ratschläge für den zu verfolgenden Weg; danach kann ich die Vielschichtigkeit und Empfindlichkeit des Verwaltungsapparates vom MDP ermessen.

10. Dezember
Bau eines kleinen Modells für die Pressekonferenz.

14. Dezember
Jacques Chiracs Pressekonferenz im Rathaus. Der Bürgermeister überreicht mir den Brief mit der Absichtserklärung; er verrät meine Anwesenheit erst zum Schluss, als Überraschung. Ich stelle den dreihundert Journalisten TOUR ET FIL vor, das auf den 26. August 1989 festgesetzt ist.

15. Dezember
Vier Pariser Zeitungen erwähnen TOUR ET FIL.

Daraufhin? Nach über zehn Treffen mit den zuständigen Behörden soll – so hätte es auch Gérard Moulin gemacht – eine gleichlautende Mitteilung an die verschiedenen Abteilungen geschickt werden. Dann soll im Auftrag des Bürgermeisters eine Versammlung im Rathaus einberufen werden, auf der man alle Genehmigungen einsammelt.
Das erklärt mir Jean-Jacques Aillagon, der das Projekt weiterhin aus ganzem Herzen unterstützt und sogar glaubt, dass er Sponsoren für uns finden kann.

Gérard Moulin und Rémi Clément laden mich ein, ihre Unterlagen über die Verpackung der Pont-Neuf zu studieren. Sie berichten mir von den unangenehmen Überraschungen bei den Arbeiten: unzählige Genehmigungen, die sie erst in der letzten Minute erhielten, unzählige Widerrufe, das Flamencotanzen der Politiker und Behörden.

Mit Kathy zusammen haben wir einen vorläufigen Finanzierungsplan aufgestellt: drei Millionen Franc.

20. Dezember
Erste Arbeitsbesprechung beim MDP mit Thierry Aumonier, dem persönlichen Referenten des Generalsekretärs. Er verspricht mir einen Platz, auf dem ich das kurze Übungsseil spannen kann, ein Gelände für das 800 m-Trainingsseil, eine Wohnung zur Unterbringung der Mannschaft, Büroräume, Hilfen für den Bauträger, Plakate und das Recht, das Zeichen MDP / 200-Jahr-Feier auf dem Briefkopf von TOUR ET FIL zu führen.

Zwei angenehme Überraschungen:
»Beantragt nun TOUR ET FIL – oder das Bürgermeisteramt von Paris die Genehmigungen?«
»Das Bürgermeisteramt von Paris!«, sage ich, ohne mit der Wimper zu zucken.

Das Konzert von Mourousi in Chaillot wurde wegen Geldmangels gestrichen; TOUR ET FIL jedoch bleibt, auch wenn es die einzige Veranstaltung dort ist, im Programm.

Kathy fliegt wieder nach New York zurück.

1989
Januar
Ich durchquere Afrika zusammen mit meinem Freund James Signorelli, der Produzent und Regisseur in den USA ist und für TOUR ET FIL eine typisch amerikanische Organisation aufziehen will.

5. Januar
Brief mit der Zustimmung des Vorstands von SNETE.

Februar
James gewinnt Kathy für den Versuch, von New York aus die ideale Organisation aufzubauen. Dazu müsste ein einflussreicher Anwalt gewonnen werden, der sich auf Show-Business spezialisiert hat (James führt beispielsweise Tom Pollack an, der früher den Universal Studios vorstand – »einer, bei dem die Sponsoren nicht nein sagen können!«).

Dieser Anwalt müsste die Vereinbarungen festlegen, die den Sponsoren, den Werbefachleuten und den Fernsehsendern vorgeschlagen werden sollten. Er müsste die Verhandlungen bis zur Unterschriftsreife der Verträge führen. Er müsste auch, noch vor der Überquerung, Verträge für Vorstellungen in den beiden darauffolgenden Jahren abschließen. Er würde an den Besprechungen teilnehmen, die sich auf Werbeausgaben beziehen. Er würde beim Einholen von Genehmigungen behilflich sein.

Er würde Sponsoren auftreiben, einen Manager zu Rate ziehen (etwa Quincy Jones, der die Tournée Michael Jacksons in Paris begleitete).

Dieser Manager würde sich an der Durchführung der Veranstaltung beteiligen und wäre für die Werbung zuständig: er würde die marktgerechten Werbeträger bestimmen (Programme, Logos, Mützen, T-Shirts usw.) und in Absprache mit dem Künstler ihre Herstellung überwachen, ebenso ihre Auslieferung zum wirkungsvollsten Zeitpunkt, dann würde er während und nach der Veranstaltung ein Vertriebsnetz aufbauen ...

Schließlich müssten noch ein Werbefachmann, ein Public-Relations-Büro und ein halbes Dutzend Spezialisten ...

Währenddessen versuche ich in Paris ohne Geld und Unterstützung, das Projekt voranzubringen.

Der Filmemacher Werner Herzog, ein langjähriger Freund, ist bereit, einen Kurzfilm von dem Abenteuer fürs Fernsehen zu drehen. Wenn ich einen Produzenten finde.

TOUR ET FIL erscheint auf den Programmen, die jeweils von der Arbeitsgruppe der Zweihundert-Jahr-Feier und von ihrer Konkurrenz, der Kommission für die Zweihundert-Jahr-Feier im MDP, herausgegeben werden. Bei dieser Gelegenheit hört man von einer Veranstaltung, die am selben Tage und anscheinend zur gleichen Zeit wie TOUR ET FIL stattfinden soll: ein Konzert zu Ehren der Menschenrechte unter der Grande Arche in der Défense (*Stadtteil*) in Anwesenheit des Präsidenten der Republik! Einige verbreiten schon das Gerücht, dass dieses Konzert nicht stattfinden wird ... andere wundern sich über meine Naivität: »Nicht aus Liebe zur Seiltänzerei hat Chirac zu deinem Zeug und zu dem Programm vom 26. August ja gesagt, sondern weil er Mitterand vor den Medien ausstechen will!«

Der Voranschlag für die Arbeiten an TOUR ET FIL beläuft sich mittlerweile auf fünf Millionen Franc.

Charpentier de Paris wollen ohne Finanzierungsnachweis nicht mit den Vorbereitungen beginnen.

Jean-Jacques Aillagon bringt mich mit Thierry Mugler zusammen, der den Ablauf der Vorführung entwerfen will.

Alle möglichen Leute treten an mich heran und wollen dem Projekt durch ihre Beteiligung helfen. Die Presse macht mir den Hof ...
Von New York aus rät mir James immer wieder, »nichts zu unterschreiben, nichts zu sagen, sondern zu warten«.

Ich kann nicht mehr warten, ich rufe Kathy an: »Ich habe den Eindruck, dass ich den Auftrieb langsam verliere, den ich damals auf der Pressekonferenz bekommen habe. Jetzt und hier muss ich kämpfen! Wir haben keine drei Jahre mehr Zeit! TOUR ET FIL ist weder eine Super-Hollywood-Produktion noch ein Rockstar-Konzert! Ich bin hier völlig unbekannt. Ich habe keinen roten Heller. Hier, wo nichts professionell läuft, ziehen sich alle zurück, wenn man vom Anwalt redet, den holt man nur im Streitfall. Hier muss man mit den Typen quatschen, Kumpels finden ... bald ist es zu spät dazu.
Nicht mehr auf James' Ratschläge hören, nur noch auf meine: komm sofort wieder nach Paris.
Hier müssen wir TOUR ET FIL aufziehen, auf Französisch, nicht auf Amerikanisch ... wenn die Zeit noch reicht!«

    6. März
Kathy in Paris.

Sechs Monate täglicher hartnäckiger Arbeit beginnen. Zusammen gehen wir auf die Suche nach Sponsoren, nach Veranstaltern des Spiels, nach Trägern, Public-Relations-Teams, Werbefachleuten, Mäzenen, Filmproduzenten, Intendanten der Fernsehsender und versuchen gleichzeitig die Medien zu interessieren. Praktisch ohne Geld, mit wenig Schlaf und mit Verständigungsschwierigkeiten (Kathy braucht einen Dolmetscher, um Gespräche zu führen).

    7. März
Dank der Empfehlung eines Freundes (dem berühmten New Yorker Anwalt Robert Lasky) –, der Vertrauen in meine Projekte hat und sie

unterstützt, ist die hochrangige internationale Anwaltskanzlei »Paul, Weiss, Rifkind, Wharton & Garrison« (in Paris durch das Büro Fargue repräsentiert), bereit, uns zu beraten und in den künftigen Verhandlungen zu vertreten.

8. März
Die Modellbauer haben die Arbeiten an dem drei Meter hohen Eiffelturm abgeschlossen. Er ist im Arsenal-Museum ausgestellt. Jean-Jacques Aillagon erhält für mich die Genehmigung, dort zu arbeiten.

10. März
Kathy trifft sich mit einer Freundin von mir, Anne de La Baume (Stellvertretende Vorsitzende der Stiftung für Begabtenförderung Marcel Bleustein-Blanchet, deren Preisträger ich 1971 war). Anne vermittelt ein Treffen mit Marcel Bleustein-Blanchet:
Der Präsident von PUBLICIS[8] – der meine Laufbahn als Hochseilkünstler begeistert verfolgt hat – zeigt Kathy, wie Franzosen eine Sache auf ihre Art angehen. Er berät uns über die einzuschlagende Strategie und bittet einmal die Agentur Fly (Boris Safronoff), mit der er zusammenarbeitet, dann sein Direktorium für Auslandsbeziehungen (Laurence Rey), alles in ihren Kräften Stehende zu tun, um TOUR ET FIL zu helfen. Marcel Bleustein-Blanchet persönlich ruft den Chef von Paris-Match an und verabredet ein Treffen.

13. März
Xavier Béguin-Billecocq vom Maison de la France bietet uns seine Hilfe an. Er will TOUR ET FIL auf den Pressekonferenzen, die er in dreiunddreißig Ländern abhalten wird, um für die Zweihundert-Jahr-Feier zu werben, besonders hervorheben.

21. März
Zusammen mit Werner Herzog besuchen wir Roger Thérond, den Herausgeber von Paris-Match. Da er keine Exklusivrechte für die Berichterstattung hat, wird vereinbart, dass das Magazin bei der Veranstaltung dabei ist und TOUR ET FIL vorrangig ankündigen soll. (Entgegen dem Wunsch seines Herausgebers brachte Paris-Match dann vor, während

und nach dem Ereignis keine Reportage: sein Chefredakteur hatte keine Lust dazu.)

12. April
Mein Freund Sting ist in Paris. Ich mache mit ihm einen wilden Streifzug durchs Nachtleben. Er will etwas für die Überquerung komponieren oder es wenigstens versuchen!

Gérard Moulin teilt uns mit, dass sich sein Unternehmen aus Termingründen von dem Projekt zurückziehen müsse. Ich vermute, dass unsere derzeitige totale Zahlungsunfähigkeit diese Entscheidung mitbeeinflusst hat. Gérard lässt uns nicht fallen, er überredet einen anderen Unternehmer, die Montage des Kabels in Angriff zu nehmen. Auf diese Weise haben wir das Glück, Michel Savoye (von Linélec / Spie-Batignolles) kennen zu lernen.

14. April
Erstes Treffen mit Michel Savoye.
Grundsätzliches Einvernehmen über die Zusammenarbeit, die recht bald beginnen soll.

Unsere Auseinandersetzungen mit einer französischen Fernsehgesellschaft wegen der Exklusivrechte für eine Übertragung können an dem Beispiel TF1 deutlich werden:

Am 14. April hatten wir die dreißigste Besprechung innerhalb von zwanzig Tagen. Jedesmal mit jemand anderem, der nicht auf dem Laufenden war; jedesmal mussten wir das Projekt wieder von Neuem vorstellen. Jedesmal versprach man uns, dass eine Entscheidung darüber innerhalb der nächsten drei Tage fallen würde.
Jedesmal geschah auf unsere Anrufe und Briefe hin nichts.
Heute sprach ich davon, dass ich mir Maurice André als Solist für meine Vorstellung wünschte, da unterbricht mich meine Gesprächspartnerin: »Maurice André soll mir den Buckel runterrutschen« und fährt fort: »Wie viel würden Sie in Anbetracht der Kosten einer Life-Übertragung an TF1 für die Absicherung der Veranstaltung zahlen?«

Kathy und ich fragen, ob das ein Witz sein soll, und verabschieden uns.

Ein andermal zieht unser Gegenüber die Fähigkeiten von Werner Herzog, einen Film fürs Fernsehen zu drehen, in Zweifel: »Das ist eine andere Größenordnung, wissen Sie, ich bin mir nicht sicher ...«; ich erwidere: »Fragt man denn Picasso, ob er auch Radierungen machen kann?«

Die erste Verabredung mit einem Programmdirektor des Senders wurde im letzten Augenblick abgesagt. Man schlug uns vor, Dominique Cantien zu treffen, dessen Sekretärin ließ uns jedoch – nach fünfundzwanzigminütigem Warten – ausrichten, was die Unterredung im Namen eines Herrn Philippe Petit angehe, so sehe sie nicht die Notwendigkeit, »all diese Leute vorzulassen« (es handelte sich um meine Managerin in Begleitung einer Dolmetscherin!).

Überflüssig zu sagen, dass wir nicht die sanftesten Worte fanden, als wir einmal alle beieinander waren.

Trotz zweier zuversichtlicher Gespräche mit Boris Safronoff müssen wir uns sagen, dass die Agentur Fly für TOUR ET FIL nichts tut; obwohl ihr Spezialgebiet Kommunikation ist, antwortet sie nicht auf unsere Anfragen und lässt uns auch darüber im Unklaren, wie es weitergehen soll.

Ich stelle das zweite Modell fertig. Es ist größer, streng maßstabsgerecht (1:500), sein Turm misst 60 cm. Die zwei voluminösen Kisten lassen sich gerade noch mit Mühe auf der Rückbank eines Taxis unterbringen.

Die Leitung der Abteilung Auslandsbeziehungen von PUBLICIS, die – in der Person von Laurence Rey – die Aufgabe erhalten hat, sich um TOUR ET FIL zu kümmern und eine kurze Besprechung mit Maurice Lévy, dem neuen Vorsitzenden, zu arrangieren (zu diesem Zweck durfte sich das Modell sechs Tage lang nicht vom Fleck rühren), nimmt uns weiterhin nicht zur Kenntnis. Sie tut offenbar nichts für uns.

Olivier Massard hat sich einige meiner Ideen für die Show, die er am 17. Juni anlässlich der Hundert-Jahr-Feier des Turms inszeniert, »zu eigen gemacht«. Zwei Seiltänzer sollen über dem Restaurant der ersten

Etage ihr Können zeigen. Wird der Eindruck, den meine Ankunft unterhalb der zweiten Etage in zwei Monaten machen wird, dadurch geschmälert?
Dabei habe ich selbst immer wieder darauf hingewiesen, wie einzigartig und noch nie dagewesen das ist: der erste Hochseilkünstler auf dem Turm ...

Unsere Finanzen erlauben uns nicht mehr mit der Métro zu fahren! Daraufhin lässt uns unser treuer Freund Alain Lévy, dem Bücher die Welt bedeuten, von seinen Schriftstellereinnahmen regelmäßig so viel zukommen, dass wir uns über Wasser halten können. Bei anderen Gelegenheiten zeigt er in seinem Büro immer wieder Verständnis für unseren unersättlichen Hunger nach Fotokopien und Eilbotensendungen. Bis zum Ende bestärkt uns Alain unermüdlich in unseren Anstrengungen.

Das Ergebnis von zwei Monaten Parforce-Jagd: Keinerlei Unterstützung weder durch die Presse, noch durch das Fernsehen, noch durch einen Sponsor.
   Die Gründe hierfür?
   »Es sind bald Ferien.«
   »Sie sind zu spät dran.«
   »Die Zweihundert-Jahr-Feier ist mir schnuppe!«
   »Ihr Projekt ist mit Jacques Chirac verbunden; für uns ist es bald Mitterand.«
   »Nicht, weil Sie zu viel Geld haben wollen, sondern weil wir keins haben!«
   »Am 26. August werden wir beim Präsidenten der Republik in der Grande Arche gebraucht.«
   »Wenn das Bürgermeisteramt von Paris hinter Ihnen stünde, wie Sie behaupten, dann hätten Sie einen Betreuer an Ihrer Seite, dann hätten Sie vom Bürgermeister schon einen Finanzierungsplan erhalten; er hätte die Veranstaltung schon selbst auf einer, speziell für TOUR ET FIL einberufenen Pressekonferenz angekündigt. Die Pressekonferenz voriges Jahr, mit diesen zweihundert Projekten, die zählt nicht. Außerdem ... die Hälfte davon ist bereits gestrichen!«
Am Ende einer mehrere Nächte dauernden Arbeitssitzung schiebt

Kathy dem Haushaltsplan einen endgültigen Riegel vor. Er ist mittlerweile auf sechs Millionen Franc angestiegen.
Weil die Finanzierung noch nicht läuft, schlagen wir uns weiterhin mit täglich fünf Besprechungen, ohne Helfer, ohne Sekretärin, ohne Dolmetscher, ohne Büroausrüstung und ohne richtigen Arbeitsraum durch (man hat uns eine Wohnung zur Verfügung gestellt, eine Lampe ausgeliehen, einen Tisch, eine Schreibmaschine!).
Jean-Jacques Aillagon verbessert die Lage, indem er für TOUR ET FIL Telefonanrufe entgegennimmt. Er bietet uns sein Büro als Firmensitz für die Gesellschaft an, die Kathy und ich gerade gründen wollen.

Fumiko Wellington, die amerikanische Geigerin, mit der ich befreundet bin und die sechs Sprachen spricht, kommt aus der Schweiz nach Paris, um hier zu dolmetschen und zu helfen, alles auf eigene Kosten.

Kathy macht Jean-Jacques Aillagon klar, dass wir ohne Geld vom MDP keine Sponsoren finden werden.

Jean-Jacques kommt mit einer Hoffnung wieder, bald darauf mit der Gewissheit: der persönliche Referent des Generalsekretärs, Herr Aumonier, hätte ein größeres Darlehen versprochen. Eine schriftliche Bestätigung würde uns zugehen.

Drei Wochen später bestreitet Herr Aumonier dieses »Gerücht«.

Das Projekt liegt in den letzten Zügen.
Wir sind zu knapp bei Kasse, um weiter zu kämpfen. Anne de La Baume hält uns eine Rettungsboje hin, sie sucht mit Kathy nach Lösungen, das Projekt zu finanzieren.

Jean-Eudes Rabut: »Nur der Bürgermeister kann Ihnen helfen!«

Einen Termin bei Jacques Chirac zu bekommen, würde über den üblichen Weg zu lange dauern. Ich erfinde als Vorwand ein Foto für Paris-Match, vor dem »großen Modell«:
»Nur ein paar Sekunden, zwischen Tür und Angel!«

27. April
Die Unterhaltung dauert fünfundvierzig Minuten.
Der Bürgermeister verspricht drei Millionen Franc binnen zehn Tagen, eine Pressekonferenz nur für TOUR ET FIL in zwei Wochen und ab sofort einen offiziellen Betreuer, unseren Herrn Aumonier.
Der Bürgermeister ist einverstanden, dass die beiden Seiltänzer bei Olivier Massard aus dem Programm genommen werden und dass er das erste Ehrenmitglied des Vereins TOUR ET FIL wird.

Sofort rufe ich Herrn Aumonier an: wir warten auf das vom Bürgermeister versprochene Geld, auf den Brief mit der schriftlichen Bestätigung, mit der wir bei der Bank einen Kredit bekommen.
Nein. Unser Betreuer schickt uns lieber in den Kampf mit einem gewissen Herrn de Préaumont, einem ehemaligen Beigeordneten des Bürgermeisters, der das Geld verwaltet und uns auszahlen soll.
De Péaumont weigert sich offensichtlich, dem Wunsch des Bürgermeisters nachzukommen; zunächst einmal ist er nicht zu erreichen, dann beruft er sich auf Verwaltungsgrundsätze (Voranfrage prüfen, Gesuch einreichen, Finanzierungsplan bewilligen ...).

28. April
Der Bürgermeister hat einen Sponsor gefunden!
Wir sollen die Summe aushandeln.

2. Mai
Das Aushandeln ist einfach: der Sponsor möchte ungenannt bleiben, das Projekt an sich interessiert ihn nicht. Nach zehn Minuten Unterhaltung: eine Million Franc.

Tägliche Kämpfe bei dem Versuch, das Geld (oder einen Teil desselben, oder eine schriftliche Bestätigung der zugesagten Summe) vom Bürgermeister zu bekommen, ebenso vom Sponsor (evtl. einen Teil der Summe).
»Gebt es auf! Das schafft ihr nie!«, das ist der Rat, den wir immer öfter von Menschen hören, die beruflich oder privat unseren wilden Galopp kreuzen. Sogar einige Freunde lassen so etwas verlauten.

Das Projekt steckt in der Sackgasse. Ohne einen Kreis von Fachleuten und ohne Geld kann man innerhalb von drei Monaten ein so großes Ereignis nicht auf die Beine stellen.

Auf die Gefahr hin, mich nach der Begehung im Schuldturm wiederzufinden, entschließe ich mich dazu, weiterzumachen.

Für die Herstellung des Kabels ist es zu spät.

Mit verzweifeltem Einsatz gelingt es uns, diejenigen zu beruhigen, denen TOUR ET FIL bereits Geld schuldet, und diejenigen, die jetzt ihre Arbeit aufnehmen sollen, davon zu überzeugen, dass sie später ihr Geld kriegen.

10. Mai
Durch Zufall treffe ich eine Freundin, die Regisseurin Isabelle Garma – der ich meine Leidenschaft fürs Theater verdanke (wie viele Kämpfe haben wir seit meinen ersten Überquerungen Seite an Seite ausgefochten im Namen der Poesie und des »Unnützen«?).
Isabelle stellt sich sofort als Assistentin, die ich so dringend benötige, zur Verfügung. Es dauert nicht lange, und sie hat alles, was mit der Organisation der Vorstellung zu tun hat, in der Hand. Später führte sie dann Regie. Und natürlich arbeitete sie mit mir zusammen an der Inszenierung. Sie hat Augenmaß und will, genau wie ich, von Aufgeben nichts wissen.

17. Mai
Das Kabel ist bestellt.

Vier Millionen Franc sind zwar versprochen, aber in der Hand haben wir keinen Pfennig zum Weitermachen.
   TOUR ET FIL kommt jäh zum Stillstand.

Henry Pillsbury, der Direktor des American Center in Paris, lässt uns eine Unterstützung zukommen.

22. Mai
Gründung des nicht gewinnorientierten Vereins TOUR ET FIL gemäß dem Gesetz vom 1. Juli 1901.

    Vorsitzender: Philippe Petit
    Generalsekretär: Kathy O' Donnell

    Ehrenmitglieder:
    Jacques Chirac
    Marcel Bleustein-Blanchet
    Mikhail Baryshnikov
    Sting
    Jean-Claude Vrinat
    Catherine Dolto-Tolitch
    Werner Herzog
    Henri Cartier-Bresson
    Sam Szafran
    Marcel Marceau
    Raymond Devos
    Anne de La Baume

24. Mai
Nachdem wir einen Monat gewartet haben, erhalten wir von Herrn Juppé statt des Bestätigungsschreibens eine vage Absichtserklärung.

Auf meine Nachfragen antwortet der Leiter der Finanzabteilung: »Jede beliebige französische Bank wird Ihnen bei Vorlage unseres Schreibens die Summe vorstrecken.«

Unsere Bank lacht uns ins Gesicht. Die anderen auch.

Bei unserem Sponsor hat die Stimmung umgeschlagen: es ist keine Rede mehr von einer Million sofort. Jetzt ist es die Hälfte, wenn wir nachweisen, dass die Kostenaufstellung vollständig ist; die andere Hälfte nach der Veranstaltung.

TOUR ET FIL war einmal.

Seit drei Monaten leben wir zusammengepfercht in den zur Verfügung gestellten Wohnungen, ohne die versprochenen Büroräume. Freunde und Praktikanten ersetzen die Fachleute zwölf Stunden täglich bei schlechter Verpflegung und Bezahlung. Kathy und ich verbringen zwanzig Stunden pro Tag mit dem Versuch, das Schiff vor dem Untergang zu bewahren. Unsere Verbitterung wächst, als wir hören, dass das MDP Olivier Massard eben mal vierzig Millionen Franc für *seinen* 17. Juni geliehen hat, und als uns aufgeht, dass die Unfähigkeit unseres Betreuers Aumonier mit seinem Entschluss zusammenhängt, seine Arbeitskraft den Veranstaltungen des 17. Juni zu widmen!

Nur ein Wunder wäre noch möglich: dass Jacques Chirac persönlich sofort eingreift.

3. Juni
Ich verfasse ein Ultimatum. Sieben Stunden brauchen Kathy und ich, um noch die tragikomische Geschichte von der Ablehnung dranzuhängen, die im Gewande gesetzestreuer Befolgung der bürgermeisterlichen Anordnungen daherkommt.

4. Juni
Ich benutze meinen Geheimagenten im Rathaus, um dem Bürgermeister auf diesem sichersten Wege meinen »Dringend / Vertraulich«-Brief zukommen zu lassen.

Bürokratische Feigheit verzögert die Aushändigung. Ich starte einen Rundruf und diktiere: »Es kommt auf jede Stunde an. Ich berufe eine internationale Pressekonferenz ein. Ich sage TOUR ET FIL ab.«

7. Juni
Jacques Chirac erhält mein Schreiben.

8. Juni
Der Bürgermeister nötigt seine Mitarbeiter, sofort eine Akonto-Zahlung für TOUR ET FIL zu tätigen.

9. Juni
Wir erhalten einen Scheck über fünf Millionen Franc.

12. Juni
Der Löwenanteil des Geldes wird dazu verwandt, winzige Beträge an diejenigen auszuzahlen, die mit ihrer Arbeit TOUR ET FIL wiederbeleben müssen.
 Etwas davon behalten wir zum Überleben zurück.

14. Juni
Montage des Übungsseils in der Akademie der Bildenden Künste.

16. Juni
Ich richte meine Büro-Residenz an Bord des Schiffes ISADORA ein, das am Bir-Hakeim-Kai vor Anker liegt.

19. Juni
Beginn des Trainings in der »Nationalen Hochschule für Bildende Künste«, Paris.
 Am gleichen Tag:
 Der Verleger Jean-François Guyot vertraut mir die Faksimile-Ausgabe von Gustave Eiffels Werk »Der dreihundert Meter hohe Turm« an. Jeden Tag ziehe ich dieses Werk zu Rate, es erleichtert mir beträchtlich das Ausarbeiten des Montageplans und verzehnfacht meinen Eifer.

22. Juni
Der Vertrag mit der Pariser Videothek wird unterzeichnet. Geld springt nicht dabei heraus, aber die wichtigsten Stationen der Vorbereitungen werden zu gemeinsamer Nutzung gefilmt.

26. Juni
Das 800 m-Trainings-Kabel wird montiert.

30. Juni
Beginn des Trainings auf den 800 Metern.

Kathy findet in Serge Ryer – einem jungen Amerikaner in Paris – einen dreisprachigen, eifrigen und unermüdlichen Assistenten, den sie zum Untergrundkämpfer gegen die uns hemmenden Behörden ausbildet. Er ist freiwillig prädestiniert für die Sondereinsätze »Rammbock«, »Kugelhagel« und »Eins auf die Finger«.

Serge lernt schnell; er wird Kathys Schatten und ihr Sündenbock – wenn sie einen braucht – und bleibt noch lange nach Abschluss des Abenteuers treu auf seinem Posten.

Obwohl Kathy hartnäckig dahinter her ist, kommt der Rest der vom Bürgermeister versprochenen Summe immer noch nicht. Auch vom Sponsor noch nichts. Ein paar unserer Lieferanten drohen damit, aus dem Projekt auszusteigen. Andere zeigen mir gegenüber außergewöhnliche Fairness.

Fumiko hat ihren Freund Kurt Würmli überredet, sich in dem Abenteuer zu engagieren. Er wird später einmal mein persönlicher Assistent werden, mit dem typischen Gebaren des Geheimagenten; kommt extra von Basel herüber. Er meistert, wie sich herausstellen wird, mit seiner Kaltblütigkeit und seiner unbestrittenen Eleganz alle Situationen.

 6. Juli
Große Versammlung im Rathaus. Die Mitarbeiter des Bürgermeisters sind fassungslos darüber, dass wir uns immer noch nicht geschlagen geben. Die Versammlung leitet Madame Marthe Dirand, die zwar hier ist, um sich für TOUR ET FIL einzusetzen, stattdessen aber eifrig Kurzschlüsse produziert.

 11. Juli
Kathy erhält ein Schreiben von Herrn Juppé mit der Bestätigung, dass das vom Bürgermeister zugesagte Geld Ende Juli an uns ausgezahlt wird.

 16. Juli
Bau eines riesigen Geländemodells (7 m lang), das den drei Meter hohen Eiffelturm tragen und über der kommenden Pressekonferenz thronen soll.

24. Juli
Bruchversuch am Kabel in der Materialprüfungsanstalt.

25. Juli
Nach vier Terminänderungen beraumt die Abteilung für Information und Verkehr des Pariser Bürgermeisteramts die TOUR ET FIL-Pressekonferenz mit Jacques Chirac und Philippe Petit an.

Zweifellos unsere spektakulärste Vorstellung für die Presse in diesem Jahr: ich balanciere einen Eiffelturm auf der Nase und schenke ihn daraufhin dem Bürgermeister; dieser hält ein Stück Kabel fest, während ich mit einem Seil den Knoten vorführe, den wir zum Dämpfen der Schwingungen anwenden.

Gemeinsam schlagen wir Eiffels großes Buch auf, dann versammeln wir uns um das sieben Meter lange und drei Meter hohe Modell, und ich stelle die Veranstaltung vor.

Ergebnis?
Keine einzige Einladung, in Rundfunk oder Fernsehen darüber zu berichten. Keine einzige Anfrage wegen eines Interviews für eine Zeitschrift oder eine Illustrierte.

Ein einziger Artikel am nächsten Tag: zwei Spalten auf Seite 11 in LE PARISIEN vom 26. Juli.

Das Kabel wird nur mit dem Segen von Séchaud & Bossuyt, der Firma, die für den Turm zuständig ist, und in Absprache mit SOCOTEC montiert werden können.

26. Juli
Erste von vielen Versammlungen, die prüfen sollen, ob ich »sitzen bleibe oder versetzt werde«. Die Ingenieure machen die Auflage, dass ich das Seil an vier Gitterträgern verankern muss anstatt an zweien, wie ich es vorgesehen hatte – obwohl ich nur mit 15 t ziehe, die Träger halten 600 t aus.

In einem Monat findet die Veranstaltung statt.
Werden wir sie wegen Geldmangels absagen müssen?

Wir warten immer noch auf den Rest des Geldes, das uns Jacques Chirac bis zum 4. Mai 1989 versprochen hat, und können Linélec, die in der nächsten Woche mit der Installation des Seils beginnen müssen, keine Anzahlung machen. Wir sind auf die Materiallieferungen der Seilerei Clément angewiesen, können aber ihre Rechnungen nicht bezahlen.

TOUR ET FIL muss abgesagt werden.

Michel Savoye, der unsere Bemühungen seit vier Monaten verfolgt, der die Qualität meines Vorhabens einschätzen kann, der immer Seite an Seite mit uns bei den Behörden um die Genehmigung für TOUR ET FIL gekämpft hat, entschließt sich mit Unterstützung seines Direktors, Herrn Faure, Linélec zu überreden, dass sie mit der Montage fortfahren, und rettet so das Projekt.

Ähnlich hilfsbereit versichern mir – aus Freundschaft oder aus Achtung vor meinem Projekt – Rémi Clement und sein Ingenieur Jean-Paul Fèvre, der sich ohne Entgelt mit mir um die Zusammenstellung des erforderlichen Zubehörs bemüht, dass sich die Seilerei Clément gedulden wird ... ein heroischer Entschluss für die beiden Leiter des Familienbetriebes.

  4. August
Große Versammlung im Polizeipräsidium von Paris. Der Plan für die Abzäunung des Geländes sowie das Programm für die Generalprobe werden akzeptiert. Nicht jedoch das Verschieben auf den darauffolgenden Tag, falls das Wetter schlecht ist.

Die vielen Hindernisse, die es noch beiseite zu räumen gilt, das Missverhältnis zwischen unserem Geldmangel und den gewaltigen Festkosten setzen mir täglich mehr zu.

Jedesmal, wenn ich die Hoffnung verlieren will, ist Catherine zur Stelle, lädt mich ins La Coupole ein, tut alles, was mich wieder aufrichten könnte, und flößt mir neuen Mut ein, indem wir gemeinsam die Unfähigen und Feiglinge zum Teufel wünschen.

Catherine Dolto-Tolitch ist eine Freundin, die seit jeher keinen Hehl aus ihrem unerschütterlichen Glauben an meine Projekte gemacht hat, eine unbestechliche Vertraute, auf deren Rat ich mich verlassen kann, die so ansteckend lachen kann – sicherlich das beste Heilmittel, das es gibt.

Ich tituliere sie gern mit dem Ehrennamen »Mozo de Espalda« (diesem Gefährten des Toreros, der ihm alle erforderlichen Gerätschaften zur Ausführung des Wunders nachträgt, der den Kämpfer in der Arena ermuntert, ihm Ratschläge gibt, an seinen Siegen und Niederlagen teilnimmt, ihn ermutigt und ihm zuweilen auch das Leben rettet).

Catherine ist in der »Callejon« erschienen, sie wird bis zum Ende des Kampfes auf mich aufpassen.

Ich arbeite das musikalische Programm aus, das ich schon lange vorbereitet habe. Der General Louis Kalck, den ich durch Isabelles Vermittlung kennen gelernt habe, hilft mir, Kompositionen zu finden, die dem entsprechen, was mir vorschwebt.

7. August
Der Tag der WORLD TRADE CENTER-Überquerung jährt sich. Der Aushub auf dem Trocadero-Gehweg beginnt.

8. August
Auf dem Trocadero wird der Beton gegossen.

9. August
Abmessen und Zuschneiden der Cavalettis in der Seilerei Clément.

10. August
Reinigen des Laufkabels im Lager von LINÉLEC in Marolles.

Ich treffe mich mit Pierre Fumo, dem Öffentlichkeitsbeauftragten des Eiffelturms, der verspricht zu helfen:
»Wie geht es dem Projekt?«
»Ganz schlecht! Unser Betreuer kümmert sich nicht mehr um uns, das Bürgermeisteramt gibt sich keine Mühe, das Ereignis zu fördern

oder die Vorstellung zu organisieren. Man lässt uns mit den tausendfünfhundert Stühlen im Stich, die wir auf der Brücke für die geladenen Gäste brauchen, keine Einladungen, keine Programme, keine Hostessen für die Betreuung, keine Pressekonferenz mit dem Bürgermeister nach der Begehung.«

»Bei allem, was am Turm stattfindet, werden wir Sie bestmöglich unterstützen, für das Übrige finden Sie vielleicht Mittel und Wege, uns damit zu betrauen, aber ohne die Zustimmung meines Chefs kann ich gar nichts machen.«

»Ich habe die Privatnummer von Bernard Rocher auf dem Land, ich rufe ihn gleich an!«

Kathy stoppt ihn: »Nein, es ist besser, wir sprechen vorher mit Herrn Rabut.«

»Hallo, Jean-Eudes? Hier ist Philippe. Rien ne va plus! Wir haben noch zwei Wochen bis zur Veranstaltung, und im Pariser Bürgermeisteramt tut sich nichts. Ich rufe jetzt den Vorsitzenden von der Turmgesellschaft an, vielleicht ist er so gnädig und rettet die Show.«

»Nein! Warten Sie. Das können Sie nicht machen. Dann schicken die uns eine Rechnung! Und wir haben uns ja schon in der Sache engagiert, die Gelder sind ausgezahlt ...«

»Ach was! Ein paar kümmerliche Brocken, auf den größten Teil der Summe warte ich noch! Das Projekt stirbt.«

»Beruhigen Sie sich, Philippe. Wir sehen uns morgen wieder, bis dahin finde ich eine Lösung.«

11. August

Leichenblass vor Zorn machen sich Kathy und ich schon auf den Skandal gefasst, den es geben wird, wenn wir die Veranstaltung weltweit absagen müssen. Zitternd vor Müdigkeit und Hunger (weil wir kein Geld haben) erleben wir verdutzt, wie Jean-Eudes Rabut – unser Hauptgönner nach Jacques Chirac – in einer Versammlung das Wort ergreift, die von äußerster Spannung geprägt ist:

»Ganz einfach, ich werde den Bürgermeister keiner Blamage aussetzen. Der Bürgermeister ist persönlich engagiert in der Sache. Wir müssen unseren Verpflichtungen nachkommen und die verlorene Zeit wieder aufholen.«

Am Ende der verblüffenden zwei Stunden verlassen wir den Raum mit einem Scheck über das restliche MDP-Darlehen; Einladungen, Programme, Hostessen, Pressekonferenz und eintausendfünfhundert Stühle sind zugesichert.

23. August
Nach dreieinhalb Monaten Beharrlichkeit erhalten wir von unserem Sponsor, Herrn X, eine Überweisung. Nicht die versprochene Hälfte, sondern ein Viertel.

Einundsiebzig Stunden vor der Begehung haben wir genug Geld beisammen, um TOUR ET FIL durchzuführen!
Aber draußen vor Ort sieht es wieder anders aus: zwei Stunden vor dem Sound-Check drohen die Beschallungsfirma und derjenige, der die Geräte Tag und Nacht bewacht, damit, die Arbeit auf der Stelle niederzulegen, wenn sie nicht sofort ihr Geld bekommen.
Tatsächlich waren ihre Schecks wegen der überstürzten Auszahlungen unserer Bank an den Vortagen nicht gedeckt. Die Bank hat gerade geschlossen. Unsere Mitarbeiter wollen nichts mehr hören.

Es wird keine Vorführung geben.

Doch! Kathy verschwindet fünfundvierzig Minuten mit den Verärgerten im Regieturm. Es gelingt ihr, sie zu überreden, dass sie bis morgen warten.
Die Probe findet statt.

Weil das MDP offenbar unfähig ist, die Veranstaltung zu unterstützen, wurden Presse-Interviews von der Abteilung für Öffentlichkeitsarbeit in der Turmgesellschaft sowie von der Gerüstbaufirma Layher organisiert, deren Geschäftsführer Marcel Cynamon sich als einer unserer treuesten Anhänger herausstellt.

Auf einem spontanen Pressetreffen habe ich gestern und heute, angewidert von dem, was ich erlebt hatte, das MDP öffentlich kritisiert und im Überschwang einer leidenschaftlichen Schilderung meiner Tätigkeit als

Straßenjongleur und heimlicher Seilespanner die »Bullen« beleidigt, »die seit fünfundzwanzig Jahren auf fünf Kontinenten hinter mir her sind«.

Die Antwort lässt nicht lange auf sich warten:

Das Polizeipräsidium droht mir, die Vorstellung zu verbieten. Mein Bruder Alain glättet schnellentschlossen die Wogen in einem dreißigminütigen Gespräch unter vier Augen.

Antenne 2 beklagt sich beim Referenten des Bürgermeisters darüber, dass TOUR ET FIL ihnen nicht gestatten will, die Vorstellung aufzunehmen. Obwohl treuer Mitkämpfer von Anbeginn, droht Jean-Eudes Rabut damit, dass er die Vorführung absagt. Kathy muss Alain Valentini von Antenne 2 erklären, wie es zu dem Missverständnis kommen konnte:

»Antenne 2 wollte vor einigen Monaten die angebotenen Exklusivrechte für die Berichterstattung nicht kaufen, hat jedoch wie alle anderen Sender das Recht, von einem festen Punkt außerhalb des umzäunten Bereichs aus zu filmen und drei Minuten (die legale Länge) Informationen auszustrahlen. Die Exklusivrechte wurden an FR3 vergeben – nicht verkauft – mit der Sondererlaubnis, sich innerhalb der Abschrankung zu bewegen und die Begehung von Anfang bis Ende zu verfolgen.«

»Tjaa …! Es kann doch keine Rede davon sein, verstehen Sie, dass eine Veranstaltung, die vom Pariser Bürgermeisteramt organisiert wird, den Fernsehsendern den Zutritt verwehrt und dadurch die Sendezeit verkürzt, in der der Bürgermeister sein Image pflegen könnte!«

Vom Pariser Bürgermeisteramt organisiert?

24 August
Generalprobe.
Das Gelände ist für den Publikumsverkehr gesperrt.
Die Hornisten weigern sich, so lange zu bleiben, wie es nötig wäre.
Die Herrschaften drohen damit zu verschwinden. Die anderen arbeiten zweiundzwanzig Stunden bis drei Uhr morgens.

26. August
Genau 17 Uhr:
Das Schauspiel TOUR ET FIL vor 200.000 Zuschauern.

Pressekonferenz mit Jacqes Chirac im Gustave-Eiffel-Raum, erste Etage des Turms.

TOUR ET FIL-Abend im La Coupole.

28. August
Der Abbau beginnt.

Abendessen »In geschlossener Gesellschaft« im Taillevent, auf Einladung von Jean-Claude Vrinat. Auf dem Kopf der extra gedruckten Speisekarte steht:

TOUR ET FIL
II. Akt
Mein Gastgeber überreicht mir eine Flasche Cognac, Jahrgang vor Beginn des Jahrhunderts.

30. August
Die Demontagearbeiten sind abgeschlossen.

5. September
Das einzige Interview in Frankreich.
Philippe Bouvard für Paris-Match. Auch ihn empört die Vorgehensweise des MDP, das Verhalten der Medien und das fehlende Interesse dieses Landes für den strahlendsten Programmpunkt seiner Zweihundert-Jahr-Feier.

18. September
Unser Sponsor, Herr X., steht nicht mehr zu seinen Verpflichtungen:
»Es gibt keine Restzahlung.«

Einige wenige Gläubiger von TOUR ET FIL drohen damit, gerichtlich gegen uns vorzugehen, wenn ihre Rechnungen nicht binnen kürzester Frist beglichen würden.

24. Oktober
Herr X. beantwortet die Mahnschreiben unserer Anwälte leider nur mit der Auszahlung eines Teilbetrags der fälligen Summe.
 Ich verzichte auf eine Anzeige.
 Kathy bezahlt kleinere Rechnungen mit erheblicher Verzögerung. Bei den anderen, wo es um größere Beträge geht, ist es durchweg dem Verständnis und der Großzügigkeit der Betreffenden zu verdanken, wenn Kathy und ich nicht vor Gericht müssen. Sie haben unseren hartnäckigen Kampf aus der Nähe mitverfolgt, würdigen die Gediegenheit meiner Unternehmung und spenden eher noch Beifall, als uns zur Rechenschaft zu ziehen.

Der Verein TOUR ET FIL ist aufgelöst.
Ich verlasse das Schiff.
 Ich habe bei diesem Abenteuer nichts verdient, ich lande aber auch nicht im Schuldturm.

Am betrüblichsten ist, dass nur sehr wenige Menschen hier und in der ganzen Welt erfahren haben, was ich vollbracht habe.

NOTRE-DAME

Wie ist das Seil von Notre-Dame in meinem Kopf verankert? Um was für ein Seil geht es da?

Die unterschiedlichsten Geschichten sind darüber im Umlauf, wie ich zum Seiltanzen gekommen sein soll. Die Wahrheit genügt:

Mein jüngerer Bruder kommt aus den Ferien heim und spricht nur noch von einer Akrobatentruppe, die er getroffen hat. Von Marktplatz zu Marktplatz ist er ihnen gefolgt, den Männern und Frauen, die auf einem Seil balancieren, quer über den Himmel laufen.

Schön sind sie, voller Kraft, bewundernswert.

Ich bin gerade sechzehn.

Seit elf Jahren verbringe ich meine freien Tage damit, Reiten und Zeichnen zu lernen, Zauberkunststücke zu machen und mich allein mit einem Hanfseil auf Felsen und Bäumen herumzutreiben.

In diesem Jahr sind es die Bäume. Ein mir vertrauter Park nicht weit von Nevers. Hoch oben in den Blättern verborgen baue ich mir geheime Nester, die nur ich zu erreichen weiß, und laure den Eichhörnchen auf. Mit Hilfe meines Seilzugs gelange ich auf freiragende Äste hinauf. Diese Steighilfe blockiert manchmal zehn Meter über dem Boden, wenn ich mich zu langsam höher ziehe, oder lässt mich unvermittelt in die Tiefe sausen, wenn ich eine Hand loslasse zum Mückenjagen. Was mich an den Bäumen reizt, ist ihre Höhe. Ich schaffe es, mich auf den dünnen Astgabeln der obersten Zweige im Gleichgewicht zu halten. Dann stelle ich mich mit angehaltenem Atem auf die Zehenspitzen, um höher als der Baum zu sein.

Vorsichtig und unmerklich fange ich wieder an zu atmen. Der Wipfel kriegt es gleich spitz und beginnt langsam zu schwanken. Mir ist es egal, ob der Ast abbricht, ich achte nicht darauf, ob der Wind wechselt, ich bin einfach voller Freude, dass ich so hoch hinaufgekommen bin, staune, dass ich das Gleichgewicht halte, koste mit aufgerissenen Augen die Gefahr aus.

Aber das ist mir nicht genug.

Ab einem Alter von sechs Jahren habe ich mich im brüchigen Jurafels mit den Dreißig-Meter-Steilwänden gemessen, allein und ohne etwas vom Klettern zu verstehen; ich erfand es für mich neu.

Nun stoße ich den Zweig mit meinem ganzen Gewicht an, er schwankt stärker, ich zwinge den Baum, meinen Bewegungen zu folgen, er ächzt. Ein schreckliches Krachen kündigt das Ende des Spiels an, mein Herzschlag stockt. Ich hänge an dem Ast, der brechen will, überlasse dem Baum das Feld. Die Bewegungen kommen zur Ruhe, mein Herz auch. Glücklich über das Wunder verharre ich reglos bis zum Abend, beobachte mit einem Fernglas die Wege in der Landschaft, auf denen sich nichts rührt.

Ich versehe meine verschiedenen Hochsitze mit herabhängenden Seilen, an deren Enden ich ein Stück Holz befestige und so Schaukeln daraus mache. Ich schaukle sehr kräftig und hoch. Ich werfe mich vorwärts auf die hohen dunklen Stämme zu und stoße mich im letzten Augenblick mit den ganzen Sohlen der geschlossenen Füße wieder von ihnen ab. Wenn ich mich während des Fluges drehe, oder mit den Füßen falsch aufkomme, schramme ich mich an der Borke auf, aber niemand erfährt etwas davon.

Manchmal bricht mein Sitz und ich baumle gefährlich am Seil wie der Dschungelmensch an der Liane. Manchmal spanne ich auch waagerechte Seile, aber nicht oft; es ist schwierig und schmerzhaft, sich mit den Händen an ihnen entlangzuhangeln.

Ich baue mir eine Affenbrücke, wie ich es schon über Wildbächen im Gebirge gemacht habe: zwei parallel laufende Seile für die Hände, eines unten für die Füße. Auf dem »Bodenseil« läuft man, an den »Geländerseilen« hält man sich fest, man darf aber keine ruckartigen Bewegungen machen, sonst kippt das Ganze um. Mich dreht es oft, ich komme aber auch mit einer Hand rüber, und manchmal lasse ich beide los und rufe meinem Bruder zu, der gerade vorbeikommt: »Guck mal! Guck mal!«

Seine Seiltänzer? Na ja, das sind Leute, die auf einem Seil laufen.

Das kann ich schon lange. Das ist einfach.

Ich werde, ich kann, ich will Hochseilkünstler werden!

Hoch oben und ganz allein.

Die Hanfbrücke, mit der ich heute morgen die Kastanien entlaubt habe, überquere ich am späten Nachmittag »ohne Hände«!

Ich weiß, dass sie eine Balancierstange benutzen, also bewaffne ich mich mit einem langen Stock. Tag für Tag das Gleiche: ich lerne für mich allein auf dem Spannseil gehen. Dann bin ich so weit. Ich will die Seiltänzer aufsuchen.

Ich muss mich gedulden. Ich hoffe. Morgen vielleicht ...

Dann stehe ich am Fuße der achtzehn Meter hohen Masten, neben mir die Artisten, die mich aber nicht auf ihr Seil lassen wollen.

»Das kannst du nicht.«

»Aber sicher kann ich das! Das weiß ich!«

»Nicht von Mast zu Mast.«

Sie lehnen es ab. Ich bleibe dabei. Ich bedränge sie:

»Nur ganz kurz, auf dem Schrägseil, dort wo es nicht so hoch ist!«

Dort darf ich nun, aus Gefälligkeit.

Ganz schnell schnüre ich meine Bergstiefel auf (mit denen ich mich so mühelos auf meinen Seilbrücken bewege), sie fallen mir von den Füßen, ich ziehe mich auf das Stahlseil hinauf, es schneidet mir in die Hände; ich ergreife die Balancierstange, die erdrückt mich fast; dass sie mich behindert, wage ich dem Mann unter mir gar nicht zu sagen; ich weiß nicht, wo ich auf dieser blitzenden Linie hinschauen soll, die mit ihren Schwingungen bis in den Himmel zu laufen scheint, keinerlei Zweige um mich herum, die mir Sicherheit geben könnten und mich auffangen, wenn ich abrutsche; das ist etwas anderes hier als meine Bäume und meine Felsen; ich habe Angst.

Ich setze einen Fuß auf das Seil. Sie warten.

Ich wage einen Schritt. Es geht – ich bin erleichtert!

Ich fühle mich schon als Hochseilkünstler.

Ich wage zehn Schritte vorwärts. Lächeln.

Ich kehre zum Ausgangspunkt zurück. Ich kann nicht mehr.

Ob es nun geregnet hat oder sich keine Zuschauer einfinden wollen, weiß ich nicht mehr. Jedenfalls hat die angekündigte Vorstellung nicht stattgefunden.

Ich sollte keine Seiltänzer sehen.

Aber ich werde mich Tag und Nacht immer an die zehn Schritte vorwärts auf einem richtigen Seil erinnern, an diese Gerade, die sich über die Dinge hinspannt, auf der man stark sein muss, um weiterzukommen.

Es war auf dem Mésirard-Platz in Dreux. Mit der Omankowsky-Truppe »Die Weißen Teufel«.

Das Seil hat mich seitdem in zahllose Leidenschaften und Abenteuer verwickelt.

Ich bin Zauberer, mache Manipulationen mit Billardkugeln und komme so, wie selbstverständlich, zum Jonglieren.

Ich bin als Troubadour auf den Straßen unterwegs, winke den Autofahrern, damit sie mich mitnehmen, oder durchstreife, meine Lieder schmetternd, die Dörfer, unbekümmert darum, ob gerade Tag oder Nacht ist. Wenn ich einen Rastplatz brauche, werde ich Eigentümer eines Rohbaus. Im Rucksack habe ich die Kugeln, die Spielkarten, die Jonglierkeulen dabei, drei Bälle und das Seil, mit dem ich das Seiltanzen lerne. Meine Weggenossen sind der Fotograf Jean-Louis, die jungen Stierkämpfer Christian und Chinito, der Flamenco-Gitarrist Santiago. Wo es auch sei, auf offener Straße, zeige ich meine Jonglierkunststücke. Eines Abends gehe ich mit meinem alten Zylinderhut bei den Leuten, die stehen geblieben sind, herum und sammle. Ich werde Straßenjongleur.

Auf dem Jahrmarkt in Arles sehe ich Manitas de Plata vorübergehen; für ihn spanne ich kurzerhand mein Seil zwischen zwei Bäumen. Mit Kreide zeichne ich einen Kreis um mich und verbiete, dass man hindurchläuft. Mein Straßen-Image ist geboren und wird mich von da an nicht mehr verlassen.

Ich erkunde die Welt, durchquere zu Fuß die Camargue, liege morgens um drei auf der Lauer, wenn die Flamingos sich bei günstigem Winde versammeln, ohne dich zu bemerken. Wenn dein Schritt sie überrascht, dann erheben sie sich auf einen Schlag in die Luft, als wollte die Welt untergehen, dem vollen Mond entgegen.

Eine riesige Spinne, die ich beim Aufwachen entdecke, der frische Hauch der Frühe zwischen den schroffen Felsen im Gebirge, wo es die Stille noch gibt, der Geschmack altbackenen Brotes beim Kauen, während ich mich durch den normannischen Schlammregen schleppe, normannisch wie die Einheimischen, die dir das Scheunentor vor der Nase zuschlagen, wenn du bei minus zehn Grad um eine Kleinigkeit zu essen bettelst.

Wenn ich meinen Lieblingsunterschlupf aufsuche, ein bestimmtes Versteck im Papstschloss in Avignon, lehne ich meinen Nacken gegen das kalte, harte Mauerwerk, recke mein Kinn zum Nachthimmel und zähle die Sterne. Es sind so viele, wie ich Träume habe ...

Ich kann kaum jonglieren, aber ich werde eines Tages meinen eigenen Circus gründen!

Ich habe auf einem richtigen Seil gestanden, ich werde der größte Seiltänzer der Welt! Mein Seil wird die höchsten Gipfel der Erde miteinander verbinden!

Aus den Notizen, die sich in meinem Reisetagebuch ansammeln, werde ich eines Tages ein Buch machen! Und Filme!

Und ich träume von einem Leben zu Pferde.

Weil ich leidenschaftlich gern reite.

Ich wünsche mir, dass ich mein Leben lang mit Pferden zu tun habe. Dressieren, ausbilden, Züchter werden. Ich habe das Glück, dass mich seit langem der Reitlehrer Mermet unterrichtet.

Im Reitclub Louis XIV halte ich mich königlich im Sattel. Ich bin dort der jüngste und stillste Reiter, der erste in der Frühe. Jeden Sonntag um fünf Uhr mache ich die Stalltüren auf. Ich schleppe Wassereimer, reiße mir an ihren scharfen Rändern die Waden auf. Vom Dachboden werfe ich Stohbünde herunter und schleife sie zu den Boxen. Mit der Schulter schiebe ich die noch halb schlafenden Pferde zur Seite, um neu einzustreuen, gebe dabei Acht, dass ich sie nicht mit den Zinken der Gabel verletze. Ich strähle das Schweifhaar, kämme Knoten aus, die sich in die Mähne eingeschlichen haben, pflege die Hufe, fette sie ein, striegle das Fell. Beim Sattelzeug behandle ich die Lederteile mit Glycerin-Sattelseife, reibe den Schaum mit den Fingern ein, damit auch die Nähte imprägniert werden. Mit dem großen runden Schwamm und eiskaltem Wasser spüle ich die Trensen, reinige ich die Zügel. Ich nähe Fessel-Gamaschen fest und repariere die Sattelgurte. Ich fege den gepflasterten Hof mit dem Reisigbesen, wobei das ein Wettlauf mit dem Wind ist, der immer wieder alles zerstreut. Ich führe den großen Holzrechen auf den Sägespänen der Reitbahn spazieren. Ich stelle die Hindernisse auf. Und schon kommt der Acht-Uhr-Ausritt der Fortgeschrittenen; ich bin das einzige Kind in der Gruppe. Es geht in den Wald, auf die Wege, die kein Spaziergänger je zu sehen bekommt, wir jagen mitten durch riesige Farne, zu einer Zeit, wo die Sonne noch mit dem Bodennebel kämpft. Wir kreuzen den Pfad einer Damwild-Familie, sehen einen Einzelgänger das trockene Laub im Kreise um sich herum aufwühlen. Im wilden Galopp fliegen wir über verbotene Wege dahin, die nur die Trainer benutzen dürfen. Es wird über Bodenbeschaffenheit geredet und über Baumnamen. Ich spitze die Ohren. Wenn der Reitlehrer einen besonders schönen Steinpilz sieht, springe ich ab, um sein Tier am Zügel zu nehmen. Er sitzt ab, bricht den Pilz und schiebt ihn unters Hemd, markiert die gute Stelle mit einem geknickten Zweig, ich halte ihm beim Aufsitzen den Steigbügel. Jedesmal bin ich es, der als Erster den Boden berührt, wenn ein Balken am Oxer wieder aufgelegt werden muss, den ein ungeschickter Reiter heruntergerissen hat. Ich bin stolz auf diese Vorrechte und schaffe mir in der ungestümen Welt der Pferde eine Welt für mich, in der mich nichts traurig machen oder demütigen kann.

Wieder auf der Reitbahn, helfe ich den Anfängern in den Sattel. Ich mache diejenigen aufmerksam, deren Steigbügel zu lang sind oder die vergessen haben, die Gurte nachzuziehen. Ich lasse sie Lockerungsübungen machen. Manchmal, wenn ich sicher bin, dass mich der Lehrer nicht überrascht, leite ich sie an, wage es, Anweisungen zu geben. Ich sage:

»Im-Schritt-marsch-im-Kreis-Scha-ritt-um-mich-herum-die-Zügel-locker-lassen«, und ich spreche halblaut, wie man mit Pferden spricht.

Dann kommt das Putzen. Das Füttern. Es ist Mittag.

Die Stallknechte laden mich zu ihrer Mahlzeit ein: sehniges Fleisch, das wir mit kräftigem Rotwein begießen. Im Heu dämmre ich dann in Erwartung des Wettbewerbs am Nachmittag dahin. Dort kenne ich keine Furcht, zu sehr liebe ich, was sich da abspielt. Niemals gebe ich mich geschlagen, selbst wenn ich der Länge nach in den Schlamm des Parcours fliege, springe ich mit gleichem Feuer wieder auf.

Schließlich neigt sich der Tag seinem Ende zu. Ich bleibe in der verlassenen Reitbahn zurück und arbeite noch mit irgendeinem Privatpferd. Ich gewinne sein Vertrauen, ich spreche mit ihm, es schürzt die

Lippen und schnauft in gleichmäßigen Zügen. Ich antworte darauf. Ich mache es nach. Ich komme ihm zuvor. Das belustigt es, reizt es, es tänzelt. Wir kämpfen miteinander. Ich lasse die Zügel nach, es beruhigt sich, ich bedanke mich bei ihm.

Ich entdecke tausend Möglichkeiten, es ohne Gewaltanwendung zum Gehorsam und Verstehen zu erziehen. Ich verlasse nie ein Pferd, ohne dass es Fortschritte gemacht hätte. Wie auf dem Seil ist es auch hier mein Vergnügen, auf Perfektion hinzuarbeiten.

Nach und nach sollte das Seil aber immer mehr den Platz einnehmen, den die Pferde hatten. Mir fehlt das Seil. Das Stahlseil, das ich noch nicht einmal kenne. Für eine dürftige Länge Stahlseil, das ich noch nicht einmal richtig spannen kann, trenne ich mich von meinen Hanfseilen.

Wie lang soll es sein? Wie schwer? Welcher Durchmesser? Wie sehen die Knoten aus?

Ich suche die Seiltänzer wieder auf. Sie haben es nicht eilig damit, mir zu zeigen, was ich wissen möchte, aber der Vater, Herr Omankowsky, staunt über meine Begeisterung; er leiht mir eine Länge ganz schön schweres Kabel und einen Spanner aus und bringt mir – wie ein großes Geheimnis – den Knoten bei, den der Seiltänzer benutzen muss.

Man stellt mir einen Garten zur Verfügung, ich errichte meine Anlage zwischen zwei gewaltigen Zedern und stürze mich auf das Seil.

In ein paar Wochen habe ich mir die ganze Seiltanzkunst angeeignet.

Auf einem Stuhl balancieren, Fahrradfahren, Jonglieren, Equilibristik, Purzelbäume. Alles gelingt mir ganz schnell. Ich verdiene so viel Geld, wie ich brauche. Ich gehe noch einmal zu dem Seiltänzer.

Ich kaufe ihm Material und Berufsgeheimnisse ab.

Er will mir gute Ratschläge geben, aber die will ich nicht. Nicht von einem, der im Circus auf dem Seil steht, um die Gunst des Publikums buhlt, so tut, als ob er das Gleichgewicht verliert, bei Jahrmarktsmusik die weiten, mit falschen Brillanten bestickten Ärmel wehen lässt. Ich will meine Liebe zum Seil auf meine Weise pflegen, meine eigenen, einzigartigen Figuren erfinden, meine eigenen Kompositionen finden und ausgestalten, ein Torero auf dem Seil sein, mich über alle Regeln hinwegsetzen.

Und wenn ich ein ganzes Leben dazu brauchen sollte.

Morgens vor der Schule statte ich meiner Anlage oft noch einen Besuch ab. Ich schwänze den Unterricht: meine Mitschüler wissen, dass ich demnächst die hundert Schritte auf dem Stahlseil schaffen werde. Die Lehrer erfahren davon.

Und dann gibt es ganz schöne Scherereien; um meinen Garten halten zu können, muss ich mein Seil ausleihen und Balancier-Unterricht geben.

Ich versuche es.

Ich will nicht, dass jemand mein Seil berührt.

Ich bewache es eifersüchtig.

Ich habe kein Seil mehr.

Nun stelle ich mich bei Veranstaltern vor:

»Ich bin der beste Seiltänzer, den es gibt! Ich habe es ganz allein gelernt. Ich habe einen stolzen Gang, bewege mich so langsam, als wenn ich einem Stier gegenüber stünde! Ganz aufrecht! Ich tue nicht so, als wenn ich falle! Ich trete ganz in Schwarz auf.«

Das hätte ich nicht sagen dürfen.

Diese Kaufleute betreiben ihr Geschäft ohne Phantasie. Sie erwarten eine klassische Nummer, die übliche Musik, das gewohnte Kostüm. Ich begreife, dass man lernen muss, »sich zu verkaufen«. Dass ich die Schwierigkeit einer Übung verkaufen will, interessiert sie nicht.

Mir wird deutlich, dass man gearbeitet haben muss, um Arbeit zu bekommen. Aber irgendwann sollte man doch mal anfangen dürfen.

Wie kann ich sie davon überzeugen?

Sie wären sicher damit einverstanden, wenn eine Truppe mich aufnähme, man sucht manchmal junge Leute für eine Gruppennummer. Sich verkaufen? Nein! Ich muss allein auftreten.

Ich stelle mich im Circus vor. Da ist es noch schlimmer. Sie mögen meine Begeisterung und meine Originalität nicht, ich würde womöglich alles ändern wollen, und außerdem bin ich nicht in ihrer Sippe geboren.

Um mich ganz den Vorführungen auf dem Seil hinzugeben, bin ich da zu allem bereit, komme was wolle?

Beim Durchblättern einer Schausteller-Zeitschrift fällt mir folgende Zeile ins Auge:

Seiltänzer sucht Partner.

Ich werde Partner.
Aber nach der ersten Probe mit dem Anderen sind die Rollen vertauscht. Meine erste Vorstellung – unsere erste gemeinsame Vorstellung – spielt sich vor Pommes-Essern ab; er will, dass eine blau-weiß-rote Fahne von jedem Mast herabweht; wir bestreiten das Programm zusammen mit Auto-Stuntmen, die nach Alkohol riechen; ich werde das Opfer eines schwatzhaften Marktschreiers, der übers Mikrofon jede meiner Bewegungen kommentiert und dessen dumme Witzeleien unter jedem Niveau sind. Einige Wochen in diesem Milieu und unsere Seile trennen sich. Mit einem abfälligen »Artist!« will er mich noch beleidigen.

Danach ein buntes Durcheinander von Reisen, diesmal mit einem Lieferwagen und mit Seiltanz-Material. Ich werde mich auf öffentlichen Plätzen zeigen, auf einem höheren, längeren Seil, und Tausende werden mir zuschauen.

Es kommt anders. Da ist nichts zu machen. Um auf ein Seil zu steigen, braucht man Genehmigungen, Konzessionen, eine Eintragung beim Gewerbeamt. Durch ganz Frankreich reise ich, ohne ein einziges Mal die Gelegenheit zu bekommen, mein Seil in der Öffentlichkeit zu spannen. Ich finde meine befreundeten Stierkämpfer wieder, ich begleite sie in die Arenen, ich spiele mit dem Gedanken, vor einen Stier zu treten, ich will Stierkämpfer werden, nein, ich will Seiltänzer werden. Das ist das Gleiche.

Ich entdecke die dramatische Kunst, das Theater, ich will Regisseur werden, ich schreibe ein Stück und inszeniere es: L'IF, selbstverständlich spielt das Seil darin eine Rolle und zwei Menschen, die nicht miteinander reden. Ich entdecke das Schachspiel. Ich lerne Russisch. Ich gebe die Schule für immer auf.

Ich steige auf kein Pferd mehr. Ich werde Mitbegründer eines Theaters. Wir rezitieren Yeats – über den Zuhörern mein Seil. Ich verlege meinen Wohnsitz nach Paris. Im Atelier von Sam, dem Pastellmaler, posiere ich lange auf einem Schrägseil und vervollkommne dabei die »Liegestellung«, die einmal mein Markenzeichen am Himmel der späteren Überquerungen sein wird.

Ich schreibe Gedichte.
Ich trete als Zauberkünstler in Kabaretts auf.

Ich bin Straßenjongleur.

Warum ich das alles erzähle? Weil mir nur eines wichtig ist: Unnützes zu erlernen. Und all das werde ich aufs Seil bringen.
Auf mein erstes richtiges Seil.

Abends laufe ich an der Kathedrale Notre-Dame vorbei, um in mein Zimmer zu gelangen, das ich zu meiner Erleichterung in der Rue Laplace gefunden habe. Seit langem schon bleibt mein Blick an jedem senkrechten Gegenstand von einiger Höhe hängen, an dem sich ein Seil befestigen ließe: einem Mast, einem Baum, einem Gebäude, einem Berg …

Auch heute Morgen schaue ich, wie ich die Rue Valette herunterkomme, zu den Türmen, den Turmspitzen hinauf.

Das Seilfieber hat mich gepackt. Ich hungere nach Auftritten, nach Theater, nach Inszenierungen, nach dem Blick »von oben herab«, meine Nahrung ist die Freiheit. Eines Tages werde ich mich vor die Welt hinstellen, ganz oben, ganz allein, schön, frei und stark.

Wieder stellt sich mir die Kathedrale in den Weg. Wenn ich vor ihrem Portal des »Letzten Gerichts« stehe, zwingt mich ihre mächtige Fassade, ihr langsam mit dem Blick bis in die Höhe zu folgen. Die Leichtigkeit, mit der sich dort oben das Steinwerk im Gleichgewicht hält, sich teilt, um die ziehenden Wolken hindurchzulassen, nimmt mir ein wenig die Selbstsicherheit. Vom Boden aus messe ich mich, ohne es zu wollen, mit dieser Front; ich muss weiter oder ihr sofort einen Besuch abstatten. Ich gehe weiter.

Notre-Dame, das bedeutendste Baudenkmal Frankreichs, die Kathedrale voller Geheimnisse, das Wahrzeichen der Stadt Paris – da habe ich sie, die herrliche Stätte für meine Hochseilkunst.

Schade, dass sich der Circus, dass sich die Impresarios, dass »man« sich verkaufen muss, dass man einer Truppe angehören muss, dass man Genehmigungen braucht …

Eines Morgens ersteige ich – getrieben von meiner unstillbaren Lust auf Seiltanz, meiner kindlichen Begierde nach Bäumen – die Kathedrale, nehme sie im Sturm.

Zwischen den Türmen schlägt mir gähnende Leere entgegen. Ich entdecke Paris. Während die Touristen mit offenem Mund die Wasserspeier und die Schimären anstaunen, wittere ich in meiner Ecke die Höhe, koste die Tiefe, ziehe Luft und Wind durch die Nase ein; sie führen keinen Geruch mit sich.

Ich taste mit meinem Blick den Horizont rings um die Hauptstadt ab, ich zeichne in Gedanken die Welt, die dahinter liegt; sie ist voller herrlicher Gelegenheiten mein Seil auszuspannen, falls ich die Genehmigung dazu bekäme.

Eines ist sicher. Niemals würde man mir zwischen den Türmen von Notre-Dame auch nur einen Schritt erlauben. Ich steige wieder hinunter.

Aber Notre-Dame rührt sich nicht vom Fleck, während die Tage sich dahinziehen.

Es hängt mit meiner Kindheit zusammen, dass ich mich gegen alles auflehne, was mich daran hindern will, mich zur Schau zu stellen. Ich brauche niemanden. Ich werde der Welt zeigen, was ich will. Ich werde sie dazu zwingen, mich zu beachten. Ich werde demnächst irgendwo ein Seil spannen, die ganze Welt wird Zeuge sein, ich werde die Stadt wachrütteln mit einem überraschenden Spektakel, ich werde alle diejenigen, die mir nichts zugetraut hätten, beeindrucken. Ich werde sie zwingen, mir Beifall zu spenden.

Ein Denkmal werde ich mir dazu vornehmen.

Von Neuem wage ich mich die steinernen Wendeltreppen hinauf, die sich in den Türmen der Kathedrale nach oben schrauben. Ich beziehe meinen Posten auf der Spitze, die Ellbogen auf die steinerne Brüstung gestützt, und bleibe unbeweglich stehen. Man weckt mich, die Besuchszeit ist um, ich muss wieder hinunter. Ich suche mir eine Bank in der das Bauwerk umgebenden Grünanlage, bleibe dort, bis der Tag sich neigt, und bewache Notre-Dame. Der Park schließt seine Gittertore, man schiebt mich auf die Straße hinaus.

Am Abend verrate ich meiner Freundin Annie:

»Du, hör' mal, ich werde ohne Genehmigung ein Seil zwischen den Türmen von Notre-Dame spannen!«

Es fiel mir überhaupt nicht ein, eine Genehmigung zu beantragen. Da kann man nur lächeln:

Eine Genehmigung für eine Veranstaltung mitten in der Hauptstadt, die Ansammlung von Tausenden von Neugierigen, das Stocken des Verkehrs – und das alles zum Vergnügen eines Seiltänzers, der davon träumt, sich zwischen den Türmen ihrer Kathedrale von der Sonne vergolden zu lassen.

Ein ganzes Jahr sollte vergehen, bis die eigentlichen Vorbereitungen beginnen.

Bis zu dem Tag des Angriffs werde ich jetzt nicht mehr hinaufsteigen, um die Höhenluft zu atmen, auch nicht, um mich vor meinem inneren Auge mitten im freien Raum zwischen den beiden Türmen zu sehen. Ich werde nicht darüber nachdenken, dass es meine erste Begehung sein wird, mein Spektakel, noch darüber, was das für einen Seiltänzer bedeutet, der sich noch nie auf einem Seil mit mehr als zehn Meter Luft unter sich bewegt hat, der sich bisher weder mit dem Wind gemessen hat noch mit dem leeren Raum, auf einem Seil, das seitlich nicht verspannt ist. Ich verdränge alle diese Fragen und lasse Befürchtungen von mir abprallen.

Ich sollte erst nach der ersten Überquerung über der Menschenmenge begreifen, wie verrückt mein Vorhaben war.

Jeder Besuch wird jetzt einem bestimmten Zweck dienen: einen Teil des Turmes kennen lernen, die Anzahl der Schritte ermitteln, mich vergewissern, dass eine Tür breit genug ist, die lichte Höhe einer Decke messen, eine Skizze der Turmspitze anfertigen, Befestigungsmöglichkeiten auskundschaften.

Dann kündige ich das Abenteuer meinem Freund und Fotografen an: Jean-Louis ist begeistert.

Er begleitet mich bald darauf auf beide Türme, lässt eine Schnur zur Erde hinunter, um die Entfernung zwischen zwei Mauerflächen oder die Tiefe oder die Länge einer Wendeltreppe zu messen, immer darauf bedacht, Fotos zu machen und keinem Touristen auf die Füße zu treten. Den Weg nach oben lege ich jedesmal auf die gleiche Weise zurück: immer drei Stufen auf einmal nehmend, bis ich die Plattform erreiche, die die beiden Türme verbindet. Dort verhalte ich einige Augenblicke, damit mir das Herz nicht zerspringt, dann geht das Rennen weiter bis in die Spitze, wo ich manchmal Kopf an Kopf mit dem Wächter ankomme. Dort setze ich meine Kunstakademie-Studenten-Besichtigungs-Miene auf und tauche im Touristenstrom unter. Der Wächter erscheint am Morgen und hält sich bis zum Schließen in den Türmen auf. Er drängt auch die säumigen Besucher zum Ausgang in Richtung Treppen, er schließt die Pforten zu. Während des Tages macht er zu wiederholten Malen eine Führung durch den Balkenwald, der die Glocken des Südturms trägt. Das ist für mich die Gelegenheit, Stellen zu untersuchen, zu denen sonst der »Zugang verboten« ist. Er scheint nicht darauf zu achten, wer ihm über den Weg läuft, des öfteren zieht er sich vor dem kalten Wind in einen engen Dienstraum zurück, den man fünfzig Meter über der Erde eingerichtet hat.

Ich darf ihm nicht auffallen.

Fremde, die in ein paar Tagen Paris kennen lernen wollen, werden sich nicht zweimal in die Turmspitzen von Notre-Dame verirren; und die Bewohner der Hauptstadt haben kein Interesse an ihren Baudenkmälern; infolgedessen dürfte es sehr unwahrscheinlich sein, dass man ein und demselben Menschen mehrmals begegnet.

Zwei Monate vergehen. Notre-Dame lernt mich kennen. Ich lerne Notre-Dame kennen. Dem Wächter bin ich aufgefallen.

Ich besitze eine genaue Zeichnung der Turmspitze, ich kenne jeden Stein an den Türmen, ich bin stolz auf meine Sammlung von Postkarten, Fotografien, geschichtlichen und baugeschichtlichen Führern.

Mein Plan ist ganz von selbst den Kinderschuhen entwachsen.

Wir müssen bei Einbruch der Nacht das Material im Gebüsch der Grünanlage hinter Notre-Dame deponieren, nacheinander die drei Gitter übersteigen, die uns von den Mauern der Kirche trennen, geräuschlos den Kiesweg entlangschleichen, der genau dem Haus des Küsters gegenüber zum Turmeingang führt, so schnell wie möglich die dreihundertfünfundsiebzig Stufen hinaufsteigen, oben die Nacht über ohne Lärm, ohne Licht, geduckt, damit uns niemand sieht, das Kabel montieren ... der Rest ist dann meine Sache.

Die Schwierigkeit ist: wie kommen wir in die Türme hinein?

Touristen haben keinen Zugang zum Nordturm, dem »verbotenen Turm«. Dessen Tür ist infolgedessen immer abgeschlossen. Auf halber

Höhe der Abgangstreppe stößt man auf eine weitere Tür, die stets offen ist, aber vielleicht finden wir sie am Abend verschlossen vor, wie die unten, die der Wächter verriegelt, wenn er um 17 Uhr geht. Ich brauche Nachschlüssel.

Auf den riesigen Metallschlössern ist eine Zahl eingraviert. Glücklicherweise tragen alle, die sich auf meinem Weg befinden, die gleiche Nummer.

Ein Schlüssel wird also genügen.

Der Wächter hat an seinem Gürtel einen großen Ring, an dem eine Sammlung mittelalterlicher Schlüssel hängt. Ich nähere mich ihm, gehe dicht an ihm vorbei, streife ihn. Unmöglich, ihn zu bestehlen, der Schlüsselbund ist mit Glöckchen besetzt.

Ein befreundeter Journalist erhält mit Hilfe seines Presseausweises die Genehmigung, vom verbotenen Turm herab ein Ansichtsfoto zu machen. Ich tauche in dem Augenblick neben dem Wächter auf, als er den Schlüssel heraussucht und ihn in das Schloss steckt; alles spielt sich sehr schnell ab, ich sehe nur flüchtig die Zacken des Bartes. Ich habe keine Zeit, mir Abstand und Tiefe der Kerben einzuprägen. Schnell bringe ich zu Papier, was mein Auge aufgenommen hat: das ungefähre Bild eines Schlüssels. Ich nehme noch einen Abdruck am Schloss und drücke diese Informationen einem Schmuckverkäufer in die Hand, der seine Ware auf dem Gehweg ausbietet; er will mir helfen, einen Nachschlüssel herzustellen.

Der Umgang mit dem Metall fasziniert mich.

Das Eisen beginnt allmählich zu fließen, der Gegenstand nimmt Gestalt an, das noch rote Werkstück wird ins kalte Wasser getaucht. Einen richtigen – spuckenden, prasselnden – Schlüssel ziehe ich in einer dichten Dampfwolke aus dem Wasser.

Ein einmaliges Erlebnis!

Den noch lauwarmen, langen, schweren, schwarzen Schlüssel berge ich unter meiner Jacke. Ich eile zur Spitze der Kathedrale hinauf. Ich sprühe Öl ins Innere des Schlosses, wie das die Einbrecher machen. Ich schiebe meinen Schlüssel hinein. Jean-Louis steht Schmiere. Notre-Dame wird mir gehören. Nein, der Schlüssel lässt sich nicht drehen. Ich versuche es bei den anderen Türen. Nichts zu machen.

Ich trage den Schlüssel zu seinem Hersteller zurück. Dieser nimmt sofort ein paar Werkzeuge, steigt mit mir hinauf und glättet mit einem Feilenstoß eine zu rauhe Kante. Er steigt wieder hinunter. Der Schlüssel funktioniert einwandfrei.

Der Coup wird mit einem Schlag Wirklichkeit.

»Der Coup« – unter diesem Titel läuft von nun an, was sich da vorbereitet:

Der erste Schritt ist getan. Nun muss ich die Montage organisieren.

Ich weiß, dass ich um beide Türme oben ein Seil legen, dieses zusammenführen und mit einem Spanner straffen kann. Aber ich möchte doch wissen, wie ein richtiger Seiltänzer das machen würde. Ich bedränge Herrn Omankowsky mitzukommen. Er findet auf Anhieb die sicherste Befestigungsweise. Wieder eines der Seiltänzer-Geheimnisse. Das Kabel soll den freien Raum durchqueren, dann über die Turmterrasse in die Treppe hinabgeführt und zwei Etagen tiefer um eine kurze Eisenstange gewickelt werden, die man quer hinter einer schmalen Fensteröffnung verkeilt. So wird das Kabel von einem Steinberg gehalten, dessen zwei Stockwerke es nicht anheben kann, während bei meiner Lösung der ganze Zug von wenigen Blöcken oben auf dem Turm aufgenommen werden müsste.

Das ist einfach, das liegt auf der Hand, das ist genial.

Wir wissen, dass die Verhältnisse beim anderen Turm nicht die gleichen sind, dort gibt es in der Treppe kein Fenster; das Seil muss zweimal um den Sockel der Poterne über dem letzten Treppenabsatz geschlungen werden.

Nach seinem Besuch weigert sich mein Berater, sich mit mir vor der Bühne meiner künftigen Heldentaten fotografieren zu lassen, er stellt nur seinen Rücken zur Verfügung.

»Man kann nie wissen, das ist zwar ein netter Streich, aber ohne Genehmigung ... die Polizei ... es ist trotz allem recht bedenklich, und außerdem kann es schiefgehen, kann alles eine unvorhergesehene und dramatische Wendung nehmen.«

Das stimmt, die Westfront von Notre-Dame ist hundert Meter vom Pariser Polizeipräsidium entfernt; wie soll man sicher sein, dass sich im Haus des Küsters kein Hund befindet? Die Krypta der Kathedrale beherbergt einen Kirchenschatz.

Ich bereite das Material vor, das ich brauchen werde.

Ich suche das aus, was am wenigsten gekostet hat, denn ich bin überzeugt davon, dass die Polizei alles beschlagnahmt.

Nun müssen wir nur noch den dritten Mann finden, der Jean-Louis und mir das Material auf den Turm tragen hilft. Er kennt jemanden. Zum Schmierestehen werden Freunde eingeteilt.

Der Coup soll morgen stattfinden.

Ich glaube noch nicht daran, aber dennoch ... es ist schon Abend, da klopft es an meine Tür. Ich mache auf, man begrüßt mich mit einem vergnügten Lächeln, der Raum füllt sich. Eine Atmosphäre wie unter Freunden am Kamin. Der dritte Mann fehlt noch.

Laut wiederhole ich meinen Zeitplan: »Abfahrt dreiundzwanzig Uhr, die Nacht über bauen wir auf, dann werde ich allein warten, bis es zehn schlägt, die untere Pforte wird für die Besucher geöffnet, unter den Augen der ersten Touristen springe ich aufs Seil.«

Und das Wetter? Um mich herum Gespräche über Wetterkunde. Seit Tagen regnet es in Strömen, Zeitungen und Flughäfen machen die gleichen Vorhersagen: morgen ist schlechtes Wetter, Wolken und Regengüsse. Also: sollen wir den Coup wagen? Eine heftige Diskussion setzt ein. Ich bin wütend, dass die Sache derart zum Mittelpunkt gegensätzlicher Meinungen wird. Endlich wirft jemand dazwischen:

»Das muss Philippe entscheiden.«

Blitzschnell entscheide ich:

»Wir brechen sofort auf.«

Ich wollte das nicht näher begründen, die ausfernde Diskussion hat mich dazu gezwungen. Also sagte ich nicht, dass ich von dieser Eroberung träume, von diesem Wunder, diesem Fest, dieser Rache, diesem Feuerwerk, diesem Moment ungetrübter Freiheit, ich sagte nicht, dass mein Blut nicht mehr dasselbe ist, seit Notre-Dame sich in meinem Kopf festgesetzt hat, dass es mir nicht möglich sei, mir diesen bedeutenden Tag, der da auf mich wartet, aus dem Sinn zu schlagen; ich sagte nicht, dass dieser Coup so entscheidend geworden ist, dass es für mich eine Frage des Lebens oder Sterbens ist, ich sagte nur, dass ein Verschieben das Verschieben auf nächstes Jahr bedeuten würde. Denn wir haben wirklich zu lange gewartet: Am Sonntag bricht ganz Paris in die Ferien auf. Ich weiß, dass stattdessen Tausende von Touristen kommen, aber es ist eine Angelegenheit zwischen Paris und mir. Die ganze

Stadt muss sich zu meinen Füßen einfinden, gefangen genommen werden von meinem Schauspiel, ganz Paris muss mir zujubeln.

Und wenn ich mit Orkan und Sturm kämpfen muss, und wenn ich, völlig ungeschützt, vom Seil geweht würde, welch herrliches Ende!

Wir brechen auf. Der, auf den wir gewartet haben, ist nicht gekommen, wir werden uns ohne ihn behelfen. Wir pferchen uns in meinen Lieferwagen, die Türen schlagen. Zunächst einmal muss ich vor einem Gebäude einparken, in dem noch ein Fenster erleuchtet ist. Das ist der Krankengymnast, der mich zu einer speziellen Untersuchung erwartet. Seit einer Woche habe ich Schmerzen im Knie. Während er mir unter einer blendenden Lampe das Gelenk walkt, frage ich mich, ob das Ganze nicht meiner geplanten Aufführung im Wege steht. Tatsache ist, dass mich jedesmal ein elektrischer Schlag durchfährt, wenn ich mich auf den Boden knie, nun will ich aber da oben mit einer mustergültigen Kniebeuge auf dem Stahlseil meinen Seiltänzergruß über die Dächer von Paris schicken. Na ja, ich werde sehen.

Ich verabschiede mich von dem Mann, der mich behandelt hat, und erkläre ihm, warum ich so spät gekommen bin: ich wollte gerne, dass die Behandlung möglichst kurz vor meiner Aufführung stattfindet, einer Aufführung, die ich im Augenblick nicht näher beschreiben kann, aber er würde schon noch davon hören. Ich hätte ihm beinahe alles erzählt, weil er mich nicht so ganz ernst zu nehmen schien. Na, morgen wird man mich schon ernst nehmen!

Der Lastwagen braust in die Nacht davon. Notre-Dame ist nicht beleuchtet. Wir setzen Pablo auf dem Vorplatz ab – das ist der Journalist –, er soll Schmiere stehen. Ich parke längs der Grünanlage der Kathedrale. Was geht da vor? Das Portal steht weit offen! Um diese Zeit ist es doch sonst immer geschlossen. Wir beschließen, uns nicht vor den Spaziergängern zu verstecken, gehen an ihnen ohne Eile vorbei. Wir müssen über unsere glatte Ganovendreistigkeit lachen, dann kommt ein ständiges Hin und Her mit allem Material, vom Lastwagen zur Bank, die am Rande des Gebüschs steht. Ich weiß noch, dass ich, um alles noch unverfänglicher erscheinen zu lassen, Metallteile auf die Straße geworfen habe, die lärmend aufprallten, und dass wir ziemlich gebummelt haben, anstatt hastig und in der Stille zu arbeiten, wie es bei heimlichen Unternehmungen üblich ist.

Ich werde unruhig. Unser Auftreten ist zu lässig. Mir wäre es lieber, wenn es bald vorbei wäre. Endlich ist das Material hinter der Bank versteckt. Ich schließe den Wagen ab. Wir genehmigen uns eine Ruhepause, sitzen mit untergeschlagenen Armen, den Kopf auf der Brust.

Aber ich möchte aufspringen und weitermachen.

Unser Träger, der unsere Verabredung zu Hause nicht eingehalten hat, ist immer noch nicht erschienen. Er wird auch nicht mehr kommen. Jean-Louis weist mich auf einen jungen blonden Typ hin, der auf der Nachbarbank in Lachen ausbricht: Jean-François. Er ist gekommen, um Schmiere zu stehen. Ich frage ihn mit einem Zittern in der Stimme, ob er die Stelle des fehlenden Mannes einnehmen will.

»Du musst nur Material da hochtragen, mir bei der Montage helfen und dich, so gut es geht, nützlich machen, alles in allem keine große Sache.« Wenn er ablehnt, das weiß ich, wird der Coup nicht stattfinden.

Jean-François ist unter einer Bedingung einverstanden: er will morgen vormittag ab elf Uhr frei sein für ein Tennisspiel. Das ist kein Scherz. Ich verspreche ihm, dass er hier rechtzeitig loskommt, und denke bei mir, dass vielleicht auch im Gefängnis die Möglichkeit besteht, Tennis zu spielen.

Ich genieße noch einen tiefen Zug frische Luft, dann schlüpfen wir drei unter den Zweigen hindurch, ohne dass uns jemand bemerkt. Wir schleifen das Material bis zum Gitter heran. Wir schieben die Rolle mit dem Laufkabel zwischen den Stäben hindurch, das Spanngerät mit seinem Seil, die Verankerungsschlingen verschiedener Länge, die in zwei Teile zerlegte zusammensteckbare Balancierstange, die beiden Rucksäcke mit dem Werkzeug, mein Kostüm sowie Verpflegung und endlich die Köfferchen, in denen Jean-Louis seine Fotoapparate aufbewahrt; er hat sich auf eine außergewöhnliche Reportage vorbereitet.

Das ganze Material haben wir so ausgewählt und vorbereitet, dass es sich zwischen den Stäben des ersten Gitters hindurchschieben lässt, die siebzehn Zentimeter Abstand voneinander haben.

Auf gleiche Weise überwinden meine Komplizen die beiden folgenden Gitter; ich sause vorneweg, um unseren Einzug in die Türme vorzubereiten. Ich muss durch das Gestrüpp hindurch, das hinter dem Chor wächst, und gut meine Füße heben, um mich nicht in irgendeinem verborgenen Draht zu verfangen, der womöglich ein Signal auslöst oder gar – wie im Kino – eine Mine hochgehen lässt. *Der* Wahnsinn! ... Ich krieche, ich renne, ich laufe den Kiesweg entlang, der zum seitlichen Turmausgang führt.

Der Kies knirscht fürchterlich unter meinen Füßen, selbst wenn ich ganz vorsichtig auftrete. Ich hätte die Schuhe ausziehen sollen.

Ein historischer Augenblick: Ich liege auf der Steinplatte vor der Pforte. Ich hebe den Arm. Ich stecke den Schlüssel ins Schloss.

Ein Klicken, das einen Mönch wecken könnte, dringt bis in das offene Fenster des Küsterhauses!

Die Türe öffnet sich mir.

Ich liege flach auf dem Bauch und schnappe in der Dunkelheit nach Luft.

Es ist Mitternacht.

Nun bin ich wieder mit Jean-Louis und Jean-François vereint. Wir schaffen die ganze Ausrüstung ohne zu viel Geräusch zum Zwischenlagern vor die Türöffnung. Wir schieben sie durch den Türspalt und werfen uns ins Innere. Ich ziehe den Schlüssel aus seiner Behausung. Ich halte die Pforte einen Spalt weit offen und suche mit dem Auge den Gehweg vor dem Platz der Länge nach ab, soweit ich sehen kann: ich mache hinter den dichten schwarzen Gitterstäben zwei Gestalten im Schatten aus. Pablo erfüllt seine Pflicht, indem er so tut, als ob er die junge Frau küsste, die er im Arm hat; dabei hält er sich immer bereit, seinen Schlupfwinkel im Halbschatten zu verlassen, was für uns das vereinbarte Zeichen wäre, dass Gefahr droht.

Das eichene Türblatt verschließt die Außenwelt vor meinem Blick, wie es der Objektivdeckel bei einer Filmkamera machen würde. Die Tür schlägt zu. Ich schließe mit dem Schlüssel ab. Wir stehen am Fuß der Treppe. Absolute Dunkelheit.

Unter viel Geräusch verteilen wir die Lasten. Ich bekomme die leichteren Sachen, die beiden anderen teilen sich den Rest. Ich kann mir kaum vorstellen, dass sie noch mehr hochheben können, als sie mir eben auf die Schulter geladen haben. Indes: sie bewaffnen sich mit einem Haufen von Säcken und Seilen und machen sich an den Aufstieg.

Jedesmal, wenn wir durch eine Tür gekommen sind, mache ich sie hinter mir wieder zu und führe eine Mutter an einer dünnen Drahtschlinge in das Schloss ein. Die Tür ist dadurch von innen versperrt. Ich schätze, dass ich ungefähr zehn Minuten brauchen werde, um damit fertig zu werden. Wenn man die Anzahl der Türen berücksichtigt, wird uns das die Polizei sicher eine Stunde lang vom Leibe halten, sobald wir einmal entdeckt sind.

Wir hasten los, aber bereits nach wenigen Schritten diktiert uns die Treppe ihren Rhythmus. Es ist klar, dass wir so schnell wie möglich sein müssen. Das hier ist Sturmangriff in Zeitlupe.

Schmerzgekrümmt, ohne zu denken, mechanisch taumeln wir unter den zu schweren Bürden aufwärts. Ich muss besonders darauf achten, dass ich die Füße auf der breitesten Stelle der dreieckigen Stufen aufsetze und immer meinen Drehwinkel beibehalte, damit ich nicht an die Umfassungswand pralle, aber auch, damit ich mir nicht den Schädel an der Mittelsäule der Wendeltreppe einrenne. Unsere Lasten streifen fortwährend am Mauerwerk entlang, unsere Schuhsohlen klatschen auf den kalten Stein, das Echo vermischt sich mit dem Geräusch, das wir Drei wie verängstigte Tiere beim Atmen machen in dieser teuflischen Manege. Und trotz alledem behalte ich es als lautlosen Aufstieg im Gedächtnis.

Ich verliere den Anschluss, ich höre die anderen nicht mehr. Ich halte an. Nein, ich gehe weiter. Ich gerate in einen Gang, in dem es waagerecht fortgeht! Ein Treppenabsatz ist es, den ich erreicht habe. Immer schneller steige ich. Die Drehbewegung trägt mich, mehrmals kommt es mir so vor, als wenn ich abwärts stiege. Der steinerne Schlauch, dunkel und beklemmend, entlässt mich erst siebzig Meter weiter oben an einer Stelle, wo der Weg ein Stück durchs Freie zu den geraderen Treppen der beiden Türme führt.

Das ist eine Höllenfahrt.

Wie genieße ich es, in die kalte Luft zu entkommen, wie bin ich erschöpft!

Wir meinen keine fünf Stufen mehr weiter steigen zu können.

Paris schläft und weiß nicht, was es erwartet.

Jean-François steigt hinunter und verriegelt vorübergehend die Türen der Treppe, durch die die Besucher kommen werden. Jean-Louis beginnt im »verbotenen Turm« zu arbeiten. Ich steige im Süd-Turm hinauf, den ich als Startplatz gewählt habe, natürlich wegen seines Zugangs für die Besucher und wegen der Freunde, die mir Beifall spenden wollen, und wegen Jean-Louis, der fotografieren kommt …

Noch einmal Treppen, die sich drehen. Ich muss wiederholt Halt machen, bevor ich oben zusammenbreche. Wir können uns nicht mehr rühren und müssen zwanzig Minuten warten, bis Atmung und Muskeln uns wieder erlauben, uns zu bewegen.

Dann beginnt die ernsthafte Arbeit.

Flach auf dem Bauch liegend, ohne Beleuchtung und ohne ein Geräusch zu machen, haben alle auf unserer Seite damit zu tun, die Verankerungsschlingen anzubringen. Nach einer Stunde richte ich mich auf und gebe Jean-Louis das Zeichen, dass ich bereit bin. Louis ist noch nicht ganz so weit, zweifellos behindern ihn die etwa fünfzehn Meter Befestigungsseil, die zu viel sind und die einiges wiegen. Ich muss erkennen, dass ich falsch gerechnet und mich beim Übertragen einer Länge aus der Zeichnung mehrmals geirrt habe.

Wir haben vereinbart, dass wir uns nichts zurufen. Am Nordturm gibt es jedoch Schwierigkeiten. Ich lehne mich weit hinaus und gebe mit lauter Stimme Anweisungen, wie es gemacht werden soll; ich muss noch lauter sprechen, ich werde schlecht verstanden, ich schreie. Es ergibt sich ein fruchtloses Hin und Her. Aber wir sind froh, dass wir uns verständigen können. Da kommt mir der Gedanke, dass uns ganz Paris zuhört. Ich bin wütend über diese Unvorsichtigkeit. »Scht!« Von Neuem erfüllt Schweigen die Dunkelheit, die uns voneinander trennt.

Jean-Louis schickt sich an, den Ball von einem Turm zum anderen werfen. Das ist der Augenblick, den ich gefürchtet habe.

Achtzehn Meter in der Finsternis.

Der große Hartgummiball, den ich zum Jonglieren benutze, ist mit einem unsichtbaren Nylonfaden verbunden, an dessen Ende ein Hanfseil befestigt ist, daran hängt wiederum das Stahlseil.

Wir haben es nicht geübt. Die paar Male, die wir unter Gelächter auf einem Parkplatz voller Autos diesen Ball hin- und hergeworfen und gefangen haben – er prallte von den Karosserien ab, die wir statt der Türme ausgesucht hatten, und wir bemühten uns, die Windschutzscheiben zu schonen, die die Kirchenfenster darstellten –, die will ich nicht als Training ansehen. Außerdem habe ich den Ball nie richtig zugeworfen bekommen. Manchmal fiel er außerhalb meiner Reichweite zu Boden, und wenn er mal genau kam, gelang es mir nicht, ihn zu fangen. Alles deutete auf eine Katastrophe hin. Wenn heute Nacht der Ball an mir vorbeigeht, von den Schieferplatten der Schrägen abprallt, ein paar Scheiben zertrümmert, wenn die Angelschnur reißt ... wir haben nicht einmal eine Schnur zum Auswechseln, oder einen Ersatzball!

Still: Jetzt muss das Geschoss unterwegs sein. Ich sehe es nicht.

Ich fuchtle verzweifelt im Dunkeln herum. Das dauert zu lange. Es ist danebengegangen. Ein heller Blitz! Die Hände sind ausgestreckt, machen aber keinen Versuch zuzugreifen. Ein harter, kalter Gegenstand streift sie, die Nylonschnur berührt mein Gesicht, läuft genau über meine Nase und fällt zwischen meinen Füßen zu Boden. Das ist Treffsicherheit! Das ist Perfektion! Ich will ein »Bravo Jean-Louis!« herausschreien, reiße mich aber zusammen. Ich hole die Schnur ein. Das Seil folgt. Das Kabel hält Einzug.

Zunächst noch undeutlich kriecht mein Laufkabel allmählich Stück für Stück aus der Dunkelheit heran. Es wird schwerer. Der Zug schneidet mir in die Finger, ich ziehe kräftiger, da kommt es, ich halte es fest.

Mit den Bewegungen eines Chirurgen, der unter Zeitdruck steht, hänge ich die Öse des Seils in den Haken des Spanners ein. Ich ziehe an. Von unten beobachten meine Freunde aus ihrem Versteck die dunkle Linie, die Paris beim Erwachen entdecken wird. Ich unterbreche das Spannen. Ich muss im anderen Turm die Verankerungen überprüfen, ehe ich sie »zu Tode spanne«.

Zum ersten Mal steige ich wieder runter. Meine Beinmuskeln bekommen frisches Blut. Ich lasse mich von den Stufen mitreißen. Leichtfüßig überquere ich die Terrasse, welche die beiden Türme verbindet, betrete erleichtert zum erstenmal das Innere des »verbotenen Turms«. Das rostige Eisengeländer kann seit Jahren keiner berührt haben, ich schürfe mir die Finger daran auf, Glück gehabt!

Hier oben ist alles in Ordnung. Glücklicher als zuvor laufe ich den

Weg zurück. An den Stellen, die unter der Reibung leiden könnten, schiebe ich Jutesäcke zwischen Kabel und Stein, damit das Baudenkmal während der größten Spannung nicht beschädigt wird.

Ich kauere gerade am Boden und bin damit beschäftigt, einen Sack unterzuklemmen – die Dunkelheit wird lastender, die Stille bedrückend –, da flammt mit einem Schlag der Himmel auf. Notre-Dame wird beleuchtet! Starke Scheinwerfer sind auf uns gerichtet. Wir werfen uns flach auf den Boden und versuchen mit den eiskalten, glatten Steinplatten zu verschmelzen.

Ich schließe die Augen und denke an diese Kriegsfilme, in denen der Strahl des Scheinwerfers das Flugzeug ins Visier nimmt. Ich warte darauf, dass jeden Augenblick die Lautsprecher die Hauptstadt wecken und hallend wiederholen: »Ihr seid eingekreist, ergebt euch!« Es ist alles aus. Ich krieche auf den Vorplatz, strecke meinen Kopf zwischen zwei Wasserspeiern hinaus und suche meine Freunde. Sie geben nicht das Alarmzeichen: eine schwarze Handtasche auf einem weißen Autodach. Nichts rührt sich. Was ist passiert?

Wir begreifen es nicht und machen uns wieder an die Arbeit.

Später hören wir, dass jedermann nach Lust und Laune – natürlich sollte er Millionär sein – ein Pariser Denkmal anstrahlen lassen kann. Die Lichterstadt ist käuflich. Zwei Minuten später geht die Beleuchtung aus.

Das Dunkel wird auf die Erde hinabgedrängt, an ihre Stelle tritt nach und nach ein tiefes Blau, dann zieht die Morgendämmerung mit ihrem rosa überhauchten Blau und Grau in halber Höhe des Himmels auf, endlich wird es in aller Gemächlichkeit Tag. Die Schornsteine der näheren Umgebung zeichnen sich einer nach dem anderen auf dem Hintergrund eines nahezu weißen Himmels ab, die Sonne versucht missgelaunt, den Wall finsterer Wolken zu durchdringen.

Der Coup tritt in seine Endphase ein.

Wir haben den 26. Juni 1971. Jean-François steigt mit einem etwas bangen Gefühl hinunter, denn wenn man erst mal draußen in der Helligkeit ist, wird der Weg gefährlich. Ich öffne ihm die untere Pforte, er erhält das Signal von Pablo, der noch immer auf seinem Posten ist: »Niemand zu sehen«, er geht am Haus des Wächters vorbei, überwindet das Gitter, betritt die Grünanlage und verschwindet im Schlenderschritt; sein Gang soll nach Spaziergänger aussehen. Die Gruppe, die in unmittelbarer Nähe der Pont-au-Double gewartet hat, sieht einen aschfahlen, vor Müdigkeit zitternden Jean-François auftauchen, der nahe am Zusammenbrechen ist und zugibt: »Es geht, aber es war härter, als ich gedacht habe.« Auf dem Weg nach oben verriegle ich die Türen hinter mir nicht mehr.

Es ist fünf Uhr morgens.

Jean-Louis hilft mir beim Zusammenstecken der Balancierstange, dann suchen wir unter dem kleinen kegelförmigen Dach des Türmchens über dem Treppenabgang Schutz vor dem kalten Wind. Ich trinke mit geschlossenen Augen einen Liter Fruchtsaft und beiße in ein belegtes Brötchen. Ich wasche mir die Hände und das Gesicht. Jean-Louis fotografiert. Ich ziehe meine Arbeiter-Verkleidung aus und schlüpfe in mein Seiltänzer-Kostüm: eine schwarze Samthose, ein schwarzer Rollkragenpulli, meine Seilschuhe, alles in Schwarz. Genauso jongliere ich seit mehreren Jahren auf den Straßen.

Das soll eindeutig klar sein: der Jongleur, der an der Ecke Rue de Buci / Boulevard Saint-Germain seinen Kreidekreis zieht, der sein Seil vor dem Café »Deux Magots«, vor dem »Select« und dem »La Coupole« spannt, der immer so hastig sammelt und es regelmäßig darauf anlegt, von der Polizei verhaftet zu werden, das ist der Gleiche wie der, der sein Seil zwischen den Türmen von Notre-Dame gespannt hat.

Ich hänge mir eine Feldflasche mit eiskaltem Tee an den Gürtel, in meine rechte Tasche stecke ich ein Kartenspiel, mit dem ich mir die Stunden im Gefängnis verkürzen und vielleicht meine Aufpasser verführen kann, und ein Geldstück, mit dem ich den Kommissaren etwas vorzaubern werde. In die andere Tasche schiebe ich meinen Personalausweis und ein paar Trockenfrüchte. Wozu den Mundvorrat und das Trinken?

Nur ich weiß das ...

Ich habe nie darüber nachgedacht, was sich einmal auf dem Seil abspielen kann. Das ist die große Unbekannte. Aber wenn das Kabel ordentlich gespannt, das Wetter prächtig ist, wenn eine Menge Zuschauer sich einfinden, wird sich die Vorführung sicherlich in die Länge ziehen. Und wenn das Glück, da oben zu sein, anhält?

Wenn ich mich entschließe, auf meinem Seil zu bleiben? Wenn ich mir die Zeit damit vertreibe, zwischen den Vögeln herumzufliegen? Wenn die Nacht mich überrascht und ich auf dem Seil bleibe, sitzend oder liegend, um einen einzigartigen Abend unter freiem Himmel zu genießen, und wenn dieser Traum fortdauert? Wenn ich Lust bekomme, auf die Morgendämmerung zu warten und als Dank an das Publikum, das biwakiert hat, damit es mich nicht aus den Augen verliert, beschließe, eine Morgenvorstellung zu geben, und wenn ein weiterer Tag vergeht? Ich möchte nicht, dass mich dann Hunger oder Durst von meinem Seil vertreiben.

Ich habe mit niemandem darüber gesprochen, ich fand die Gedanken zu abwegig; und heute morgen erst: einfach absurd.

Es wird Tag.

Ich fahre mit dem Blick an dem gefurchten, glänzenden Kabel entlang, das die Sonne erwärmt, es ist offensichtlich gut gespannt. Wind erhebt sich, und wir begleiten ihn mit einem siegessicheren, anhaltenden Lachen: Es ist erstaunlich, bis jetzt hat noch keiner das Seil bemerkt. In dem Film, den ich drehen will, wird es eine Szene geben, wo man um Mitternacht über der schlafenden Stadt einen Seiltänzer entdeckt. Er wird mit weithin schallendem Gelächter loslaufen, ein Fenster nach dem anderen erhellen und alle Bewohner wecken: die werden den glücklichen Seiltänzer verwünschen. Ich kann ja jetzt nichts weiter machen als träumen. Um zehn wird der Wächter unten die Pforte öffnen, die Besucherflut wälzt sich im Sturmangriff heran, und ich werde auf das Seil springen.

»Schau mal, Jean-Louis!«
Ich habe mein Kartenspiel hervorgeholt, zeige Fächer und Wasserfälle, führe »Karten-Färben« und »Falsches Mischen«, »Karten-Borgen« und Palmieren vor. Mein Unterschlupf rahmt mich ein, wie das Bühnenportal eines phantastischen steinernen Theaters, das vor Zeiten für mich gebaut wurde.

Jean-Louis macht Fotos und freut sich. Es ist sechs Uhr morgens. Wir müssen uns jetzt trennen. Er will nicht mit mir allein erwischt werden, falls die Polizei – wenn wir Pech haben – gleich zu Beginn der Vorführung einschreitet. Er wird zusammen mit den anderen Besuchern an der Eingangspforte warten und sich nach dem Öffnen hineinstürzen, um als Erster oben anzukommen, dann weiß ich, dass mir noch ein paar Sekunden Zeit bleiben bis zum Betreten des Seils. Wenn ich es wünsche, würde er mir auch behilflich sein und die ersten Polizisten empfangen und aufpassen, dass sie das Kabel nicht anrühren, das zwischen den Steinen hindurchläuft – ohne dass sie merken, dass er mein Komplize ist. Eine Erschütterung an der Verspannung, und mein Laufseil würde zu zittern anfangen. Mein Freund jagt mit hallenden Sprüngen die Treppe hinunter, ich verfolge ihren Rhythmus mit dem Gehör, es klingt fröhlich, hin und wieder scheint er gegen die Wand zu prallen. Ein letztes Echo und ich höre nichts mehr.

Allein!
Das Warten beginnt. Die Kälte setzt mir zu. Es ist sechs Uhr zehn. Es ist eisig, der Wind trifft mich voll, ich krümme mich im Winkel meines Türmchens zusammen, aber wie ich mich auch drehe und wende, der Wind dreht sich mit, und ich sitze im kalten Zug.

Ich schütze meinen Kopf mit einer durchsichtigen Plastiktüte, wickle mir Stoffbänder um die Handgelenke, die ich mit den Fingern festhalte, aber der Schlaf will mich überkommen, ich muss das Zeug runtermachen und mich vom eisigen Wind wach halten lassen.

Ich schlottere, ich stöhne, die Füße werden gefühllos, ich kneife hinein, spüre den Schmerz nicht.

Ich laure aufs Läuten, das die Stunden verkündet.

Ich habe Angst, dass ich es in dem Durcheinander von Tönen und den Geräuschen des anschwellenden Verkehrs überhöre. Wenn ich den Kopf aus meiner Unterkunft hervorstrecke, kann ich das Zifferblatt einer Uhr vor dem Polizeipräsidium sehen, aber die Zeiger kann ich kaum erkennen. Wie spät mag es jetzt sein? Ich kann nur raten und jedesmal, wenn die Glocke schlägt, prüfen, ob es stimmt.

Um die durchdringende Kälte zu vergessen, sage ich mir mit geschlossenen Augen halblaut die erfundene Geschichte auf, die ich den Ordnungshütern auftischen will, eine Geschichte, in der weder Nachschlüssel noch Komplizen vorkommen: »Seit einigen Wochen habe ich mich unter die Besucher gemischt, jedesmal etwas Material mitgenommen und es in einem Versteck gesammelt.

Gestern habe ich mich in den Türmen einschließen lassen, die Nacht über habe ich das Seil installiert; um in den verbotenen Turm zu kommen, habe ich einen Eisendraht statt des Schlüssels benutzt.«

Ich gehe diese Fabel nach jeder Richtung hin durch, sage sie in allen Tonarten auf. Ich antworte ohne zu zögern auf mögliche Fragen.

Ich kann einfach nicht mehr still sitzen bleiben.

Es kommt mir so vor, als ob die Glocken geläutet hätten.

Auf den Straßen sind jetzt viele Menschen unterwegs, ich lege mich flach auf die Brüstung, ein Polizist regelt direkt unter mir den Verkehr, ich betrachte lächelnd das Schilderhäuschen der Nachtwache neben dem Eingang des Polizeipräsidiums. Derjenige, der uns den ganzen vergangenen Abend beim Installieren des Seils zugeschaut hat, ohne uns zu sehen, wird bald einen schönen Schreck bekommen.

Meine Freunde haben sich vor dem Lieferwagen versammelt. Ich versuche, sie genau zu sehen, meine Augen gewöhnen sich an die Entfernung, ich kann erkennen, dass sie Ferngläser haben. Ich springe in mein Versteck. Wie unvorsichtig! Schon meine ich, dass alle Welt das Seil gesehen, dass alle mich bemerkt haben, und nun zeigen auch noch meine Freunde mit dem Finger hier hoch und richten ihre Ferngläser auf mich. Dann geht mir auf, dass es eigentlich nichts Normaleres gibt, als wenn eine Gruppe Touristen Notre-Dame anschaut. Dann werde ich übermütig: ich mache den Hals lang und strecke den Kopf vor, um wie ein Wasserspeier zu wirken! Ja, sie lassen mich nicht aus den Augen. Ich winke ihnen mit den Fingern »Guten Tag« zu, sofort rudert ein Dutzend Arme in der Luft. Sie müssen sich wahnsinnig freuen, dass sie endlich mit mir Kontakt haben, nachdem sie sicherlich stundenlang den kleinen Turm beobachtet haben, hinter dem sie mein Versteck vermuteten.

Ohne sehen zu können, was ich mache, weil mein Kopf in der steinernen Balustrade steckt, schiebe ich die Arme durch das Maßwerk, nehme die Hände auseinander und nähere meinen rechten Zeigefinger – langsam, um verstanden zu werden – meinem linken Handgelenk, zeige mehrmals darauf. Ob sie verstanden haben?

In die Gruppe kommt Bewegung, es sieht so aus, als ob sie sich berieten, dann hebt sich ein einzelner Arm langsam und fällt wieder herunter, ein weiteres Mal, noch einmal, noch einmal, ich zähle es laut an den Fingern ab: »Eins, zwei, drei, vier ... acht!« Acht Uhr? Ich zähle sicherheitshalber die Finger noch einmal nach. Es ist acht Uhr.

Ich mache ihnen ein Zeichen: Wartet! Passt auf!

Ich hole das Kartenspiel aus seiner Hülle. Ich stelle mich an die Fensteröffnung und lasse einen perfekten Fächer entstehen. Ich tue so, als ob ich mir ein Haar ausreiße und es mit ein bisschen Spucke am unteren Rand des Fächers anklebe; diesen unsichtbaren Faden ergreife ich mit Daumen und Zeigefinger und ziehe ihn nach unten. Der Fächer schließt sich sachte. Sie haben es gesehen! Sie schwenken die Arme und hüpfen vor Freude. Nein, sie haben nichts gesehen. Sonst würden sie klatschen. Ich bedeute ihnen wieder, gut aufzupassen. Ich stecke heimlich eine schwarze Karte hinter das Spiel, ich zeige ihnen die Vorderseite: eine rote Karte. Ich fahre mit der Handfläche darüber hinweg, die Karte wechselt die Farbe. Ich verbeuge mich. Sie legen die Ferngläser weg und klatschen.

Sie klatschen!

Ich versuche meine Kräfte zu sammeln, die Muskeln sind starr vor Kälte. Ich frottiere kräftig Arme und Beine, mit wenig Erfolg, die Durchblutung ist schlecht. Ich springe auf die Treppe – auf ihr will ich mich wieder warm machen – und renne mir fast den Schädel am Seil ein, das den Weg versperrt. Aufwärts wieder im Dauerlauf, oben zerreiße ich einen Sack und behänge das gefährliche Hindernis mit kleinen Stofffetzen; sie schaukeln hin und her im Lichte des schmalen Fensters, hinter dem ich die Eisenstange verkeilt habe, die die ganze Installation hält. Uff!

Es schlägt neun.

Aufzuwärmen brauche ich mich nicht mehr. Die Befreiung steht so nahe bevor, dass mein Herz sich mit Kraft erfüllt und dass die Beine sich kaum gedulden können. Ich kontrolliere noch einmal, ob alles in Ordnung ist. Ich verstecke meine Sachen und den Rest der Verpflegung an einer Stelle, die niemand entdecken wird. Gebückt mache ich einen Rundgang durch mein Reich.

In allen vier Himmelsrichtungen ist die Stadt jetzt zu vollem Leben erwacht.

Es ist nicht zu fassen: niemand hat gesehen, oder vielmehr: niemand hat bemerkt, dass die Türme von Notre-Dame zum ersten Mal durch ein Seil verbunden sind. Wer käme auf den Gedanken, dass da das Hoheitsgebiet eines Seiltänzers ist, der in wenigen Augenblicken ... Es ist zehn Uhr.

Sie haben die schwarze Handtasche auf das weiße Autodach gelegt. Ich stürze mich aufs Seil. Da ist auch schon Jean-Louis. Das ist unglaublich, schafft er die Treppen schneller als ich? Ich setze mich am Rande des Abgrunds nieder, schaue weder ins Leere noch auf das Seil. Auf mich kommt eine Arbeit zu, von der niemand etwas ahnt, die geheim bleiben sollte. Ich lasse drei weiß-rote Jonglierkeulen in ein Einkaufsnetz gleiten, binde dieses an eine Schnur und lasse es am Mauerwerk hinunter, es schwingt sanft hin und her und kreiselt, bevor es fünf Meter tiefer zwischen zwei Wasserspeiern hängen bleibt.

Zum ersten Mal berühre ich das Seil. Ich gehe in die Hocke und schiebe mich vom Turm weg, um das Ende der Schnur drei Meter von der Mauer am Seil zu befestigen. Als ich zwei Tage vor dem Coup die Keulen neu bemalte, habe ich aufgepasst, dass mich keiner dabei überrascht, und auch nicht beim Einpacken am Abend, bevor es losging. Man hätte es verrückt gefunden, dass ich diese Sachen mitnehme, zumal es doch wohl für mich nicht in Frage kommen kann, in dieser Höhe, ohne Balancierstange, zu jonglieren.

Nun habe ich das Netz so festgemacht, dass die Polizisten es nicht zu sich heranziehen können.

Ich lehne mich an die Brüstung. Ich ergreife die Balancierstange. Ich schaue auf das Kabel. Ich setze den rechten Fuß auf mein Seil, dann den linken. Ich richte mich gerade auf. Ich stehe vor dem Abgrund. Das ist der Augenblick, den ich so herbeigesehnt habe.

Ich mache den ersten Schritt. Ich löse mich vom Turm. Noch ein Schritt. Ich bin wirklich auf dem Seil.

Da, einen Meter vom Start entfernt, trifft mich der Eishauch des Windes, mein Balancierstab ist zu leicht und zu kurz (wegen der Abmessung der Treppe), das nicht verspannte Seil schwingt, rollt, und stößt, es bäumt sich unter jedem meiner Schritte auf, weil der Spanner zu leicht ist und nicht die Kraft aufbringt, ein Kabel von dieser Stärke zu straffen. Und dann der Abgrund. Dieser Abgrund, in den ich mich nicht zu schauen zwinge. Ich bin verloren.

Achtzig Meter über der Mitte von Paris bin ich in einer Welt gefangen, die nur aus einem grauen Kabel und einem Herzen besteht, das überlaut pocht.

Ich werde hier runterfliegen.

Vor mir erstreckt sich lediglich diese Länge Stahl, auf der ich mit jeder Bewegung – wie unter Hypnose – ein Stück Weiterleben gewinne. Ich muss hier raus!

Eine mir unbekannte Kraft drängt mich vorwärts, während sich nur wenige Zentimeter hinter mir die Rettung, die Brüstung, befindet. Noch ein Schritt, den ich tue, ohne es zu wollen, gefolgt von einem zweiten und noch einem, ich fühle, wie Schwindel mich überkommt, wie eine panische Angst mich befällt und mich mit jedem Zucken meines Herzens mehr packt.

Wenn ich mich bewege, wenn ich weitergehe, bin ich in Gefahr.

Wenn ich bewegungsunfähig stehen bleibe, bedeutet das den Tod. Ich umklammere die Balancierstange, ich schreite, staune selbst darüber, ich erobere die Mitte des Seils.

Der Wind drängt zwischen den beiden Steinbergen hindurch, die ich Frevler gewagt habe miteinander zu verbinden.

Mit aller Kraft setze ich mich gegen eine Niederlage zur Wehr, ich öffne den Mund, um das zu verkünden. Das Antlitz vom Tode gezeichnet, nehme ich den Kampf auf, schon denke ich an Rückzug, Verzweiflung martert mir das Hirn, doch Schritt für Schritt geht es vorwärts, zerteile ich den Himmel – ich komme durch.

Der Turm nähert sich, das Kabel wird fester, ich bin gerettet. Von nun an wird jede Querung, jede Gebärde auf diesem Seil zu einer verzweifelt gefährlichen, verzweifelt schönen Querung, zur verzweifelt gefährlichen, verzweifelt schönen Gebärde. Ich führe den Stierkämpfer-Schritt vor, ich setze mich in der Mitte des Seils nieder, ohne Angst. Ganz allein auf meinem Seil gehört mir Paris. Mein Blick schweift über die Dächer, bleibt an den Häuptern der geschichtsträchtigen Denkmäler hängen, die über die Stadt wachen. Von hier oben aus gesehen ist die Stadt unermesslich groß.

Zu meinen Füßen herrscht lärmendes Durcheinander von Einsatzwagen der Polizei, Rettungswagen und Feuerwehren. Kriegsgeschrei. Straßen werden gesperrt, der Platz umstellt, Befehle hin- und hergerufen, und ich auf meinem Seil muss lachen.

Der erste Schritt. Foto Jean-Louis Blondeau.

Die Betrachtung. Foto France Soir.

Das »Wunder«. Foto Alain Dejean.

Die Obrigkeit. Foto Alain Dejean.

Die Verhaftung. Foto Jacques Pavlowski.

Das Interview. Foto Jean-Louis Blondeau.

Wir hatten die Türe zum verbotenen Turm nicht geschlossen, die beiden Dachterrassen füllen sich infolgedessen mit Besuchern.

Ich mache ein paar Schritte, um mit dem Seil noch vertrauter zu werden, den Raum zu erobern und ein bisschen zu spazieren, ich setze mich wieder und strecke mich behutsam der Länge nach aus. Angesicht in Angesicht mit dem Himmel. Wie ich mich gerade wieder aufs Seil stelle, werde ich von einer Reihe von Herren in Uniform und sternchengeschmückten Schirmmützen gemustert. Sie sind harmlos und neugierig. Sie äußern ihre Bewunderung. Ich beobachte sie aus dem Augenwinkel.

»Zivilpersonen verlassen den Schauplatz!« Sie drängen meine Zuschauer in Richtung Treppe und bestehen auch bei einem kleinen Mann darauf, der schon eine Weile voller Eifer das Panorama vor seiner Nase fotografiert, ohne mir mehr als einen zerstreuten Blick zu schenken. Er hat mich gesehen, ist nicht zusammengezuckt, hat mich kaum beachtet. Was meint er wohl? Dass die Seiltanz-Vorführung täglich im Besichtigungspreis inbegriffen ist? Wenn er Seiltänzer nicht leiden könnte, na gut, aber einen Seiltänzer einfach übersehen?

Die Polizisten kommen zurück und lehnen sich wie Waschfrauen mit aufgestützten Ellbogen auf die Brüstung. Eine weitere Truppe dringt gewaltsam zu uns vor. Ihre Uniformen sind aus derbem Stoff, das muss das Eingreifkommando sein, sie sind ohne Sterne. Sie legen am Fuße des Kabels ein ungeheures Seil nieder, das ihnen genau so wenig nützen wird wie der Haufen von Klammern und Haken und Rettungsankern, die sie mitgebracht haben. Was braucht man, um einen Hochseilläufer zu fangen? Ihr Anführer (er beugt sich weiter vor als die anderen) sucht meinen Blick und ruft im Befehlston: »Sind Sie in Schwierigkeiten? Können Sie sprechen? Verstehen Sie mich?« Ich wende den Oberkörper ab, ich kann nichts verstehen. Rückwärts über die Schulter gewandt, gibt er zu Protokoll: »Der Mann weigert sich zu antworten!« Man befiehlt mir, das Seil zu verlassen; aber das wäre hier, wo ich mich gerade befinde, außerordentlich gefährlich! Und außerdem kann ich nichts verstehen ...

Die Zuschauer auf der Straße werden sich nicht mitfreuen können an dem, was jetzt folgt. Ich nähere mich dem Turm, die Uniformierten finden sich rechterhand zusammen, wo ich landen werde, sie beugen sich unmerklich vor, mit ungeheuer scheinheiligen Mienen, es fehlte nur, dass sie ein Liedchen pfeifen. Ich weiß, dass sie auf den Moment warten, da ich in ihre Reichweite komme. Noch einen Schritt, und sie werden mich an den Kleidern, an den Haaren haben ...

»Sie sind verhaftet!«

»Keineswegs, ich bin schwerelos!«

Plötzlich mache ich mit der gleichen scheinheilig-unbeteiligten Miene vor ihnen Halt, gehe langsam rückwärts und quere erneut. Hinter meinem Rücken bereitet sich die gleiche Szene wieder vor. Die zwölf Polizisten auf dem anderen Turm wähnen sich jetzt vermutlich ihrer Beute sicher und warten mit gierig leuchtenden Augen darauf, ihren Seiltänzer zu harpunieren, so etwas dürfte sich ihnen nicht alle Tage bieten. Mein Seil, das kenne ich auswendig, ich brauche nicht zurückzuschauen, um zu wissen, wo ich mich befinde, meine Füße erkennen jeden Zentimeter dieses Kabels wieder. Ich komme näher, bin ganz nahe dran, ich weiß, dass sich schon Hände nach meiner Schulter ausstrecken, ich fühle eine leichte Berührung, das ist der Punkt, den ich mir – ganz zufällig! – zum Stehenbleiben aussuche. Mit einem breiten unschuldigen Lächeln starte ich wieder vorwärts. Die armen Bullen sind wütend; einen Hochseilläufer fangen, das ist nicht so einfach!

Damit sie begreifen, spielen wir das Spielchen ein paar Mal hintereinander, und endlich begreifen sie. Sie machen es sich bequem und warten, dass meine Vorführung ein Ende nimmt. Da geht ein siegessicheres Lächeln über mein Gesicht, und die Vorführung beginnt erst richtig.

Ich schreite. Ich laufe. Ich mache eine Kehrtwendung. Ich knie nieder. Ich grüße, wie ein Seiltänzer grüßt. Ich führe equilibristische Kunststücke vor. Ich kehre zur Mitte der stählernen Bahn zurück. Ich setze mich, schaue mir lange die Gegend an, dann halte ich den Atem an und strecke mich von Neuem auf dem Seil aus; das Stahlseil schneidet mir ins Rückgrat. Ich schließe die Augen, ruhe mich aus, schlafe fast ein. Meine Seele segelt mit den Wolken dahin, während ich die Hand – ohne mich zu bewegen – von der Balancierstange löse. Lebe ich noch? Bin ich eine Pastellskizze auf einer von Sams Leinwänden, in seinem Atelier?

Das Balancieren ein sinnlicher Genuss. Notre-Dame gehört mir, Paris gehört mir, der weite Himmel gehört mir, darüber vergesse ich zu atmen. Es kommt mir so vor, als hätte ich lange einem göttlichen Maler Modell gesessen.

Ich stehe wieder auf und beginne von Neuem: der Stierkämpferschritt, Spazierengehen mit dem Balancierstab über der Schulter, wieder auf dem Rücken liegen und ausruhen, sanft gewiegt vom gezähmten Seil, das Erwachen, mich aufsetzen, die Augen öffnen über dem Dächermeer von Paris. Das Publikum, das meine Vorstellung von Anfang an begierig verfolgt hat, ist beträchtlich gewachsen. Auch Hunderte von Polizisten, Sanitätern und Feuerwehrleuten haben ihre Köpfe nach oben gereckt.

Paris ist in Festesstimmung.

Die Einwohner quetschen sich an den Fenstern zusammen, teilen sich Bäume, hängen in Trauben auf den Dachschrägen, drängen sich auf den Gehwegen, setzten sich mitten auf die Straße und schmücken – die Beine über der Seine baumelnd – die Brüstungen der Brücken, als wollten sie auf ein Feuerwerk warten. Im Herzen eines Hochseilkünstlers aber fließt die Zeit nicht in gleicher Weise dahin.

Die Menge, die jede meiner Überquerungen und alle meine Bewegungen mit fröhlichem Geschrei und mit Beifall begrüßt hat, verstummt und wartet ab. Sie verstehen nicht, warum ich mich nicht rühre. Das Warten zieht sich in die Länge.

Die Stille wächst bis zu mir empor, rührt mich an.

Ich tauche aus meinem Traum auf. Ich schüttle den Kopf. Meine Beine lösen sich voneinander. Ich gehe weiter. Jubelrufe der Erleichterung und Bewunderung steigen zu mir auf. Der Himmel gibt mir folgenden Traum ein: Ich will unter der Bedingung das Seil verlassen, dass die große Glocke von Notre-Dame geläutet wird und mit ihr alle Glocken des Reiches in Bewegung gesetzt werden! Ich stelle mir vor, welch eine Musik die schwingenden Glocken entfesseln und durch das ganze Land schicken; auf den Hühnerhöfen hören die Tiere auf, unruhig zu scharren und recken ihre Hälse zur Sonne empor. Diesen Gedankenfaden reißt der Wind ab, dem es seit Tagesanbruch nicht gelungen ist, mich aus der Fassung zu bringen, jetzt rächt er sich und fällt über mich her.

Heute lache ich, wenn ich an diese harmlose Brise denke, aber es war meine erste Überquerung da oben, und ich hatte das Gefühl, als wenn der Sturm meine Arme packte.

Ein feiner Regen beginnt sich mit den Luftströmen zu vermischen, die um mich herumtanzen, damit ich den Kopf einziehe und langsamer tue mit meinen Überquerungen. Im Regen büßt meine Luftreise an Schönheit ein. Die Polizei wird ungeduldig, das Seil trist.

Ich entschließe mich zu einem letzten Wunder, bevor ich wieder festen Boden betrete.

Ohne nachzudenken lege ich den Balancierstab am Rande des Turmes ab, die Polizisten halten aus Angst, mich zu stören, Abstand – Bravo! Ohne nachzudenken laufe ich rückwärts aufs Seil hinaus, das sensibler geworden ist, weil sich die Last verändert hat. Es regnet. Es windet. Ich bin ganz schön weit von meinem Turm entfernt. Schnell bringe ich mich ohne Balancierstange, auf dem rechten Bein stehend, ins Gleichgewicht und zwinge meinen Körper zur Ruhe. Ohne nachzudenken werfe ich meine Keulen.

Der Wind greift danach. Der Regen macht sie schlüpfrig.

Jean-Louis, der sich unten aufhält, seit ihn die Polizei von hier oben vertrieben hat, fotografiert dieses Kunststück nicht, die Hände zittern ihm, er wendet sich ab, er kennt mich – das ist nicht möglich! Annie, die weiß, dass ich erst seit ein paar Wochen auf dem Stahlseil jongliere, versteht nicht, ist wie gelähmt. Sie sehen sich fassungslos an.

Zum ersten Mal verliere ich die Balance. Ich reiße alle Kräfte zusammen. Ich packe mit den Zehen fest zu. Ich halte mich.

Beim zweiten Mal ist es ein Wunder. Ich erzähle es später so:

Ich verliere die Balance, diesmal kam der Stoß vom Wind und vom Kabel. Ich bin neben dem Seil, gleich falle ich, ich falle.

In jähem Entsetzen werfe ich den rechten Arm über den Kopf, verrenke mir die Schulter dabei, die Augen klammern sich ans Seil, der Horizont kippt, ich finde in die Senkrechte zurück, bin wieder im Zentrum meines Gleichgewichts.

Eine Kleinigkeit hatte mich gerettet:

Rechts hielt ich zwei Keulen; die dritte befand sich in meiner linken Hand. Diese Keulen sind schwer, damit der Wind sie nicht abtreibt. Ich hatte das Gewicht, das auf meiner rechten Hand lastete, über mich hinweg nach links geworfen, das brachte mich wieder ins Lot. Bis jetzt habe ich das Jonglieren immer auf die gleiche Weise abgeschlossen: alle drei Keulen links. Außer heute!

Leere im Innern. Aber mir bleibt keine Wahl. Nicht nur den Hunderten von Zuschauern gegenüber, auch was die Beziehung zwischen Notre-Dame und mir, zwischen dem Seil und dem, der es bestiegen hat, angeht. Heute oder nie werde ich mich zum Hochseilkünstler weihen. Dazu fehlt mir noch ein abschließender Sieg.

Mit nicht zu überbietender Leichtfertigkeit und gleichgültig allem gegenüber, was auf mich zukommt, verlagere ich wieder das Gewicht auf das rechte Bein – aus den Augen sprühen Funken – ich jongliere. Lange Sekunden sind es, die ich jongliere. Ich jongliere mitten in einem Wirbelsturm, den nur ich erlebe.

Die drei Keulen beenden ihren Flug in meiner linken Hand, unter Freudengeschrei springe ich auf den Turm zu, wo ich so ungestüm ankomme, dass ich über die Brüstung fliege. Ich rolle den Ordnungshütern vor die Füße.

»Lassen Sie sich Zeit, wenn Sie wieder zu Atem gekommen sind, werden wir Sie auffordern mitzukommen.« So viel Höflichkeit hätte ich von der Polizei nicht erwartet.

Mein erster Gedanke: ich müsste mich eigentlich vor den Zuschauern verbeugen, auf die Balustrade steigen, mich an die Menge wenden, die mir drei Stunden lang zugeschaut hat, ich müsste die Arme ausbreiten und ihnen danken, mich mit einem triumphalen Gruß verabschieden. Aber die Polizisten umringen mich. Ich werde in Ketten gelegt. Die Feuerwehrleute gratulieren mir.

Am Seilzug hebelnd entspanne ich noch die Anlage, dann kommt der Abstieg. Ich gehe voraus. Auf halber Höhe begegnen wir drei Reportern, sie stoppen mich mit vorgehaltenen Mikrofonen und stellen mir die üblichen Journalistenfragen, ich gebe Hochseilkünstler-Antworten. Sie wollen wissen, warum und wie? Mein Alter? Motive? Wer mich dafür bezahlt? Wegen Publicity? Wie lange? Wie hoch? Wie schwer? Wieviel kostet das?

Unten aber wird alles wieder wunderschön. Eine beachtliche Menschenmenge verlangt nach mir. Um der zu entgehen, muss ich der Polizei durch schmale Bogengänge, versteckte Passagen und Unterführungen folgen. Bei jedem Versuch, hinauszugehen, ist die Menge schneller und spendet mir Beifall. Endlich flüchten wir uns ins Innere der Kathedrale. Dieser Gang durch das kalte, nur von Flüstern erfüllte Kirchenschiff bereitet mir – ich kann auch nicht sagen, warum – ein eigenartiges Vergnügen.

Vielleicht werden mir nach meinem Flug zwischen den beiden Türmen die Ehren zuteil, von denen ich geträumt habe …

Ein unsichtbares Zittern durchläuft die Pfeiler, der Boden fängt an zu vibrieren, die Luft wird dichter, die Stille gespannter, Weihrauch hängt im Raum. Dann durchbricht schallender Klang die Rose im Westen, das Mittelschiff nimmt die bronzenen Klänge auf, sie brechen sich im Chor, vermischen sich, hallen betäubend von den Steinplatten wider. Die Glocken von Notre-Dame läuten aus voller Kraft!

Schleunigst verlassen wir die Stätte durch eine Seitenpforte, die einen sehr niedrigen Sturz hat. Zum Spaß gehe ich mit ganz aufrechtem Oberkörper und gebeugten Knien darunter durch, meine Bewacher ducken sich einer nach dem anderen, um mit den Köpfen nicht anzustoßen, es sieht aus, als wollten sie Buße tun.

Draußen werfen sie mich in den Einsatzwagen und jagen los, sie betätigen das Martinshorn … des Sieges. Hunderte von Leuten haben mich erkannt. Eiligst machen sie sich an die Verfolgung des Wagens und applaudieren mit Geschrei und Winken. Unvergesslich, diese Horde freudiger Menschen. Als hätten sie selber einen Sieg errungen. Sie laufen, springen auf der ganzen Straßenbreite, sie rufen: »Viel Glück!«, sie rufen: »Auf Wiedersehen!«, sie schreien: »Philippe!« und »Bravo!«

So schnell verwandelt sich eine Straße, wird menschlich, freundlich, bekommt Wärme.

Durch die Gitterstäbe meines rollenden Gefängnisses beobachte ich begierig meine mir unbekannten Freunde. Jubel erfüllt mich, ein tiefer, freudiger Atemzug bringt das Blut in meinen Adern in Wallung, und ich lasse mich – sei es vor Glück oder Erschöpfung – auf den Wagenboden fallen.

Sie wollen mich ins Krankenhaus bringen.

»Aber nein! Ich bin nicht krank, auch nicht verletzt, ich will mich nur ein bisschen ausruhen. Ich will nicht ins Krankenhaus!«

Auf der Wache muss ich meine Geschichte erzählen; die, die ich so haarklein einstudiert habe. Sie glauben mir, oder wollen mir glauben – das spielt auch keine Rolle –, denn mittlerweile hat die Sache an Popularität und Sympathien gewonnen; das Fernsehen hat die ersten Überquerungen gefilmt, die Rundfunksender kommentieren jede Phase der waghalsigen Aktion, die Berichterstatter schreiben Berichte.

Man möchte von mir zur Erinnerung die Abdrücke meiner beiden Daumen haben. Welch ein Irrtum! Den illegalen Hochseilläufer erkennt man an seinen Fußabdrücken. Das wissen sie nicht, ich könnte also ruhig noch einmal auftreten.

Um alle Formalitäten zu erfüllen, statten wir noch weiteren Dienststellen unseren Besuch ab. Jedesmal muss ich erzählen, was nicht passiert ist, jedesmal werde ich mit größerer Achtung empfangen, mit Händedruck, man möchte ein Autogramm, ich entdecke einen Herzkönig, der sich unter das Jackenrevers eines Unteroffiziers verirrt hat, ich lasse die Karte verschwinden, bekomme Beifall.

Es wird Befehl gegeben, meine Anlage abzubauen. Mit dieser Aufgabe wird eine Spezialeinheit der Polizei betraut. Es sind recht unangenehme Burschen. Sie lehnen die Zusammenarbeit mit mir ab und sprechen von Seil-Durchschneiden. Ich erkläre ihnen, dass es äußerst gefährlich sei, ein gespanntes Stahlseil mit dem Bolzenschneider zu kappen, weil es sich dann wie eine Peitsche benehme. Im Augenblick des Durchtrennens könnte es einen Menschen buchstäblich zweiteilen, mehrere Wasserspeier herunterschlagen und die Glasfenster beschädigen. Wenn sie das wollten, ich hätte sie gewarnt, ich würde jede Verantwortung ablehnen, die Anwesenden seien meine Zeugen. Was ich nicht laut ausspreche ist, dass derjenige, der mein Kabel durchschneidet, in meinen Augen ein Tier ist.

Trotz meiner Warnung bricht die Truppe zu ihrer Expedition auf. Mir schwant Schlimmes. Man beendet mein Verhör und lässt mich allein zurück. Mir gegenüber die Anschlagtafel, auf der Steckbriefe, interne Dienstvorschriften, Anordnungen, Anweisungen und vertrauliche Mitteilungen angepinnt sind. Ich mache mich ans Entziffern. Nach einer Stunde der Gegenbefehl, die Spezialeinheit meldet sich über Funk:

»Im Grunde genommen haben wir nichts dagegen, wenn der Akrobat hierher kommt. Da gibt es ein paar Kleinigkeiten ... es wäre besser, wenn er da wäre.«

Vier stämmige Kerle mit Bürstenhaarschnitt und steifem Wetterzeug nehmen mich in ihre Mitte und nötigen mich, in ihren schwarzen Wagen zu steigen, ein Uniformierter setzt sich ans Steuer. Ich kehre zum Tatort zurück.

Beim Treppensteigen habe ich es nicht eilig, ich genieße diesen letzten Aufstieg. Fängt jetzt alles noch mal von vorne an? Nein, wie als Antwort auf diesen Gedanken machen meine Begleiter Halt, verschränken mir die Hände auf dem Rücken und legen mir aus reiner Bosheit Handschellen an.

Jetzt bin ich wieder an der frischen Luft. Mein Seil ist noch da. Ich kann mich ärgern, dass ich nie mit den Händen auf dem Rücken trainiert habe! Die Spezialisten machen mit untergeschlagenen Armen Pause. Mit meinen Seilkünstlerknoten kennen sie sich nicht aus.

Ich gebe ihnen Ratschläge und übernehme die Leitung beim Abbau. Für die fünf Männer eine Stunde harter Arbeit. Ihr Chef merkt mir an, dass ich den Worten Taten folgen lassen möchte, und weil ihm klar ist, dass er mit meiner Hilfe die Arbeiten schneller zum Abschluss bringen kann, beschließt er, mir die Handschellen abzunehmen. Er bittet mich jedoch, nicht zu zeigen, dass ich die Hände frei habe. Diskret weist er mich auf die Kameras hin, mit denen das Polizeipräsidium uns beobachtet. Laut Anordnung muss ich gefesselt sein. Ich bin kein Spielverderber und achte bei jeder Bewegung darauf, dass meine Handgelenke immer schön aufeinander liegen. Durch meinen Einsatz beschleunigt sich die Demontage, ich habe jetzt fünf Leute unter meinem Kommando. Sie schließen Freundschaft mit mir, weil sie Achtung davor haben, dass ich in ihrer Kunst, sich auf jedem Terrain sicher zu bewegen, auch bewandert bin. Ich darf aber noch nähere Angaben zu den erwähnten Kameras machen: sie dienen eigentlich der Verkehrsüberwachung, aber wenn die Umstände es erfordern, können sie unter ständigem Drehen die Gegend absuchen. Die Bilder werden direkt auf die riesigen Bildschirme im Kontrollraum übertragen. Wir werden also gerade überwacht.

» Und wie war das ... während meiner Vorstellung auf dem Seil ...?«

»Najaa«, weiht mich der Unteroffizier ein, »die haben in der ersten Reihe gesessen, alle Kameras waren auf Sie gerichtet, und Sie sind dort unter verschiedenen Blickwinkeln über alle Bildschirme gelaufen, ein einmaliges Ding!«

Als Dank für sein Vertrauen lasse ich eine Zigarette auftauchen. Wieder ertönen Befehle. Die Demontage ist beendet, wir müssen hinunter. Mein Aufpasser entschuldigt sich dafür, dass er mich wieder in Ketten legen muss, diesmal sind die Hände vorn und das »Armband« locker. Ich weiß solche Aufmerksamkeiten zu schätzen und zaubere für ihn weitere Zigaretten herbei, allerdings wegen der Handschellen auf etwas andere Weise. Dann eine Situation, an der ich meine diebische Freude habe: Einer der Herren lädt sich das in großen Windungen aufgerollte Laufseil auf und macht sich an den Abstieg. Ich erkläre ihm, dass ich mein Kabel selber tragen möchte, dass mir das nichts ausmacht, dass ich daran gewöhnt bin, er bräuchte es mir nur über die Schulter zu werfen, und ich wäre in Nullkommanichts unten. Nein. Er muss seine Pflicht tun. Ich beobachte den guten Mann, wie er dieses fünfundachtzig Kilo schwere Stahlseil auf der Schulter befördert. Er lächelt dabei, als wenn er nichts spürte. Er steuert die Treppe an. Ich habe sein Gesicht beobachtet, zwei Meter genügen und das Gewicht quetscht ihm schon die Schulter, aber vor seinen Kameraden – und nach meinem Angebot – geht er lieber in den Tod, als seine Last abzusetzen. Er schwankt beim Absteigen. Gehässigerweise frage ich ihn:

»Soll ich's Ihnen abnehmen? Wollen Sie nicht einen Augenblick Halt machen?«

»Auf keinen Fall! So viel wiegt es auch wieder nicht!«

Jean-Lois und Jean-François sind gerächt!

Ohne ein einziges Mal das Kabel abgesetzt zu haben, kommt er am unteren Ende der Treppe an. Zu meiner Überraschung erblicke ich vor dem Polizeirevier meinen Lieferwagen. Jean-Louis sitzt hinter dem Steuer, Annie auf dem Beifahrersitz, die Freunde hinten. Erneute Formalitäten wegen des Materials unserer Expedition, das wir wieder mitnehmen wollen und endlich in den Wagen laden. Die Hände habe ich wieder frei. Ich leiste eine letzte Unterschrift und lasse die Schwelle des Ordnungshüterreiches hinter mir. Es regnet. Bevor ich mein erstes Interview gebe, schreie ich Jean-Louis meine Begeisterung heraus. Der junge Journalist ist gestern erst eingestellt worden, ist neu in seinem

Fach, seine Zeitung hat ihn auf den Coup angesetzt in der Meinung, dass der fliegende Mensch über Notre-Dame ein Scherz sei, für den es nicht lohne, einen ordentlichen Berichterstatter auf Außendienst zu schicken. Er hat drei Stunden vor dem Polizeirevier gewartet, weil er von seiner ersten Reportage nicht unverrichteter Dinge zurückkommen wollte. Er hat einen großen Regenschirm aufgespannt zum Schutze seines tragbaren Aufnahmegeräts, das sich nur widerwillig in Gang setzen lässt. Ich warte gar nicht erst auf seine Fragen, sondern antworte, schreie, brülle, lache, gestikuliere, erzähle alles. Es hat nicht aufgenommen? Macht nichts, noch mal von vorn! Er hält die Traufe seines Schirms genau an meinen Hals. Ich entkomme triefnass, und mir fällt ein, dass ich gewaltigen Durst habe.

Wir fahren los. Ich bin wieder frei. Das hätten wir hinter uns.

Ich erfahre, dass während meiner Vorstellung im Inneren der Kathedrale eine kirchliche Feier stattgefunden hat. Und die Glocken haben deshalb zu läuten begonnen, weil das zum Auszug so üblich ist. Niemand wird je erfahren, welchem der beiden Ereignisse ihr Gruß wirklich galt. Während ich mich nämlich zwischen den Türmen von Notre-Dame zur Ruhe legte, war gerade Priesterweihe. Fünfzig Priester lagen ganz in Weiß mit zur Erde gewandtem Gesicht und zum Kreuz ausgebreiteten Armen vor dem Altar und empfingen ihre Weihe. Achtzig Meter über ihnen schlief ich, ganz in Schwarz dem Himmel zugewandt, und weihte mich zum Hochseilkünstler.

Annie berichtet von ihrem Entsetzen, als sie gesehen hat, wie das Sonderkommando der Polizei ausrückte; sie wollten mich mit Haken und Seilen herunterholen! Und wie sie meinen Dichterfreund Fouad durch die Gänge und Treppen der Kathedrale geschleift hat auf der Suche nach dem Bischof, der den Polizisten den Zutritt zum Gebäude verwehren sollte. Denn die würden das Leben des Seiltänzers gefährden, wenn sie die Seile anrührten … wie das Duo atemlos in das Arbeitszimmer des Kirchenmannes hereingeplatzt war, ihn angefleht hatte zu handeln … wie dieser es mit dem Ausruf: »Er hat gegen das Gesetz verstoßen, was ihm auch passieren mag, er hat es verdient!« abgelehnt hatte, irgend etwas zur Rettung meines Lebens zu unternehmen.

»Monsieur, Sie sind ein schlechter Christ!«, hatte Fouad ihm voller Abscheu zugerufen, ehe er die zwölf Zentimeter dicke Eichentür ins Schloss warf.

Was waren meine letzten Gedanken an diesem Tag?
Den ganzen Abend war ich außer mir vor Glück.
Ich rede und rede und rede. Ich falle vor Müdigkeit um. Ich schlafe vierundzwanzig Stunden. Es wird Tag, es wird Nacht, ich weiß von nichts. Als ich aufwache, liegen die Zeitungen vor mir. Der Coup steht auf der ersten Seite, mit Fotos von Jean-Louis. Aus der ganzen Welt. Amerika, Japan, Europa, von überall! Die Legende des Gauklers von Notre-Dame wird beschworen, ich werde der Hochseilkünstler von Notre-Dame, der Jongleur von Notre-Dame. Fouad sagt:
»Das ist die poetischste Tat des 20. Jahrhunderts!«
Telegramme kommen. Das Telefon klingelt fortwährend.
Obwohl ich so müde bin, muss ich noch etwas regeln – zwischen Paris und mir –, damit der Kreis sich schließt.
Hastig schlüpfe ich wieder in das Kostüm, das ich auf dem Seil anhatte, hänge meine Jongleurtasche um, setze meinen alten Zylinderhut auf, besteige das Einrad und kämpfe mich durch den Verkehr zu einem Jonglier-Triumph durch. In meinem Kreidekreis an der Ecke Rue de Buci / Boulevard Saint-Germain gebe ich eine tolle Jongliervorstellung. Die Zuschauer erkennen mich wieder. »Das ist er! Der Jongleur! Der Seiltänzer! Das ist derselbe!«
Eilig spanne ich mein Hanfseil vor den »Deux Magots«. Alle, die draußen sitzen, stehen auf, sowie sie mich erkennen. Sie klatschen im Stehen! Auf dem Seil jongliere ich mit brennenden Fackeln, mit den weißen Kugeln, von denen eine jetzt ein Loch hat. Die Polizei erscheint, um mich festzunehmen, so schnell, wie ich gekommen bin, verschwinde ich. Jedenfalls habe ich heute keine Lust, mit dem Hut sammeln zu gehen.
Zur gleichen Zeit schickt ein Theateragent irgendwo in den USA einen Stoß Zeitungsausschnitte an den Direktor des weltgrößten Circusses und rät ihm, den Hochseilkünstler von Notre-Dame zu engagieren, weil der so originell ist. Der Direktor überfliegt die Artikel, schüttelt den Kopf und brummt:

»Nein, der ist noch arg jung, der soll erst mal trocken hinter den Ohren werden ...«

Das Volk hat in Frankreich reagiert, Paris aber rührt sich nicht. Ich gebe ein Interview im Fernsehen, spreche einmal im Rundfunk, aber es tut sich nichts.
Im Circus brauchen sie mich nicht.
Die Künstler-Agenturen bleiben stumm.
Die Presse hat mich zum Erzählen nicht nötig.
Der Himmel über der Hauptstadt verlangt keine weiteren Überquerungen von mir.

Ich habe es satt und begebe mich als Straßenjongleur per Anhalter auf eine Straße, die in den Süden führt.
Frankreich interessiert sich nicht für den Hochseilkünstler von Notre-Dame, macht nichts! – er hat die ganze Welt.

Paris, Rue Laplace
im Dezember 1971

VERSCHWINDEN!

Im 16. Jahrhundert führten die Kriegsingenieure in Frankreich Zeichnungen und Landkarten aus der Kavalier-Perspektive ein: zum ersten Mal sah man aus der Höhe eines Reiters auf die Welt und auf den Menschen herab.
A.DESCAMPS, *L'Invention du Corps*, P.U.F.[9]

Ich erkläre mich hiermit für schuldig, die Perspektive von der Höhe eines Seiles herab eingeführt zu haben. Ob aus Höhen oder Tiefen: wenn ich dem Schwindelgefühl spotte, sehe ich die Welt in anderen Farben. Ich bin zutiefst ergriffen davon.

Weil ich die Sterne liebe, habe ich es getan. Um das Meer auszutrinken. Um jene Schattenspieler wieder zu treffen, die so gut die Fabelwesen beschwören können. Um dem ewigen »Auf! Nieder!« zu entgehen. Es gibt noch Hoffnung in euren Schulen, euren Irrenanstalten, in diesen Gefängnissen ... An allem habt ihr etwas auszusetzen, ihr habt nichts gelernt. Stumpfsinnig und gefühllos seid ihr, wie die Gäule, die auf dem Treidelpfad die Schiffe ziehen. Genau wie sie würdet ihr doch euren Schatten verkaufen für eine Handvoll Hafer.
Also, hier ist meine Geschichte:

Die Fluchtversuche haben ihn zermürbt, jedesmal haben sie ihn wieder eingefangen.
Zusammengekrümmt liegt er auf seiner Palmfasermatte, die beim leisesten schlechten Traum knackt, und stößt im Schlaf unverständliche Drohungen aus. Seine Lippen sind aufgeplatzt, ein paar Zähne fehlen. Schläft er überhaupt?
Er schläft nicht. Jetzt, wo er sicher ist, dass die Gefährten schlafen, öffnet er ein Auge und zählt die Stunden. So lange hat er nur Jahreszei-

ten gezählt. Die Tür schlägt gegen das schwer Mauerwerk. Der Wind vom Meer ... atmet ... ein ... aus ...

Morgen werde ich ...

Nachdem er auf dem Festland lange hinter Gittern gesessen hatte, schenkte man ihm das nackte Leben und setzte ihn hier auf der windgepeitschten Insel aus. Man hat ihm die Ketten abgenommen und ihm eine baufällige Hütte zugewiesen. Diese Freiheit ist Illusion und zermürbender als das Zuchthaus.

Seine Leidensgenossen werden einer nach dem anderen ein Opfer der Gewohnheit, die ihn sogar bis in seine Träume verfolgt. Aber gerade in diesen Träumen knobelt der Sträfling eine wunderschöne Fluchtmöglichkeit aus.

Morgen ...

Immer wieder starrt er unter dem Schatten der Kokospalmen von der Höhe der Felsen, die sein Gefängnis bedeuten, aufs Meer hinaus. Gebannt beobachtet er, wie die Kokosnüsse, die auf den Wellen treiben, sich den gischtgepeitschten Klippen tief unten mal nähern, dann wieder entfernen. Wieder und wieder wirft er die trockenen Schalen aufs Meer hinunter: einige verfehlen den Wellenkamm und zerschellen auf den für Augenblicke bloßliegenden Felsenriffen; andere, die er genau im richtigen Moment wirft, wenn die größte Welle auf der steigenden Flut heranrollt, werden auf die offene See hinausgetragen und kehren nicht zurück.

Dann fasst er seinen Entschluss. Er wird fliehen. Morgen ...

In der Frühe, während es dämmert, schleift er ein riesiges Bündel zur Kante des Steilabfalls:

Hundert sorgfältig ausgewählte Kokosnüsse, zusammengehalten von einem aus Lianen geflochtenem Netz, an dem sein Schicksal hängen wird.

Er wartet, bis die Sonne aufgeht. Er wartet, bis die Flut kommt. Er wartet auf die höchste Woge. Er lauscht auf den Wind, beobachtet die Gischt.

Jetzt!

Eins ... zwei ... drei ... er wirft den Packen.

Dreißig Meter tiefer zeichnet sich auf den weißen Wassern eine perfekte Zielscheibe ab. Wenn er jetzt zögert, wird der Granit, an dem sich die Brandung bricht, seinen Körper zerschmettern. Er zögert nicht.

Seht! Er nimmt Anlauf und springt.

Er meint in der Luft zu schweben, so groß ist die Höhe. Er rudert gewaltig mit den Armen, um sich senkrecht zu halten. Da ... die See hat ihn verschlungen.

Vor Angst ist er während seines Fluges fast gestorben. Das Bündel schwimmt. Die Brandung fegt über die Felsen. Die Sonne vertreibt die Schatten. Eine Nuss ist aus dem Netz gerutscht. Nein! Es ist der Kopf des Mannes, der gerade wieder auftaucht. Mit wilden Armbewegungen krault er durch die Flut, die ihn von seiner Rettungsinsel trennt. Er erreicht sie und klammert sich daran fest. Eine brüllende Sturzsee reißt das Schiffchen vom Ufer weg.

Mit jeder Welle wird es weiter auf die offene See hinausgetrieben. Wie eine wunderlich in ihrem Netz verfangene Spinne reitet der Mann auf den Fluten, spürt, wie der Geruch der Küste sich allmählich verliert.

Der Hochseekünstler, der Wellenläufer verschwindet allmählich, ohne Aufsehen zu erregen, ohne Nahrungsmittel und ohne Schlaf, mal mit offenen, mal mit geschlossenen Augen, voller Zuversicht, das Herz nahe am Versagen, immer gewiegt von der unendlichen Weite.

Sterne ziehen über ihm dahin. Regengüsse peitschen. Die Winde machen sich gegenseitig die kümmerliche Beute streitig, Meeresungeheuer wollen sie verschlingen.

Des Streites überdrüssig speit das Meer seinen »blinden Passagier« an irgendeinem Sandstrand aus, der über und über mit Goldflimmerblättchen besät ist.

Die Sonne brennt ihn, der Entflohene kommt zu sich. Er stellt sich auf die Füße, taumelt ein paar Schritte und sackt zusammen – um dann im Schatten einer Eingeborenenhütte, der Hütte des Häuptlings, wieder zu erwachen.

Menschen einer anderen Hautfarbe umringen mich und palavern in einer unbekannten Sprache darüber, was mit mir geschehen soll. Ich biete ihnen meine offenen Hände und mein breitestes Lächeln: »Ich kann Knoten, die ihr nicht mehr könnt.«

Sie beobachten mich, wie ich das Dach ausbessere. Ich pflanze essbare Knollen. Ich zeige ihnen Kunststücke. Ich verarzte eine verletzte Ziege. Ich bastle Kinderspielzeug, ritze den Lageplan des Dorfes, eine Karte der Gegend, die Landesgrenzen auf Rindenstücken ein, und mache mich davon.

Er entdeckt andere Kontinente, beginnt jedesmal ein neues Leben, gräbt sich in den Bauch fremder Gebirge, kostet von allen Quellen. Wenn er Station macht, kann man ihn beim Erzählen ertappen.

Nach seinem Hinscheiden – lange nach der Ewigkeit, lange nach der Apokalypse – wenn heimtückische Strömungen mich unbedingt zu der verwünschten Steilküste des ersten Sprunges zurückschwemmen wollen – die Flüsse fließen ja alle zum Meer hin –, wird ein Kadaver ohne Zähne und dem unerträglich eitlen Grinsen des tüchtigen Steuermanns zu euren gefesselten Füßen – und Händen – angeschwemmt werden.

Auge in Auge werdet ihr dann einem dieser Wasserspeier-Ungeheuer gegenüberstehen.

Ja, ja, ihr, die ihr eifrig Gezeitentabellen ausfüllt, die ihr Tage, Stunden, Sandkörnchen und die zum Appell angetretenen Häftlinge zählt, ihr Wärter der Leuchttürme mit ihren flackernden Scheinwerfern, ihr seid doch zu faul, die dreihundertfünfundsechzig Stufen der Wendeltreppe hinaufzusteigen und das lebensrettende Feuer wieder zu entfachen, euch erschreckt schon das Getöse der zurückbrausenden Flut. Ihr, die ihr nicht wagt, den Wogen zu trotzen, ihr werdet mit lauter Stimme das Geheimnis meiner Flucht lesen, das ich wie zum Hohn quer über die Brust eintätowiert trage. Die Idee war großartig, indes äußerst simpel: genutzte Naturkräfte, die Gezeiten, die Strömungen – als Mittel, das Unmögliche zu erreichen.

Er hatte gelernt, über den Himmel zu laufen.

Wenn er an jenem Morgen den Sprung verfehlt hätte, den Flug, nicht den Sturz!, wenn er nicht mit den Fersen voran ins Unbekannte vorgestoßen wäre, dann könntet ihr sicher sein, dass er nicht zurückgekommen wäre, um sich schnappen zu lassen. Und wenn er sich hätte schnappen lassen, weil er bewusstlos war, dann nur, um euch beim Erwachen mit seinen schmutzigen Nägeln blutig zu kratzen und euch mit Entsetzen zu lähmen durch das Geheul des Gespenstes, das ihr – leugnet nicht! – an euer Scheunentor genagelt hättet.

Nein, der Steilabfall war zu schroff, die Klippen in der Tiefe zu scharfkantig. Nein, eher hätte er sich von den Rasiermessern der Küste zerstückeln lassen. Eher das, als sich euch, ihren Aufpassern, auszuliefern, die ihr bald foltern helft, bald (was noch schlimmer ist!) diensteifrig missbilligend den Kopf schüttelt. So selten lasst ihr eure Schlüssel irgendwo herumliegen, es sei denn »aus Versehen«, niemals aber, welche Schande, bietet ihr sie einem an, der weggehen will und der indessen – ja, freiwillig – euren Schatten und den eurer Kinder auf den Schultern getragen hätte – ja, also ... er hätte sich lieber zerschmettern lassen, als euch seine Reisenotizen auszuliefern, seine Erfindungen und Bestandsaufnahmen. Die ich zur Sicherheit in meinen Bauch eingenäht habe.

Das wär's, lest es nur vor, irgendwo anders! Lauft in euren Museen auf und ab!

»Was hat er nur so weit von zu Hause gesucht?«

Was ich gemacht habe abseits von euren sauber geharkten Stränden (wo man keine einzige Muschel mehr findet!), was ich gesehen habe?

Das wirst du nie verstehen, du Traumzerstörer!

Nie, nie ...

Nie.

Und verschließt den Sarg gut, meine Zähne wachsen nach ...
Soll ich, der Nebelbildhauer, der Wortekritzler, Entwerfer, Taschendieb, Knotenkünstler, Pferdemensch, Zauberer, Perfektionist, Stierkämpferlehrling, Filmemacher, Schmied, der Weinbaukundige, der Schreiner, der Entzifferer lebendiger Sprachen, der Unterwelt-Gast, der Schachspieler, als jener, der Kreise auf den Asphalt zeichnet, der Kathedralen mit den Augen verschlingt, das Baumkind, der »Wolkenkratzer« – ich füge hinzu: der Liebhaber, der nicht weiß, wo er hinge-

hört, der unfreiwillige Vater – soll ich nach Djakarta auswandern und dort mit drei Orangen jonglieren, oder soll ich mir in den Felsen von Cordes-sur-Ciel[10] eine heimliche Höhle graben?

Schon gut, Gypsy, ich werde mich woanders aufhängen lassen.

Verfasst drei Uhr morgens
im Halbdunkel
bei steigender Flut,
Bucht der Guten Aussichten,
Insel der Schattenbilder, Seychellen
16. März 1990

HISTORISCHE BERICHTE AUF DEM STAHLSEIL

von Charles Dollfus, Luftfahrer

Charles Dollfus

Charles Dollfus, geboren am 31. März 1893, kam mit der Berufung zur Luftfahrt zur Welt und beschäftigte sich sein Leben lang mit der Geschichte dieses Fachgebietes und mit der Durchführung von Fahrten in Freiballonen und Luftschiffen.

Seit seinen ersten Versuchen 1911 bis 1914 machte er eine Karriere, die ihm auch die größten heutigen Piloten neiden könnten: Fahrten von 590, 760, 1061 km Länge, Überquerung des Ärmelkanals, eine Fahrt von 12 Std. 12 Min. im Alleingang usw.

Im Ersten Weltkrieg wurde er Fluglehrer und Luftschiffkapitän in der französischen Luft- und Seeflotte und nahm an zahlreichen Begleitschutzeinsätzen auf dem Atlantik teil (U-Boot-Abwehr und Minensuche).

Er nahm auch an den meisten Wettbewerben teil, wobei er allein dreizehn erste Preise davontrug.

Sechsmal war er beim Gordon-Bennett-Cup dabei, einmal in den USA, fünfmal in Europa (Landungen in Rumänien, der Tschechoslowakei und dreimal hintereinander in der UdSSR).

Er kann eine Fahrt von 42 Std. 55 Min. in den USA, drei über 1000 km lange Fahrten (die weiteste davon 1410 km), zwei Aufstiege bis in 7000 m Höhe vorweisen, und fünfmal ist er länger als 24 Stunden in der Luft geblieben. Dreimal ist er mit einer Montgolfière aufgestiegen, die ihren Auftrieb durch Strohfeuer erhält, und mehrmals mit Heißluftballonen mit Brennerbetrieb. Er hat zwei Fallschirmabsprünge und sechs Notwasserungen auf See hinter sich. 1914 hat er den Ärmelkanal überquert, 1928 den Erie-See und 1964 die Alpen. Zusammen mit seinem Sohn Audouin, einem Astronomen und Luftfahrer, hat er 1954 einen nächtlichen Aufstieg in 7000 m Höhe zur Erforschung des Mars durchgeführt.

Charles Dollfus führte seit 1915 Luftschiffe, erhielt 1918 seine Pilotenlizenz und brachte es auf achtzig Aufstiege. 1932 und 1933 überquerte er an Bord der GRAF ZEPPELIN dreimal den Süd-Atlantik und einmal die Karibik; 1936 dann Nordamerika. An Bord der HINDENBURG überquerte er zweimal den Nordatlantik.

Charles Dollfus starb am 3. Juli 1981 in Neuilly-sur-Seine, im Alter von 92 Jahren. Zur letzten Ruhe gebettet wurde er in Lyons-la-Forêt. Der Altvater der Luftfahrer besaß an die dreißig Ballone und ist mehr als sechshundertmal aufgestiegen.

Zusammen mit Kapitän Hirschauer gründete Charles Dollfus 1918 das *Musée de L'Air* (Luftfahrtmuseum) und widmete ihm vierzig Jahre seines Lebens, davon zweiunddreißig als Kustos (1925–1958). Als Historiker von Luftfahrt und Technik (Beförderungstechnik, Maschinenbau, Dampfkraft) sowie als Autor und Mitverfasser von *Histoire de L'Aéronautique* (Geschichte der Luftfahrt), *Histoire de la Marine* (Geschichte der Marine / der Seestreitkräfte), *Histoire de la Locomotion Terrestre* (Geschichte der erdgebundenen Fortbewegung), *L'Homme L'Air et L'Espace* (Der Mensch, Luft und Raum), *Les Ballons* (Ballone), *Les Avions* (Flugzeuge), *Petite Histoire de l'Aviation* (Kleine Abhandlung über die Geschichte des Fliegens), *En Ballon* (Mit dem Ballon unterwegs), *L'Année Aéronautique (1919–1939, zwanzig Bände)* (Jahrbuch der Luftfahrt), hat er ebenso mitgearbeitet an der Zeitschrift *L'Aérophile* (Freunde der Luftfahrt) (1908–1920 wie an *L'Aéronautique* (1920–1939), (Die Luftfahrt) und *d'Icare* (Ikarus).

Außerdem war er Lehrer für Luftfahrt-Geschichte an der Staatlichen Hochschule für Luftfahrt (1939– 1958), Mitglied der Marine-Akademie, Mitglied der Internationalen Astronauten-Akademie, Preisträger der Akademie Française, besaß Diplom und Auszeichnung des Aéro-Club Frankreich sowie das Montgolfière-Diplom und gewann die Clifford Harmon-Trophy.

Charles Dollfus war Ritter der Ehrenlegion, Träger des Croix de Guerre (1940– 1944) (Kriegskreuz), des Ordens der Widerstandsbewegung, der Luftfahrtmedaille, der Goldmedaille für Leibeserziehung, der *Médaille Pénitenciaire* (Strafvollzugs-Orden). Er war *Commandeur du Mérite Sportif* (Träger des Ordens für Verdienste um den Sport), Offizier des brasilianischen *Croix du Sud* (Kreuz des Südens) und Vorsitzender der Gesellschaft »*Les Aéronautes*« (Die Luftfahrer).

Er sagte mir immer wieder, es wäre sein Traum, einmal in der Schubkarre von mir auf dem Seil geschoben zu werden!

Während ich darauf warten musste, dass mein Entwurf – eine Nachbildung von Blondins Gefährt – der großen und gewichtigen Gestalt meines achtzigjährigen Freundes angepasst wurde, lud ich diesen nach Vary zu einer Seiltaufe ein. Zwischen zwei Regengüssen lief er doch tatsächlich die sechs Meter auf dem schlecht gespannten Kabel hinter mir her, mit den Händen auf meinen Schultern. Das Seil war nur dreißig Zentimeter über dem Boden, aber als er seine Büffellederschuhe auszog, die wir zu diesem Zweck bei den Niagarafällen gekauft hatten, strahlte sein Gesicht noch lange so, als fühlte er sich wie neugeboren.

Meine zwölf Jahre dauernde Freundschaft mit Charles Dollfus hatte vor Notre-Dame begonnen. Ihm zu Ehren hatte ich 1971 meine illegale Premiere am Grand Palais veranstaltet und ihn anschließend bei Einbruch der Dunkelheit zu einem illegalen Spaziergang über die Dächer des Baus mitgenommen, wovon er noch lange erfüllt war.

Zu dieser Zeit nannten ihn Sam Szafran, Catherine Dolto und ich »Charlot«, aber nicht etwa, weil wir keine Achtung vor ihm gehabt hätten, sondern zum Spaß unter Freunden.

Jedesmal, wenn er meiner Rumpelkammer in der Rue Laplace einen Besuch abstattete, konnte ich mich wieder für Physik und Geschichte begeistern, was mir die Schule verleidet hatte, denn Charles war ein wandelndes Lexikon. Er wollte gerne in die Geheimnisse des Seiltanzes eingeweiht werden; ich wiederum fragte ihn aus, in welcher Weise ein Ballonfahrer den Wind nutzt. Wir tauschten unsere Dichter-Antworten aus: Ich vertraute ihm den Entwurf zu meiner *Traité du Funambulisme (Abhandlung über Hochseilkünste)* an; er bekannte bescheiden: »Man steuert nicht, man überzeugt sich davon, dass der Kurs stimmt!« (was er dann auch zu einer wahren Kunst entwickelt hat), und erzählte mir, wie er am 10. November 1912 mit der Salammbô ganz nahe, in weniger als fünfundzwanzig Metern Entfernung, an der Spitze des Eiffelturms vorbeigeflogen sei (sein fünfter Aufstieg) und wie er sehr viel später entdeckt hätte, dass er nahezu ohne Ballast fahren konnte, wenn er seinen Ballon von einer Kumuluswolke (einer Wolkenformation, die er besonders schätzte) zur anderen hüpfen ließ.

In den »Ballon«-Urkunden, die Charles von Jugend an gesammelt hatte, waren auch oft Seiltänzer dargestellt, deren luftige Aufstiege Anlass zu großen Volksfesten boten. Daher kam sein Interesse für das Seil, aus dem heraus er, verbunden mit einem erstaunlichen Fachwissen, sein Leben lang Bilder für eine Illustration der Seillaufkünste sammelte.

Seine vielen Briefe an mich unterschrieb er mit »Charles Dollfus, Historiker der Seiltänzer«.

In der geschichtlichen Darstellung, die Charles unbedingt schreiben wollte und die er schon lange in groben Umrissen skizziert hatte, sollten die verstreuten Notizen und zahlreichen Zitate vereint und mit den Dokumenten seiner Sammlung illustriert werden. Sein Wunsch war, dass sein Seilkünstlerfreund das Ergebnis in einem seiner nächsten Bücher veröffentlichen würde, wobei er auf den Titel *Sur la Corde raide* (auf dem Stahlseil) großen Wert legte.

Ich versprach ihm, dass ich irgendwann ...

Das Alter setzte seiner Tatkraft Grenzen, nicht aber seinem Eifer; Charles bat mich, ihm bei der Gestaltung des Manuskripts behilflich zu sein, an dessen Fertigstellung ihn seine einundneunzig Jahre hinderten. Aber ein Grund aufzugeben waren sie nicht! Bis in seine letzten Tage hinein riss er mich unermüdlich und begeistert in nicht endenwollenden Arbeitsbesprechungen mit: er diktierte, bat mich, noch einmal durchzulesen, machte Zusätze, berichtigte Ungenauigkeiten. Er war sogar dazu bereit, sich dem Tonbandgerät auszuliefern, das ich ihm mitgebracht hatte – einem Hilfsmittel, das er eigentlich nicht ausstehen konnte.

Nun stand ich dem allein gegenüber, was er mir anvertraut hatte: ungefähr sechzig von ihm beschriebene oder getippte Seiten; einige davon schwer zu entziffern, andere, die sich gegenseitig ergänzten, sich teilweise wiederholten, mitunter auch widersprachen; daneben an die zehn Stunden Bandaufnahmen, die gleichzeitig mehrere Epochen behandelten.

Die Kapitel »Djelmako«, »Die Nachfolger Blondins« und »Les temps modernes« (Moderne Zeiten) sind hier nicht abgedruckt, da sie noch nicht so weit Gestalt angenommen haben, dass man sie dem Leser überlassen könnte. Was die anderen angeht, möge man sich nicht über die einfache Ausdrucksweise wundern, über gelegentliche zeitliche Überschneidungen, über Rückblicke, auch Wiederholungen: aus Achtung vor dem Historiker und um seine Persönlichkeit im Fluss der Arbeit spürbar werden zu lassen, habe ich mich dazu entschlossen, den Autor außer durch behutsames Umstellen der Texte nicht zu korrigieren.

Der wissensdurstige, analytische Geist des gelehrten Sammlers, der immer auf historische Genauigkeit und auf Anekdoten aus war, er ist überall in ihnen anwesend.

Bei seinem Tode hat Charles Dollfus mir seine Sammlung vermacht. Ich erhielt die Dokumente jedoch erst neun Jahre später. Einige waren inzwischen verschwunden, in andere Hände übergegangen, einige waren teilweise zerstört, weil Wasser darübergelaufen war (anstatt mir die Papiere, so wie sie überlebt hatten, zu überlassen, bekam ich Seiten, an denen man die beschädigten Teile mit der Schere weggeschnitten hatte – darunter auch eine Fotografie von Blondin am Niagara aus dem Jahre 1859).

Wer je das 1962 von Charles Dollfus veröffentliche Werk »En Ballon« (Mit dem Ballon unterwegs) gelesen hat, wird mir Recht geben: es wäre besser gewesen, seine historischen Notizen so, wie sie waren, zu veröffentlichen, anstatt mit der Schere daran herumzuschneiden. Atmen sie nicht das gleiche Flair wie die zahlreichen Beschreibungen in seinem Buch?

In einer bestimmten Höhe überraschen die Geräusche, die den Luftfahrer erreichen. Glocken haben, vom Ballon aus, einen wunderbaren Klang, und ich lausche ihnen jedesmal mit derselben Freude. Das Rattern eines Zuges schwächt sich mit der Höhe schnell ab. Im Gegensatz dazu ist im Frühling das Quaken der Frösche – so verwunderlich das auch erscheinen mag – bis in ungefähr dreitausend Meter Höhe deutlich wahrzunehmen, ebenso das Peitschenknallen der Fuhrleute, das Knarren der hölzernen Radnaben an einem Karren (…). Wenn man mit dem Ballon zufällig in die Nähe einer Schule kommt, die gerade Pause hat, schlägt unvermittelt der fröhliche Jubel der Kinder zu einem empor, über den man sich immer wieder nur freuen kann.

DOLLFUS: »Deux L, comme les oiseaux«, pflegte er seinen Namen zu erklären (mit zwei L wie die Vögel – L wird genauso ausgesprochen wie *ailes*: die Flügel).

Als man ihn bat, die Schlussphase einer Ballonfahrt zu beschreiben, gab er zur Antwort: »Da gibt es zwei Phasen: den Entschluss zur Landung und das Ausführen der Landung.«

Genauso wie bei mir auf dem Seil.

Er hatte meine ersten Schritte im Beruf des Hochseilläufers sehr ernst genommen und war damit fast der Einzige.

Er brachte mir bei, mit der Mütze einen perfekten umgedrehten Violinschlüssel in die Luft zu zeichnen – den althergebrachten Gruß des echten Luftfahrers nach dem »Leinen los!« des Starts.

Er hat meine Speisekammer aufgefüllt, wenn ich im Winter nicht auf den Straßen jonglieren konnte, (vor allem mit diesem Stinkekäse!) und mich genötigt, eine Menge kleiner Flaschen anzunehmen, die jenen Calvados bargen, den er mit so viel Stolz destillierte.

Charlot, dein letztes Fläschchen *Reboulet*, Jahrgang 1969, leere ich auf den Erfolg meiner nächsten Überquerungen!

Und was die Schubkarre anbelangt – früher oder später komme ich dir ja nach ...

Philippe Petit

Die Anfänge

Anstelle eines Vorworts ein Zitat:

Der Seiltanz ist eine allgemein unterschätzte Kunst.
Sich zwischen Himmel und Erde mit der Leichtigkeit der Sylphen auf einem kaum sichtbaren Seil bewegen, durch die Lüfte spazieren und zum Himmel aufsteigen, als wollte man dort den Sternen von Angesicht zu Angesicht gegenübertreten, beiläufig den Flügel eines erschreckten Vogels streifen – man bräuchte nur die Hand auszustrecken, um ihn zu greifen; gegen das Schwindelgefühl ankämpfen, jeden Augenblick dem Tode trotzen, herrliche Luftsprünge und ausgelassene Kapriolen quer durch die unbegrenzte Weite vollführen; eine ganze Volksmenge aufseufzen lassen vor Bewunderung und gleichzeitig vor Entsetzen, immer inmitten der Ängste der Menge, der Schreckensschreie, des Staunens, des Beifalls, bis selbst die beherztesten unter den Zuschauern die Augen abwenden, um die Angst loszuwerden, die sich ihrer bemächtigt, ruhig, unerschrocken wirken, lächeln, unerschütterlich, hin- und hertanzen in einer lichterfüllten Atmosphäre wie in einer Vision von einer anderen Welt: das ist das Ziel und die Herrlichkeit des Seiltänzers.
Die Griechen, Meister und Maßstab des Schönen, kannten sich in anmutigen und edlen Künsten aus; sie brachten dem Seiltanz eine besondere Wertschätzung entgegen innerhalb ihrer Spiele, mit denen sie gleichermaßen Körperkräfte wie die Geschmeidigkeit der Bewegungen, Grazie und Wagemut zu entwickeln trachteten.
Die Schoenobaten hängten sich an Füßen oder Hals auf und wirbelten um das Seil herum, wie Räder um ihre Achsen; die Akrobaten fuhren mit ausgestreckten Armen und Beinen das Seil der Länge nach von oben bis unten auf ihrem Bauch hinab; die Oribaten und Neurobaten liefen auf dem horizontal gespannten Seil und führten da alle möglichen Tanzschritte zum Klang der Flöte aus. Sie hatten diese große

Kunst bei sich zu Hause zu einer Vollkommenheit entwickelt, die die Seiltänzer des gemeinen römischen Volkes trotz der Förderung durch den Philosophen-Herrscher Marc Aurel und den göttlichen Sonnenpriester Heliogabalis nie erreichten.

Über unsere Inkonsequenz kann ich mich nur wundern. Bei uns ist eine Balletttänzerin mit einem oben und unten zu kurzen Kleidchen, die auf dem sicheren Boden Entrechats springt und Pirouetten dreht, eine Künstlerin; sie verdient hunderttausend Francs pro Jahr. Ein Akrobat aber, der all das und noch vieles andere mehr in fünfzig Fuß Höhe auf einem Seil, so dick wie ein kleiner Finger, macht, auf das sich kaum ein Sperling wagt, ohne dass ihm schwindlig wird im Kopf: der ist ein Gaukler – er wird mit Müh und Not seinen Lebensunterhalt, Wasser und trockenes Brot, verdienen können! Muss er sich denn wegen der Anmut und Grazie der Tänzer notgedrungen eine gleichsam übermenschliche Geschicklichkeit sowie außerordentliche Unerschrockenheit und Kaltblütigkeit aneignen? Achtet man ihn deshalb gering, während man ihn gleichzeitig bewundert? Und die Tänzerinnen, die es als Beleidigung empfinden würden, wenn man sie mit diesen bescheidenen Helden des Stahlseils vergliche, finden sie es weniger ehrenhaft, im freien Raum herumzuwirbeln wie ein Atom, wie ein Funke, wie ein Lichtstrahl, und mit einem Lächeln auf den Lippen sein Leben aufs Spiel zu setzen, als so einfallslos auf den Brettern herumzuspringen, wo das Schlimmste, was passieren kann, ein verstauchter Knöchel ist? Ist es die Gefahr, die die Artisten minderwertig macht? Ist es der Mut, den man bei ihnen verachtet? Gaukler hin, Künstler her, was mich angeht, so spreche ich mich ganz entschieden zu Gunsten der Mutigen aus, ich ziehe das Drama des Seiltanzes den Albernheiten einer Balletttruppe vor.

So schrieb Victor Fournel in seinem wunderbaren Buch *Le Vieux Paris, Fêtes, Jeux et Spectacles (Das alte Paris, Feste, Spiele und Spektakel),* das 1887 erschien.

Der Seiltanz erreicht wieder die glanzvollen Höhen der griechischen Antike.

Ägypten scheint diese Übungen nicht gekannt zu haben, und wenn es sie in China, Japan und bei den Indern schon sehr lange gegeben hat, ist es doch schwierig festzustellen, vor wie vielen Dynastien sie dort Einzug gehalten haben. Bemerkenswert ist, dass die Völker Afrikas, Ozeaniens und Amerikas den Seiltanz nicht gekannt zu haben scheinen.

In Griechenland wurden die Übungen auf dem Seil hoch geschätzt, dort teilte man sie nach Fournel in vier Disziplinen ein: Schoenobatie, Akrobatie, Oribatie und Neurobatie.

Von Griechenland aus kamen die Seiltänzer nach Rom, bis Kaiser Marc Aurel einmal miterlebte, wie ein junger Akrobat abstürzte, und vorschrieb, dass Matten unter den Seilen ausgebreitet werden mussten. Unter Diocletian wurden die Matten durch Netze ersetzt, wie heute auch. Ein in Herculanum entdecktes Fresko zeigt menschliche Figuren, die sich ohne Balancierstange auf einem waagerechten Seil bewegen, dabei auf Doppelflöten spielen und allerlei Kunststücke machen. Man weiß auch, dass das Hanfseil in der Antike manchmal durch eine Leine aus gedrehten Darmsaiten ersetzt wurde, die die Illusion in der Luft schwebender Menschen noch verstärkte, weil sie so dünn war.

Um das Jahr 500 n. Chr. wurde diese Kunst bei den Franken heimisch, *»die sie als das Erstaunlichste, was der Mensch vermag, ansahen«* (Paul Lacroix). Im Mittelalter traten die Fliegenden Menschen und Springer, wie man diese Artisten auch oft nannte, bei allen bedeutenden Festlichkeiten, bei Empfängen von Königen und Prinzen, auf.

Im 12. Jahrhundert waren die meisten Akrobaten Inder und kamen aus dem Orient in die westlichen Länder. Sie bildeten Schüler heran, die aus den wunderlichen und etwas zweifelhaften Kreisen herumziehender Jongleure stammten. Wenn die spanischen und ungarischen Zigeuner aus Indien kommen, was fast sicher ist, dann sind sie mit diesen Künsten zum ersten Mal im Westen in Erscheinung getreten.

Im 12. Jahrhundert *»berichten die Lieder der Troubadoure immer wieder davon, dass die Seiltänzer zur Mitwirkung bei allen Festen, ob an Adelshöfen oder sogar in Klöstern, verpflichtet wurden. Vom 14. bis zum Ende des 16. Jahrhunderts kommt man ohne sie nicht mehr aus, weil ein öffentlicher Kult daraus geworden ist, der das Volk in seiner Eigenschaft als Zuschauer fordert«* (Paul Lacroix: *Moeurs et Coutumes* *du Moyen Age et de l'époque de la renaissance – Sitten und Gebräuche des Mittelalters und der Renaissance).*

Trotz alledem hat die mit dem Christentum zusammenhängende Verleugnung des Körpers zu Gunsten des Geistes die Leibesübungen und damit die Akrobatik in den Hintergrund gedrängt. Der heilige Johannes Chrysostomus ist vehement gegen Akrobaten und Jongleure, diesen Werkzeugen der Hölle, aufgetreten.

Es macht Spaß, die Erinnerung an einige dieser Schauspiele wieder zu wecken: »*Auf dem Hochzeitsfest von Robert, dem Sohn des Saint Louis, im Jahre 1237, sah man an allen vier Ecken der Tafel Musikanten, auf Stieren reitend, und neben ihnen Affen zu Pferde, die so taten, als ob sie die Harfe schlügen. Zu den Klängen der Musik sprangen in kostbare Stoffe gekleidete Hunde im Takt um die versammelten Gäste; zu gleicher Zeit durchquerte ein Tänzer den Saal auf einem über der Tafel gespannten Seile*« (L'Illustration, 7. Sept. 1864).

Man zitiert oft Christine von Pisan, und auch ich kann der Versuchung nicht widerstehen, ihren so reizvollen Text aus dem Buch von den *Gebräuchen und guten Sitten des weisen König Karl V.* wiederzugeben:

»*Zur Zeit König Karls war ein Mann in Paris, der mit solchem Eifer erstaunliche Sprünge und Stürze übte und auf hoch und niedrig gespannten Seilen vielerlei Übungen ausführte, dass man sie für unmöglich hielte, wenn man sie nicht gesehen hätte, denn er spannte sehr dünne Seile von den Türmen von Notre-Dame bis zum Palais hinüber und weiter, und auf diesen Seilen oben in der Luft führte er Sprünge und Kunststücke vor, dass er darüberhinzufliegen schien; und der ›Flieger‹ wurde er auch genannt. Den Flieger habe ich selber oft gesehen, und einige Zeit später wollte er beim Fliegen das Seil mit dem Fuß erwischen, verfehlte es aber und stürzte so tief ab, dass er ganz zerstückelt wurde.*«

König Karl V. hatte seinen Vorführungen mehrmals beigewohnt. Karl VI., der Wahnsinnige, konnte 1385, als er mit Isabeau de Bavière in Paris Einzug hielt, einen Genueser bewundern, der bei Nacht von einem der Notre-Dame-Türme herab bis zu einem Haus der Saint-

Wird Blondin Bowley im Kristallpalast heil über das Seil bringen? Sammlung Philippe Petit.

Die berühmte Hollandaise. Sammlung Philippe Petit.

Forioso, Ravel, Madame Saqui, Le Petit Diable und die anderen.
Sammlung Philippe Petit.

Nächste Doppelseite: »WALKING THE HARP« (Harfenbegehung).
Eröffnung des Israel-Festivals in Jerusalem. Foto Mark Pollard.

»CORDE RAIDE – PIANO VOLANT« (Spannseil und fliegendes Klavier) im Palais Chaillot, mit Jacques Higelin. Foto Tony Frank/ Sygma.

In der Pariser Oper mit Margarita Zimmermann. Foto Anne Patrigeon.

In der Rolle des Blondin in dem Film IMAX, der am Niagara-Fall gedreht wurde.
Foto Harry Rosettani/ The Spectator.

Probe vor der Seiltaufe: Charles Dollfus wird von Philippe Petit getragen.
Foto Jean-Louis Blondeau.

Michel-Brücke abstieg, in der einen Hand eine Fackel tragend, in der anderen eine Krone, die er dann der Königin aufs Haupt setzte. Danach stieg er mit zwei brennenden Fackeln wieder zur Turmspitze hinauf.

Der Chronist Matthieu de Coucy, der die »Geschichte von Karl VII.« verfasst hat, berichtet von einer Vorstellung in Mailand, die ganz Europa in Erstaunen versetzte:

»*Der Herzog von Mailand Iceluy ließ ein Seil in ungefähr 150 Fuß Höhe quer über seinen Palast spannen und stellte darauf einen Portugiesen zur Schau, der das besagte Seil bestieg und auf diesem ganz aufrecht dahinschritt, dann rückwärts auf eben diesem Seil zum Schlag des Tambourins tanzte, sich kopfunter an besagtes Seil hing und auf diesem Seil alle Geschicklichkeitsübungen ausführte, die man sich nur wünschen konnte, dergestalt, dass die Damen unter den Zuschauern die Augen mit ihren Schnupftüchlein bedeckten, damit die große Angst, die sie hatten, sie nicht umbrächte.*«

Jean D'Artois berichtet von der Glanzleistung eines Seiltänzers im Oktober 1503 zu Mâcon, der König Ludwig XII. beiwohnte; er überliefert auch den Namen des Akrobaten – des ersten, den die Geschichte kennt.

»*Unter anderen war auch ein Funambule, das heißt einer, der auf dem Seil spaziert, von deutscher Herkunft, mit Namen Georg Menuster, ein noch recht junger Mann; dieser ließ ein starkes Seil ganz oben am großen Turm des Schlosses von Mâcon und den Fenstern des Jakobinerklosters besagter Stadt verankern, fünfundzwanzig Klafter (Anm.: à 1,95 m) über der Erde, und vom Schloss bis zum besagten Glockenturm zweihundertfünfzig Schritt lang, und auf diesem lief er an zwei aufeinander folgenden Abenden, beim letzten Mal vom Turm des besagten Schlosses bis in den Glockenturm, wo er vor dem König und mehr als dreitausend Personen eine Menge Artigkeiten wie Basse Danse, Sprünge, Possen und Arabersprünge vollführte und sich an Füßen und Zähnen aufhing, mit einer Kopfbedeckung, die seltsam und wunderlich anzuschauen war; jedenfalls war das menschliche Auge davon wahrhaftig wie verzaubert. Eine weitere Springerin aus Florenz war da, welche völlig neuartig mit hohen Hüpfern und überraschenden*

Doppelsprüngen tanzte, mit Leichtigkeit Rückwärtsüberschläge und fremdländische Tänze ausführte.«

Am erstaunlichsten ist, dass solche Lustbarkeiten zum Begräbnis des Herzogs Pierre von Bourbon geboten wurden!

Die Länge der Strecken sowie ihre Höhe überstiegen fünfzig Meter nach unserem heutigen Maß manchmal sogar bedeutend, die Steigung der Seile war außerordentlich, was einen Eindruck von dem Können der damaligen Akrobaten vermittelt, und ihrem Mut.

Die Republik Venedig hatte seit dem 15. Jahrhundert ihre angeworbenen Seiltänzer, die zum St. Markus-Fest vor dem Dogen, dem Senat und Gesandten auf einem vom Canale Grande aus gespannten Seil zum Campanile aufstiegen.

Im Jahre 1519 wohnte Fernando Cortez in Mexiko während einer religiösen Zeremonie der Indianer einer bemerkenswerten Vorführung von Seilkünstlern bei, die keine Balancierstange verwendeten. Es ist die erste bekannte Erwähnung von Seillaufkunst in Amerika.

Der Tradition gemäß, nach welcher fürstliche Amtseinsetzungen von Seiltanzaufführungen begleitet zu werden pflegten, nahm im Jahre 1547 Edouard VI. nach seiner Krönung in London die Huldigung eines aus Aragon stammenden Akrobaten entgegen, der von der alten St. Paul's Cathedral, Kopf voran, flach auf dem Bauch liegend das Seil herabfuhr, auf diesem sodann wieder aufstieg, indem er allerlei Sprünge und Kunststücke vorführte sowie sich in verschiedener Weise daranhing.

Sein Thronfolger ließ einen Akrobaten für Philippe von Spanien, dem Gatten von Queen Mary, ein ähnliches Schauspiel geben. Der Künstler kam wenig später bei einem Sturz ums Leben.

Es ist mehr oder weniger zuverlässig verbürgt, dass Genuesen, Portugiesen, Spanier, Türken, Iren und Holländer durch Europa und England zogen.

Im Ausgang des Mittelalters sowie in der Renaissance entstammten den großen Wanderbewegungen der Sinti und Roma viel Fahrendes Volk. Man staunt immer wieder über das rege Leben und Treiben dieser Gaukler, die die Bevölkerung entlang den Straßen Europas und Asiens mit ihrem Können erfreut haben.

Das Myers Memorial-Museum besitzt einen Fayenceteller türkischen Ursprungs, der aller Wahrscheinlichkeit nach vom Ende des 17. Jahrhunderts stammt und auf welchem zwei Seilläufer zu sehen sind, die Balancierstangen mit Gewichten an den Enden benutzen.

Es ist bemerkenswert, dass es den meisten Chronisten des Mittelalters und der Renaissance sehr wichtig ist, von den Glanzleistungen der Seilkünstler zu berichten.

Es heißt, dass ein irischer Akrobat Ludwig XIII., als er noch ein Kind war, in Fontainebleau mit seinen Künsten unterhalten habe ...

Im Jahre 1560 erließ die Pariser Geistlichkeit Anordnungen, die das Seiltanzen auf den Märkten einschränkte, zweifellos, weil die Akrobaten an Feiertagen und an Sonntagen in den Stunden der Heiligen Messe die Aufmerksamkeit der Volksmengen auf sich zogen. Später, unter Ludwig XIV., veranlassten die Komödianten, dass derlei Verfügungen erneuert wurden, die den Seiltänzern die Benutzung öffentlicher Straßen verboten.

Ungeachtet all dieser Hindernisse wurde im 17. und 18. Jahrhundert überall Seiltanz – eine Bezeichnung, die sich allgemein eingebürgert hatte – vorgeführt: er gehörte zu den beliebtesten Vergnügungen, in kleinen Theatern, wo das Seil zwischen zwei Bockgerüsten gespannt wurde, ebenso wie auf Märkten und öffentlichen Plätzen, wo er sich in großer Höhe über Jongleuren, Gummi-Menschen, Equilibristen und Schaustellern gelehriger Tiere abspielte.

Es zeigte sich, dass die Seiltänzer, die bei den allein zugelassenen Pantomimen und stummen Stücken mitwirkten, unter den Künstlern in hohem Ansehen standen. Sie pflegten sich besonders durch ihre weiße Kleidung abzuheben.

Nach Bonnet kauten die Seilkünstler des 17. Jahrhunderts eine bestimmte Wurzel, die sie gegen das Schwindelgefühl wappnete, eine Wurzelart, die Gämsen und Bergschafe im Gebirge zum gleichen Zweck verzehren! Zu dieser Zeit ist ein hoher Verbrauch von Baumharz zu verzeichnen, mit dem sich die Akrobaten vor dem Betreten des Seils die Schuhsohlen einrieben.

Im Allgemeinen beschränkten sich im ausgehenden 17. bis ins 18./19. Jahrhundert hinein die Übungen auf dem Seil auf Seiltanz und

Jonglieren in kleinen Theatern in festen Häusern und in Wandertheatern: dort ist der Ausdruck »Seiltänzer« üblich geworden. Die Heldentaten der Flieger und Springer des Mittelalters waren vergessen, von großen Leistungen konnte kaum noch die Rede sein ...

Es war wirklich eine Ausnahme, dass in den ersten Jahren des 18. Jahrhunderts ein Akrobat bei einem Sturz in die Seine ums Leben kam, die er unbedingt hatte überqueren wollen, und dass am 30. August 1718 ein Mädchen, eine Frau und drei Männer die Seine auf einem in der Nähe der Pont Royal gespannten Seil überqueren – gefolgt vom Hanswurst der Truppe, der in Holzschuhen auf dem Seil ging und Sprünge machte.

A. Bonnet gibt 1724 in seiner *Histoire générale de la Danse, ses progrès et révolutions* (Geschichte des Tanzes, Entwicklung und Neuerungen) interessante Hinweise auf die Seilläufer jener Epoche. Er berichtet:

»Auf meinen Reisen habe ich niemals waghalsigere und erfindungsreichere Seiltänzer gesehen als die Engländer, Türken und Chinesen: Unter anderen habe ich in Holland einen Chinesen auf Stelzen durch die Stadt laufen sehen, die höher als die Häuser waren, und die Spiele seiner Truppe ankündigen. Auch tanzte er auf einem Seil mit erstaunlicher Steigung und führte Kunststücke mit einer unglaublichen Gelenkigkeit aus. In Neapel sah ich einen Türken ohne Gegengewichte (Balancierstange) auf einem Seil tanzen, das an den Fenstern im fünften Stockwerk befestigt war und eine sehr breite Straße überspannte. Für die Zuschauer auf der Straße schien er nur die Größe eines Kindes zu haben, auf dem Pflaster waren außerdem in der ganzen Länge des Seils Matten zu seiner Sicherheit ausgebreitet. Nichtsdestoweniger passiert es oft, dass der Schwindel sie packt, und das kostet sie das Leben, wie es einem Türken vor mehr als dreißig Jahren geschah: Er stieg die ganze Länge eines Seils hinauf, dessen eines Ende an der Spitze eines hohen Mastes befestigt war, der bis unter die Decke der Jeu de Paume-Halle reichte. Oben angekommen befestigte er sechs Gegengewichte auf der Spitze des Mastes, auf diesen wiederum eine tellergroße Holzscheibe, und darauf tanzte er und drehte sich nach allen Seiten, und dann tanzte er auf dem Kopf stehend, die Füße in der Luft, und er vollführte eine Menge Bewegungen zu Geigenkadenzen, endlich blieb er ganz

aufrecht auf dem Seil stehen, obwohl dieses schräg von oben nach unten gespannt war. Und ich kann sagen: wobei ihm die Zuschauer nicht ohne Zittern zusehen konnten, weil sie um sein Leben bangten, das er auch eines Tages bei einer Vorstellung auf dem Jahrmarkt zu Troyes in der Champagne verlor. Man verdächtigte einen Engländer, einen berühmten Tänzer der Truppe, der dem Türken sein Ansehen neidete, einen Teil des Seils mit Fett bestrichen zu haben, während jener sich in der Höhe aufhielt, und es dann nicht bemerken konnte, weil er rückwärts abstieg. Er ging barfüßig, was seinen Sturz verursachte.«

In seinem großartigen biographischen Lexikon mit dem Titel »*Les Spectacles de la Foire*« von 1877 (*Die Attraktionen des Jahrmarktes*) führt Emile Campardon die Namen unzähliger Seiltänzer auf. Zu deren berühmtesten gehörten zwischen 1678 und 1720 die Brüder Allard, die vor Ludwig XIV. auftraten, Antony de Sceaux, sowie Restier; ab 1742 bestritt die englische Grimaldi-Familie mit dem Beinamen »Jambe de Fer« (*Eisenbein / Stahlfuß*), deren Vorfahren aus Italien kamen, anschließend ihr Sohn, dann ihr Enkel ein ganzes Jahrhundert mit ihren Aufführungen. 1678 machte Madame Vondrebeck – oder Von der Berck – zusammen mit den Brüdern Allard von sich reden.

Zu einem Paradies für Seiltänzer wurden danach die Märkte von Saint-Ovide (heute Place Vendôme), Saint-Germain und Saint-Laurent einschließlich ihrer Hinterhöfe.

Der Jahrmarkt von Saint-Germain gehörte zur Abtei Saint-Germain-des-prés, die ab 1486 dreihundertvierzig Buden für Händler und Schausteller aufstellen ließ. Dieser Markt begann am 1. Oktober und dauerte acht Tage. Die Dauer wurde auf sechs Wochen und sogar auf zweieinhalb Monate verlängert; das war der von den Einwohnern von Paris unter vielen anderen am meisten geschätzte Jahrmarkt. Er fand auf dem gleichen Platz statt, auf dem der Wochenmarkt von Saint-Germain gewesen war, den eine barbarische Behörde hatte verschwinden lassen.

Der Jahrmarkt von Saint-Laurent war von den Mönchen des Klosters Saint-Lazare abhängig. Von 1663 an fand er innerhalb der Grenzen von Saint-Martin und Saint-Denis statt, da wo sich heute der Boulevard de Strasbourg erstreckt, in der Nähe der Kirche von St. Laurent. Anfangs des 12. Jahrhunderts eingerichtet, wurde er noch im 18. Jahrhundert jeweils vom 28. Juni bis zum 30. September abgehalten.

Nach 1760 verfielen die großen Jahrmärkte wegen der lebhaften Entwicklung der Boulevardtheater, vor allem auf dem Boulevard du Temple, und wegen der Feuersbrunst vom 10. Dezember 1762.

Den Jahrmarkt von Saint-Germain besuchten hochgestellte Persönlichkeiten, im 17. Jahrhundert sogar die Herrscher. Der Jahrmarkt von Saint-Laurent war aber bei weitem populärer und dementsprechend lustiger.

Angesichts des Verfalls vom Saint-Laurent-Markt, um 1786 herum, erhielt Nicolet den Befehl, sich während seiner Dauer dorthin zu verfügen. Er sah diese Aufgabe als eine große Ehre für sein Unternehmen an.

Im Jahre 1786 wurden die immer spärlicher besuchten Jahrmärkte endgültig abgeschafft. Die Revolution besiegelte offiziell ihr Ende.

Der Jahrmarkt von Saint-Ovide gehörte zu den Kapuzinern; er hielt sich kaum mehr als ein Jahrhundert am Leben. Er wurde 1665 gegründet und vom 14. August bis zum 15. September da, wo sich heute der Place Vendôme befindet, abgehalten, im Jahre 1772 dann auf dem Platz Ludwig XV.

Dort wurde er 1777 Opfer eines Brandes. Wegen seiner Beliebtheit zog er viele Schausteller-Künstler an, namentlich die Seiltänzer. Die Eröffnung der Jahrmärkte wurde mit recht beachtlichen Prunkaufzügen angekündigt ... Diese Aufzüge wurden nach und nach durch kleine Lustspiele ersetzt, an deren Stelle die Theater traten. Nichtsdestoweniger wurde so die Opéra Comique geboren, die sich nach vielem Hin und Her 1762 mit der Pariser Comédie Italienne vereinigte.

1719 setzte nach der Oper die Comédie-Française die Abschaffung aller Jahrmarkts-Vorführungen durch; eine Ausnahme bildeten Marionettentheater und Seiltänzer.

Die in Frankreich hoch geschätzte Seillaufkunst wurde in Europa und vor allem in Mitteleuropa zu allen Zeiten ausgeübt. Bereits 1605 machte der Seiltänzer Ravel als Erster einer zweihundertfünfzig Jahre bis ins 19. Jahrhundert hinein wirkenden Dynastie in Danzig auf sich aufmerksam. Eine weitere Seiltänzerfamilie hat einen bemerkenswerten Ursprung: die aus böhmischem Adelsgeschlecht stammenden Weitzmanns sahen sich als Anhänger von Johannes Hus gezwungen, in die Lausitz und nach Dänemark auszuwandern. Einer von ihnen gründete eine Akrobatentruppe, die noch 1850 in Berlin zu sehen war. In London war die »Berühmte Holländerin« Gegenstand der Bewunderung und der Ängste des Publikums. 1768 wurde sie von Meister Violante übertroffen ... Um die gleiche Zeit führte ein Türke in London auf dem Schlappseil ohne Balancierstange Jonglierkunststücke vor ... Endlich tauchten im Kleinen Theater am New Market Signor und Signora Spinacula auf, wobei der Mann beim Tanz auf dem Seil an jedem Bein einen kleinen Knaben hängen hatte. Unter George I. brachte es Signor Violante dazu, bis in die königliche Kapelle vorzudringen und sich dort einer Vielzahl von Bewunderern zu zeigen ...

Um wieder auf Frankreich zu sprechen zu kommen: dort war, was die Seillaufkünste betraf, in der zweiten Hälfte des 18. Jahrhunderts das Theater von Nicolet tonangebend. Mit dem Werk dieser außergewöhnlichen Persönlichkeit müssen wir uns ein wenig näher befassen.

Das Théâtre de Nicolet

Jean-Baptiste Nicolet wurde am 16. April 1728 in Paris geboren, als Sohn von Guillaume Nicolet (1687 – 1762) und seiner Frau Jeanne Marlont (1706 – 1776), die auf den Jahrmärkten von Saint-Germain und Saint-Laurent Marionettenaufführungen gaben. In Paris ist er auch Ende 1796 gestorben.

1753 trat er im Alter von 25 Jahren die Nachfolge seines Vaters an und nahm bei seinen Vorstellungen wenig später Darsteller aus Fleisch und Blut hinzu, darunter sich selbst.

Im Jahre 1759 wurde er auf dem Boulevard du Temple sesshaft.

Aufgrund seiner Disziplin und Intelligenz war seine Arbeit trotz der berufstypischen Schwierigkeiten und der Gegnerschaft der großen Theater wie der Comédie Italienne und der Comédie Française bald erfolggekrönt. Sein Haus führte den Titel »Theater der Großen Seiltänzer«. Jeden Abend gab man dort wenigstens vier oder fünf kleine Stücke oder Pantomimen, verbunden mit Springer- und Seiltänzervorführungen aller Art. Bis 1790 kündigte das Journal de Paris täglich seine Veranstaltungen an. So kam es, dass selbst König Ludwig XV. eine dieser Vorstellung zu besuchen geruhte und dass die bis heute nicht vergessene Redensart »Von mal zu mal besser – wie bei Nicolet« sprichwörtlich wurde.

Nicolet wurde ins Schloss von Choisy beordert, um dort am 23. April 1772 seine Vorstellung zu geben. Der König verlieh ihm daraufhin das Recht, sein Haus »Königliches Hoftheater der Großen Tänzer« zu nennen.

Seine beständigen Erfolge setzten den Anfeindungen jedoch kein Ende, bis im Jahre 1791 die Selbstbestimmung der Theater ausgerufen wurde. Da tauften sich die »Großen Tänzer« in »Théâtre de la Gaieté« (*Heiteres Theater*) um.

1795 gab Nicolet die Leitung aus der Hand – er starb im Jahr darauf –, das Andenken aber bewahrte seinen Ruhm als gleichermaßen tatkräftigen wie besonnenen Theaterdirektor, Musiker und Komödianten.

Bei der Leitung des Theaters stand Madame Nicolet (1743–1817), die selbst eine begabte Schauspielerin war, ihrem Gatten in großartiger Weise zur Seite.

Die »Großen Tänzer«, denen die Ehre zuteil geworden war, vor Seiner Majestät aufzutreten, »*durften im Theater ein gesticktes Wappen Frankreichs auf der Brust tragen*« (Claude Rudgieri).

Sprünge und andere Übungen auf dem Seil traten bisweilen an die Stelle eines Theaterstücks und füllten immer die Pausen. Unglaublich reichhaltig waren die Vorstellungen bei Nicolet.

Unter Ludwig XVI. befanden sich in der Truppe der »Großen Tänzer des Königlichen Hofes« zwei bewundernswerte Akrobaten: Placide und Pol, Le Petit Diable, der Kleine Teufel. Eltern und Brüder von Pol – mit vollem Namen hieß er Paul Rédigé – waren Seiltänzer. Seinen Partner Alexandre Placide Brussart kannte man nur unter dem Namen Placide.

Sie waren die besten Seiltänzer und -springer bei Nicolet, von dem sie sich gelegentlich beurlaubten, um in England und andernorts aufzutreten. Ihre Kollegen bei den »Großen Tänzern des Königlichen Hofes« waren »Der Schöne Dupuis«, der vor allem Springer war, und ein großartiger Equilibrist namens Joseph Brünn, der einige seiner Kunststücke auf dem Seil ausführte. Aller Wahrscheinlichkeit nach war Brünn auch der Erste, der statt des klassischen Hanfseils ein Stahlseil benutzt hat (er fuhr ein Kind in einer Schubkarre darauf spazieren).

Kommen wir noch einmal auf die Geschichte der Nicolet-Seilkünstler zurück: die ersten Auftritte des Kleinen Teufels werden im *Journal de Paris* vom 6. Januar 1779 wie folgt angekündigt:

»*Die Großen Tänzer des Königlichen Hofes … Morgen … Ein ausländischer Seiltänzer wird sein Debut mit neuartigen Kunststücken geben …*« Und am folgenden Tag, dem 7. Januar: »*Ein Seiltänzer, genannt ›Der Kleine Holländische Teufel‹, wird sein Debut mit Seiltanz und Salto mortale geben.*«

In der Folge werden die Vorführungen des Kleinen Teufels täglich angekündigt. Ein kaum acht Jahre alter Knabe ahmte den Kleinen Teufel sogar nach …

Als Beispiel für die täglichen Annoncen hier eine vom 5. Mai 1781:

»Boulevards. Die Großen Tänzer des Königlichen Hofes werden heute auf vielfachen Wunsch die siebente Aufführung von l'Élève de la Nature (Der Schüler der Natur) geben, ausgeschmückt mit Sprung- und Tanzvorführungen; die Französischen Springer werden durch Meister Dupuis den Großen Sprung vom Trampolin über den Riesen vorführen. Siebenter Auftritt der kleinen Truppe der Spanischen Kinder, der kleine Kleine Teufel wird in Holzschuhen auf dem Seil tanzen, Chassés, Spagat und Bocksprünge in der Art des Ersten Kleinen Teufels vorführen. Er wird seiltanzen wie Meister Placide, zu kleinen Musikstücken tanzen, Fahnen schwingen, und das alles ohne Balancierstange. Dieses Kind von sieben Jahren und acht Monaten verbindet beide Kunstgattungen miteinander. Jeannette oder: Wer den Schaden hat, kriegt nicht immer den Spott dazu, *Stück in einem Akt; fünfte Vorstellung von* Die Rose und die Knospe, *Pantomime mit Dialogen.«*

Placide, der 1770 zum ersten Mal aufgetreten war, löste seinen Vertrag mit Nicolet 1785. Er verließ seinen Brotherren im Streit und prozessierte darum, den Titel »Großer Tänzer des Königlichen Hofes« weiterhin führen zu dürfen. Sein Gefährte, der Kleine Teufel, blieb bis 1789 bei Nicolet und verschwand dann außer Landes.

An jene Zeit knüpft sich eine recht kuriose Anekdote.

In den *Geheimen Aufzeichnungen aus dem Tagebuch eines Beobachters* (Bachaumont), Band XIII, Jahrgang 1779, ist unter dem 30. März zu lesen: *»Auf dem Jahrmarkt von Saint-Germain sieht man bei Nicolet einen Seiltänzer, wie es noch keinen gegeben hat, und den man, um ihn vor allen anderen auszuzeichnen, den Kleinen Teufel nennt. Vergangenen Freitag ist der Herr Graf von Artois mit seinem ganzen Hofstaat dort gewesen, und der Komödiant hatte ein so volles Haus wie die Comédie Française in ihren besten Tagen nicht.«*

Besagter Freitag war der 26. März 1779. Die *Geheimen Aufzeichnungen* beschäftigen sich im Jahre 1780 weiter mit der liebenswerten herrschaftlichen Laune: *»12. Juni, der Herr Graf von Artois, welcher seinem Wuchse, seiner Jugend und seiner natürlichen Begabungen gemäß wie geschaffen ist für aller Art Ertüchtigungen des Leibes, hat sein Streben darein gesetzt, Ehren im Seiltanze zu erwerben. Er hat lange Zeit unter der größten Geheimhaltung und Verschwiegenheit Unterricht genommen bei Meister Placide und dem Kleinen Teufel, den heute* *berühmtesten Helden auf diesem Gebiet. Alle wollten wissen, warum er sich jeden Morgen in das Petit Trianon zurückzog. Endlich, als er glaubte, damit glänzen zu können, hat er sein Können vor den Augen der Königin entfaltet, und man war sich darin einig, dass er die neue Kunst, die er sich hatte aneignen wollen, vorzüglich beherrschte. Ob der König ihn schon bei seinen Sprüngen gesehen hat, davon ist noch nichts bekannt.«*

Am 20. September 1780 endlich fügen die Geheimen Aufzeichnungen folgendes an: »*Die Königin, welche dieses Schauspiel sehr liebt, hat im Petit Trianon, ermutigt von der Gesellschaft des Herrn Grafen von Artois, von welchem es heißt, er habe große Fertigkeit im Seiltanze erlangt, dieses Vergnügen mit dem Prinzen probiert ...*«

Es scheint so, als wären eine ganze Anzahl von Persönlichkeiten des Hofes dem prinzlichen Beispiel – sei es der Mode wegen, oder um sich bei Hofe beliebt zu machen – gefolgt.

So kommen dem alten König Karl X. im Anbruch des Jahres 1830 während der tristen und nüchternen Abendgesellschaften bei Hofe in den Tuilerien die Erinnerungen daran, wie auch er als junger und charmanter Graf von Artois einst auf dem Seil getanzt hat ...

Während der Revolution mussten diese oberflächlichen Beschäftigungen unterbleiben, aber unter dem Direktorium, das die großen Volksfeste wieder eröffnete und dabei Vergnügungsstätten wie die Tivoli-, Idalie-, Marbeuf-, Mousseaux-Gärten begünstigte, erlangten die Akrobaten ihre alte Beliebtheit zurück. Es hatte jedoch einen anderen Anstrich durch die Zunahme der Veranstaltungen unter freiem Himmel, die das Seil mit sich brachte: »Aufstiege« auf dem Schrägseil ersetzten den Tanz in geschlossenen Räumen. So war es in Paris und darüber hinaus in Teilen der Provinz und Europas.

Es wuchs wieder eine ganze Generation hervorragender Akrobaten heran. Vor allem muss man »Die Malaga« nennen, eine junge Frau, die anlässlich einer Tournee eine Zeitlang in Tours mit einem jungen Mädchen zusammenarbeitete, einer Maguerite Lalanne, die später »Madame Saqui« und eine glänzende Artistin wurde ...

FORIOSO

Pierre Forioso, »Der Unvergleichliche«, war im Seiltanz jener Epoche führend.

Es scheint fast so, als sei der Name des 1772 in Toulouse Geborenen, der so wohllautend nach Künstler klingt und den schon sein Vater Jean-Baptiste (auch Seilläufer) trug, sein richtiger Familienname.

Er war der älteste unter mehreren Brüdern und Schwestern, die allesamt Seiltänzer waren. Zu dieser Familie gesellte sich ein Fräulein Frascara, die später Pierres Frau wurde.

Am 7. Januar 1801 – im 19. Jahrhundert also – erschien Pierre Forioso zum ersten Mal in Paris im Theater Louvois, dem er sogleich dank seiner Geschicklichkeit und seines Feuers den verblassenden Ruhm zurückgab. Er wurde bald als der beste Seiltänzer Frankreichs angesehen und zu Vorstellungen bei offiziellen Feierlichkeiten gebeten. Er tanzte mit seiner Schwester auf vier Seilen Allemande (Walzer).

Im Jahre 1806 trat die Truppe Foriosos im Théâtre de la Nouveauté auf, von wo ihn Baneaux, der Direktor des Tivoli, abwarb.

Zu Ehren Napoleons und des gerade zwischen Russland und Preußen geschlossenen Friedens kündigte das *Journal de l'Empire* am 15. August 1807 folgendes an: »*Forioso wird auf einem über dem Fluss gespannten Seil von der Pont Neuf zur Pont Royal laufen.*«

Tatsächlich belehrt uns die Legende eines zeitgenössischen Stichs darüber, dass die Vorstellung wirklich stattfand, und zwar zwischen der Concorde- und der Tuilerien-Brücke (Pont Royal), und dass sich Forioso mit einem kurzen Auftritt bescheiden musste, weil man das Seil nicht in der ganzen Länge hatte spannen können. Forioso geriet darauf in eine schlimme Krise, denn einige Tage vorher, am 11. August, hatte er von Gabriel Ravel, genannt »Der Schreckliche«, eine Herausforderung um einen Einsatz von fünfhundert Francs angenommen.

Die Begegnung fand im Schauspielhaus Montansier vor einem leidenschaftlich engagierten Publikum statt. Das Preisgericht bestand aus den berühmten Tänzern Vestris, Dupont und La Malaga. Ravel wurde zum Sieger erklärt und bot an, seine Krone mit Forioso zu teilen. Dieser lehnte das wütend ab, protestierte und hängte entrüstete Plakate in der Öffentlichkeit aus. Die Öffentlichkeit ergriff für ihn Partei.

Eine verbürgte, aber wenig bekannte Tatsache ist, dass auch Daguerre, der zukünftige Maler der Panoramas und einer der wirklichen Erfinder der Fotografie, der noch sehr jung und ein Freund aller Leibesübungen war, Forioso zu einem Wettstreit herausforderte. Er war ihm auf dem Seil ebenbürtig.

Forioso hatte nicht nur in der Öffentlichkeit Erfolge: er war ein schöner Mann und scheint damit in der betagten Künstlerin Mademoiselle Montansier Gefühle der Liebe geweckt zu haben.

Forioso war es auch, der die Aufstiege in große Höhe bei Tag und Nacht wieder einführte.

Nachdem er einen ziemlich schweren Unfall im Tivoli hatte, nahm die junge Madame Saqui, die gerade in Paris Vorstellungen gegeben hatte, überraschend seine Stelle ein. Trotz einiger heftiger Auseinandersetzungen scheint der Erfolg dieses neuen Stars ihre gute Beziehung zueinander nicht getrübt zu haben. 1806 tanzte Madame Saqui im Théâtre de la Nouveauté zusammen mit Foriosos älterer Schwester.

Forioso benutzte auffällige und prunkvolle Kostüme. Dazu gehörte immer ein Barett mit langer Feder.

Nach einigen Tourneen durch die Provinz zog sich Forioso frühzeitig in die Pyrenäen zurück. Offenbar hat er dort zu seiner großen Freude – jedenfalls zeitweise – einen jungen Schüler ausgebildet, der mehr als vierzig Jahre lang die Zierde des französischen Circus werden sollte: der Seiltänzer, Kunstreiter, Clown und Springer Jean-Baptiste Auriol, der in den Jahren von 1835 bis 1852 auftrat.

Forioso, der sich in die Nähe von Bagnères-de-Bigorre zurückgezogen hatte, erwarb 1842 die Konzession für die »Ferme«, einem Heilbad in der Nähe dieses Ortes. Er starb 1846.

Obwohl er nun schon so lange in weiter Ferne lebte, erregte der Tod des großen Seilkünstlers in Paris einiges Aufsehen.

Madame Saqui

Die Biographie von Madame Saqui ist genau so schwer nachzuzeichnen wie später die von Blondin; gröbste Irrtümer findet man immer wieder selbst bei den besten Historikern und bei Publizisten, die Angaben ungeprüft übernommen, Ungenauigkeiten wiederholt und unbedenklich weitere hinzugefügt haben. Diese Irrtümer erhalten noch Rückendeckung von Autobiographien, die wir der Einbildungskraft phantasievoller Chronisten verdanken.

Madame Saqui hat selbst zu diesen Irrtümern beigetragen: es wird allgemein von ihr berichtet, dass sie von einem Notre-Dame-Turm zum anderen auf einem Seil gelaufen sei – diese Überquerung hat nie stattgefunden. Man behauptet auch, sie stamme über ihren Vater Jean-Baptiste Lalanne, genannt »Der vortreffliche Navarin«, einem der besten Schüler der Nicolet-Truppe, von einer berühmten Seiltänzerfamilie ab. In Wirklichkeit beschäftigte sich der Vater von Madame Saqui einerseits mit dem Verkauf von Heilkräutern, andererseits mit Seiltanzen. Der einzige Beweis für seine vorübergehende Gastrolle bei den Großen Tänzern des Königlichen Hofes ist eine Notiz im *Journal de Paris* vom 6. Februar 1782: »*Die Großen Tänzer des Königlichen Hofes werden heute Seiltanz vorführen; der edle Herr Navarin, soeben in Paris eingetroffen, wird mit den Französischen und Spanischen Springern sein Debüt geben, mit Sprüngen, die vor ihm noch keiner gezeigt hat ...*« Nach dieser Ankündigung, die nur drei Tage lang wiederholt wurde, verschwand der Name Navarin. Wenn es auch wahrscheinlich ist, und sogar sicher, dass Navarin es zu einigem Können gebracht hatte, so war er doch weder bei Nicolet fest engagiert, noch ist er durch die Fähigkeiten, die man ihm später zugeschrieben hat, bekannt geworden. Möglicherweise ist er aber um das Jahr 1790 noch einmal wiedergekehrt, um bei Nicolet aufzutreten, und die noch ganz junge Marguerite, damals gerade vier oder fünf Jahre alt, bekam eine kleine Rolle. Aber das geben nur seine eigenen unsicheren und etwas zweifelhaften Erinnerungen wieder.

Tatsache ist, dass Navarin entgegen den Angaben der alten Artistin den Grafen von Artois nicht unterrichtet hat.

Das Leben Navarins, der nicht aus Navarra, sondern aus dem Béarn stammte, hat der bekannte Chronist Paul Ginisty in seinem 1907 erschienenen Buch »*Die Memoiren einer Seiltänzerin, Madame Saqui*« beschrieben.

Jean-Baptiste Lalanne hatte keinerlei Seiltänzer unter seinen Vorfahren; er kam in Monin als uneheliches Kind eines gewissen adligen Herrn von Lescar zu Béarn zur Welt, der ihn zunächst einmal in der Klosterschule aufziehen ließ. Der Knabe zeigte sich für Naturwissenschaften begabt. Er absolvierte die Ärzteschule in Toulouse, auf die man ihn geschickt hatte, damit er ambulanter Apotheker-Chirurg mit dem ganzen Ansehen dieses Berufsstandes werden sollte, und verließ sie mit regem Interesse für pflanzliche Heilmittel.

Im Laufe seines beruflichen Umherziehens traf er auf die aus altem Gauklergeschlecht stammende Familie Masgumieri und verliebte sich in die junge Hélène, genannt »Die Schwarze Jungfrau«. Sie war der Star der Truppe. Lalanne trat in den Kreis der Familie, schloss sich ihr an und erlernte das Seiltanzen und Springen. Die Verbindung der beiden jungen Leute erhielt in Rodez ihren kirchlichen Segen. Was nun kam, muss man nicht in allen Einzelheiten ausführen, ein Rausschmiss und die anschließende Versöhnung mit der Familie Masgumieri in Privas. Dann 1786 auf der Durchreise in Agde die Geburt von Marguerite Antoinette. Ihre Taufurkunde ist auch interessant zu lesen: Lalanne legte Wert auf seine adlige Herkunft, unterzeichnete unverkürzt in schöner Schrift mit »De Lalanne« und bestand darauf, dass die eine Silbe beim Verfassen der Urkunde nirgends vergessen wurde.

Während ihre Eltern und ihr Bruder in Paris arbeiteten, zuweilen bei Nicolet (deren Betrieb nun Théâtre de la Gaieté hieß), wuchs Marguerite im Béarn auf. Als sie dann ganz allein, trotz ihres jugendlichen Alters, ihren Eltern nachreiste, soll sie sofort von Nicolet ausgezeichnet worden sein, indem er ihr eine kleine Rolle gab ... In dieser Zeit zog sich Navarin bei einem Sturz einen Beinbruch zu und konnte von da an nicht mehr tanzen. Er verließ daraufhin Paris in recht bescheidenem Aufzug und ergriff wieder seinen Beruf als Apotheker-Chirurg.

Als die Familie Lalanne später in Tours ansässig geworden war, hatte sie einen Gaukler, Barraut, zum Nachbarn, der die »Sauteurs Patriotes« anführte. Marguerite lernte bei den Barrauts ein kleines Mädchen, Françoise Bénéfaut, kennen, das selbst schon bei den Artisten mitmachte und später »Die Malaga« werden sollte. Die beiden Mädchen übten immer miteinander, und eines Abends entdeckten die Lalannes in der Barrautschen Vorführung ihre Tochter im vollen Einsatz. Madame Lalanne gründete bald mit ein paar Akrobaten eine eigene Truppe, die vier Jahre lang Frankreich bereiste, bis sie sich unter unglücklichen Umständen auflöste. Die Familie Lalanne ließ sich dann in der Houssaye-Truppe anstellen. Marguerite bekam, etwas zu Unrecht, den Spitznamen »Mademoiselle Forioso«. Sie war eine attraktive Frau und behauptete sich allmählich als Künstlerin ersten Ranges. Nach verschiedenen Abenteuern freundete sich Marguerite Lalanne mit einer Seiltänzer- und Akrobatenfamilie an, deren Oberhaupt sich von Jean-Jacques Rousseau zu einem seltsamen Vornamen hatte inspirieren lassen: »Homme ébon« Saqui (*Der Ebenholzmann = Der Neger*). Marguerite verliebte sich in einen seiner Söhne, Julien Saqui, und heiratete ihn in Tours. Der Trauschein ist typisch für seine Zeit:

»Am zehnten Tage des Fruchtmonats (September), im Jahre 13 der Republik, Ehevertrag zwischen Herrn Jean-Julien-Pierre Saqui, von Beruf Künstler, geboren den 7. Mai 1786 zu Ecuelle (Indre), Sohn des Hommebon Saqui, umherziehendem Pharmazeuten und Direktor einer Künstlertruppe, und dessen Ehefrau Rose Charigny, und Fräulein Marguerite-Antoinette Lalanne, von Beruf Tanzkünstlerin, geboren den 26. Februar 1786 im Kirchspiel Saint-Sever, Hérault, natürliche (uneheliche) Tochter des Jean-Baptiste Lalanne, Kräuterhändler und Künstler, und der Hélène Masgomieri.«

Der glücklichen Heirat drückte ein Unglück seinen Stempel auf: am Abend erlitt Jean-Baptiste Lalanne einen Gehirnschlag und starb in der Nacht zur gleichen Zeit wie der Arzt, den man zu Hilfe gerufen hatte!

Die Familie Saqui (deren Name auf eine möglicherweise italienische Herkunft hinweist und auch oft Sacchi geschrieben wurde) war sehr groß: Julien hatte drei Brüder: Eustache-François, verstorben 1840; Casimir, verstorben 1854; und Jean-Baptiste; sowie zwei Schwestern:

Schloß von Vincennes, Nationales Volkstheater. Foto Thierry Orbach.

Straßen-Jongleur: Ein Kreidekreis an der Ecke Rue de Buci – Boulevard St. Germain und ein Seil vor den »Les Deux Magots«, dann noch vor dem »Le Select« und der »La Coupole«. Foto Jean-Louis Blondeau.

Erste Nummer des Seiltänzers, erste Tournee. Podium Europe Nr. 1. Foto Michel Jacques.

»MOON-DANCER« (Mondtänzer) mit Anne Seward, Portland. Foto Steve Nehl.

Cordia Gypsy Fasula, viereinhalb Jahre alt, versucht sich vor ihrem Vater auf dem Seil. Vor der Abreise zu großen Überquerung von Jerusalem. Foto Tiktiner/Média.

Rose-Henriette, 1847 gestorben und Aline ... alle mehr oder weniger Seiltänzer und auf jeden Fall Springer. Dazu kamen zahlreiche Cousins.

Einige Auseinandersetzungen brachten Marguerite dazu, sich selbstständig zu machen. Sie schrieb an den neuen, hervorragenden Direktor des Tivoli Baneux, und dieser engangierte sie postwendend. 1807 war sie gerade in Paris angekommen, als Forioso durch einen Sturz lahmgelegt wurde. Die junge Akrobatin trat im Tivoli sogleich an seine Stelle, und das mit solchem Erfolg, dass ihr Name schlagartig berühmt wurde.

Ihr Ansehen war an der Mode abzulesen: die Damen trugen Kleider à la Saqui, Hüte à la Saqui, die an den straußenfederngeschmückten Helm erinnerten, den sie bei ihren Vorführungen zu tragen pflegte. Man lutschte sogar Saqui-Bonbons.

Man hielt sie Forioso und seinen Schwestern gegenüber für ebenbürtig, ja sogar für überlegen, und schätzte sie höher ein als Ravel, Fondart und andere Größen des Stahlseils.

Zusätzlich zu ihrer Arbeit am Tivoli gab Madame Saqui im Kolosseum (der früheren Varix Hall), am Boulevard de la Porte Saint-Martin, eine Vorstellung, wo auch der arme Julien Saqui auftrat. Der war Prinzgemahl und führte einen großen Namen, zu dem er aber selbst nichts beigetragen hatte. Le Rouge, ein Zeitgenosse, schrieb:

»Mitten zwischen den Detonationen großer Feuerwerkskörper und ihrer Wirbel, rauchumhüllt, im Scheine bengalischer Feuer schritt sie auf dem Seil in sechzig Fuß Höhe völlig ruhig ihren ungewöhnlichen und gefährlichen Weg bis zu dessen Ende dahin. Oft wurde sie von Wogen dichten Rauchs, der sich um ihre Gestalt sammelte, dem Blick entzogen, und man hätte sie angesichts ihres sicheren Gangs mitten in den brodelnden Wolken für einen Engel halten können, der ruhig seiner himmlischen Heimat zustrebte.«

Madame Saqui eilt von Erfolg zu Erfolg.
Alle Aufmerksamkeit ist auf die Armee und ihre Siege gerichtet; Madame Saqui beschwört sie auf dem Seil! Ganz allein führt sie dramatische Pantomimen auf dem Stahlseil vor, in denen sie die Überschreitung des St. Bernhard, die Schlacht bei Wagram, die Einnahme

Saragossas darstellt. Napoleon schickt die Seiltänzerin sogar zu den Truppen aufs Land, wo sie vor den Soldaten spielen muss. In Dresden zeigt sie sich vor einer ganzen Reihe von Königen auf dem Seil ...

Madame Saqui führte regelrechte Aufstiege auf dem Schrägseil vor, mit einem Höhenunterschied von sechzig bis achtzig Fuß vom Boden bis zur Spitze der Maste. Ebenso erntete sie Beifall bei kleinen Melodramen, deren einzige Darstellerin sie war, zwischen Himmel und Erde nahm sie eine kleine Mahlzeit ein, oder sie sprang gar über Bänder oder durch einen Reifen, um dann wieder auf dem Seil Fuß zu fassen.

Am 24. Juni 1809 führte sie im Tivoli das Tanzen auf waagerechtem Seil ohne Balancierstange ein.

Zwei Monate später engagierte man Madame Saqui für die offiziellen Zeremonien anlässlich eines Festes, das der Kaiser gab: am 15. August gelang ihr die berühmte Überquerung der Seine bei der Pont Royale. An Stelle der Balancierstange benutzte sie zwei große Trikoloren. Den Hinweg schmückte sie mit launischen Einfällen und Scheinstürzen aus, zurück lief sie im klassischen Stil.

Bei den zahlreichen Veranstaltungen anlässlich der Ankunft von Marie-Louise von Österreich und der kaiserlichen Hochzeit ergab sich für Madame Saqui die Gelegenheit, am Abend des 14. Juni 1810 auf dem vom Prinzen Borghèse und Pauline, der Schwester Napoleons, gegebenen Fest in Neuilly aufzutreten.

Des weiteren auf dem großen Fest, das die kaiserliche Garde am 24. Juni auf dem Marsfeld veranstaltete. Von diesem berichten auch ausführlich die Erinnerungen des im Dienste des Kaisers stehenden Leutnant Chevallier:

»Quer über den Platz hatte man in großer Höhe ein Seil gespannt. Madame Saqui stürzte sich von der einen, Forioso von der anderen Seite über den Köpfen tausender Zuschauer auf dieses Seil und zündeten ein ungeheures Feuerwerk, wie es Paris bis dahin noch nicht gesehen hatte.«

Während eines Festes, das der Kaiser in den Beaujon-Gärten für seine Garde veranstaltete, wuchs Madame Saqui trotz einer Verletzung durch eine Rakete über sich hinaus; Napoleon empfing sie nach der Vorstellung höchstpersönlich. Es gibt Gründe dafür anzunehmen, dass sie in der Folge intimere Begegnungen mit dem Kaiser hatte. Jedenfalls verlieh er ihr den Titel »Erste Akrobatin Seiner Majestät des Kaisers und Königs Napoleon I.«, den sie hütete und zu nutzen wusste. Der Titel stieg ihr ein wenig zu Kopfe, und, obwohl sie sich im Jahre 1812 mit dem Kaiser zerstritt, gestaltete sie ihre Reisen mit übertriebenem Prunk. Im Geleit ihrer prächtigen Kutsche fuhr eine Equipage mit Kavalieren, die während der Fahrt Glocken läuteten. Sie ging sogar so weit, dass sie ihrer Kutsche das kaiserliche Wappen aufmalen ließ. Der Präfekt von Agen setzte dieser Zurschaustellung kurzerhand ein Ende. Madame Saqui musste ihren Stil ändern. Verärgert über die Obrigkeit verlegte sie sich auf ländliche Idyllen und Romanzen (ungeachtet dessen spielte sie auf dem Seil auch die Jeanne D'Arc und den Rasenden Roland) ...

Sobald die Monarchie wiederhergestellt war, nahm sie wie die meisten Künstler an den Feiern teil, die zur Krönung Ludwigs XVIII. veranstaltet wurden, sie natürlich auf dem Seil.

Als die Herzogin von Berry am Tage ihrer Hochzeit, dem 17. Juni 1816, mit ihrem Gefolge durch Paris fuhr und gerade den Boulevard du Temple passierte, landete plötzlich zu ihrer Überraschung ein Lorbeerkranz auf ihrem Haupt: Madame Saqui hatte diesen, als Kriegerin verkleidet, von ihrem quer über die Straße gespannten Seil aus, mit großem Geschick auf sie hinunterfallen lassen.

Auf diesem so berühmten Boulevard du Temple, wo sich Paris traf, und wo sie sich 1814 niedergelassen hatte, erwarb Madame Saqui das ehemalige Café d'Apollon und machte daraus das »Theater der Madame Saqui«. Im September 1820 ließ sie den Zuschauerraum wiederherstellen.

Man zeigte dort Aufführungen von Pantomimen, Kunstspringern, Seiltänzern, was ihm den Namen »Akrobaten-Theater« eintrug. Auch außergewöhnliche Künstler, Equilibristen, angebliche Wilde, Polyphagen (Fresskünstler) produzierten sich dort.

Die tatkräftige und autoritäre Direktorin Madame Saqui hatte schnell Erfolg, was sie jedoch nicht davon abhielt, weiterhin im Ausland aufzutreten: so zum Beispiel 1820 in London, wo ihre Vorführungen beträchtliches Aufsehen erregten.

Karl X. sah mit großem Vergnügen Madame Saqui in der Vorstellung, die sie anlässlich seines Namenstages gab, und dachte dabei an die Zeit, da er selbst noch auf dem Seil »gearbeitet« hatte. Daraufhin gründete Madame Saqui im Jahre 1826 am Tag des Heiligen Karl zwei Theater und machte zwei Aufstiege: auf den Champs-Élysées und an der Barrière du Trône – ein Brauch zu nationalen und kaiserlichen Festen, der von den nachfolgenden Regierungen beibehalten wurde.

Der Ruhm von Madame Saquis Theater forderte den Wettbewerb des ganz in der Nähe liegenden Seiltänzer-Theaters heraus. Dort debütierte in einer bescheidenen Nebenrolle Debureau, der als genialer Pantomime der bekannteste Pierrot aller Zeiten werden sollte.

Julien Saqui blieb bis zu seinem Tod am 11. August 1825 der Geschäftsführer des Theaters. Madame Saqui betrieb es weiter, geriet aber im Jahre 1832 in Geldschwierigkeiten, musste ihre Bühne aufgeben und ihre Tourneen durch Frankreich und das Ausland wieder aufnehmen, was sie noch zwanzig Jahre durchhielt (zunächst mit ihren Neffen Saqui und Lalanne, später mit dem Zauberkünstler Bosco).

Während eines Aufenthaltes in Berlin gab Madame Saqui einer Dame Unterricht, die in Bayern wegen ihrer Skandale berühmt werden sollte: Lola Montez.

Ab und zu, so zum Beispiel 1839 und 1845, kam die gealterte, aber noch wendige und energiegeladene Seilkünstlerin nach Paris, wo sie zu wiederholten Malen Abschiedsvorstellungen gab.

Im Jahre 1852 wurde Madame Saqui auf der Rückkehr von einer Reise nach Spanien in der Nähe von Tolosa von Banditen überfallen und all ihrer Habe beraubt. Nach einigen Vorstellungen im Süden Frankreichs erschien sie wieder in Paris – und trat im Hippodrom, in der National-Arena, im Schloss von Asnières, auf dem Place de l'Étoile und auf dem Place de la Bastille auf ... Obwohl sie schon etwas gebrechlich war, hatte sie sich doch ihr Können bewahrt und rührte die alten Pariser, die sich bei ihrem Anblick in ihre Jugend zurückversetzt fühlten, zutiefst. Sie ließ es sich nicht nehmen und trat mit falschem Bart, der ihr ein wunderliches Aussehen verlieh, (im Hippodrom) im Gewand eines Pilgers auf (der den St. Bernhard erklomm), und trotz ihrer sechsundsechzig Jahre führte sie *»eine ganze Abfahrt kopfunter auf dem Seil liegend«* durch ...

Wenn man den *Charivari* und verschiedene andere Zeitungen jener

Zeit durchblättert, kann man spüren, wie tief ihre Rückkehr damals die Gemüter bewegte.

Der Karikaturist Cham zeigt uns ehrwürdige Greise und Greisinnen, die am Ausgang des Hippodroms fröhliche Luftsprünge vollführten, beschwingt vom hinreißenden Herumtollen ihrer verehrten, beinahe siebzigjährigen Altersgenossin.

Am 26. Juni 1852 gibt die Verwaltung von Schloss und Park Asnières folgendes bekannt:

»Heute, beim großen Fest der Nacht, wird Madame Saqui, 76 Jahr alt, zur Aufführung bringen ›Die lange Irrfahrt des Wandernden Eremiten, den der Sturm überrascht in den Bergen von Bethlehem‹!«

Dann erlebte Madame Saqui mit, wie einer ihrer Neffen oder Großneffen Lalanne mit dem Ballon aufstieg: mit einem Fuß hing er am Trapez unter der Gondel und blies auf einem Signalhorn. Wenig später sollte die Rangälteste unter den Akrobaten noch Vorstellungen in London geben ...

Auf Wunsch von Napoleon III. trat Madame Saqui am 15. August 1853 zur ersten Feier, die zu Ehren des Geburtstages von Napoleon I. veranstaltet wurde, auf dem Marsfeld auf. Wegen des Andenkens an seinen Onkel legte der Kaiser großen Wert auf dieses Fest. Dieses Aufleben der Vergangenheit fand beträchtlichen Widerhall im Volk, denn die alte Künstlerin hatte sich während eines halben Jahrhunderts mehr als nur Ruhm – man kann schon sagen: einen Heiligenschein erworben.

Am 15. August 1859 (zwei Monate nach Blondins sagenhafter Überquerung der Niagara-Stromschnellen) ließ Napoleon III. die Künstlerin Saqui noch einmal an einem Fest mitwirken, das in der Arena für die Veteranen der Kriege des ersten Kaiserreichs veranstaltet wurde. Trotz ihres Alters tanzte sie einen Pas de Trois (Dreiertanz) auf dem Seil ...

1862 endlich, im Alter von wirklich und wahrhaftig sechsundsiebzig Jahren, gab Madame Saqui im Hippodrom zu Paris ihre Abschiedsvorstellung, tanzte ein letztes Mal auf dem Seil.

Das *Journal pour Rire (Die Zeitung zum Lachen)* vom 15. Januar 1853 war der *»Wahrheit über Madame Saqui«* gewidmet. Bertails

Zeichnungen illustrieren darin »*die gespenstische, schrille und burleske Revue der Seiltänzer im Jahre des Herrn 1852*« von Edmont Martin, die so anfängt:

»*Guten Tag, Guten Abend, wie ist Ihr Befinden?*
Ich bin Madame Saqui, die echte Madame Saqui, wirklich die echte. Madame Saqui, die – man stelle sich das vor! – ihr Glück darin findet, auf dem Stahlseil bis zu den Zinnen der Türme von Notre-Dame hinaufzusteigen, und von dort ohne Balancierstange auf die Pont d'Arcole herabzuniesen, die Madame Saqui der Sintflut, die Madame Saqui Pharamunds, die Madame Saqui des Kaiserreichs, die Madame Saqui der Restauration, die Madame Saqui vom Juli, die Madame Saqui vom Februar, die Madame Saqui von Heute und Morgen, die Madame Saqui aller Zeiten! Die unsterbliche Madame Saqui! Die unverwechselbare Madame Saqui! Alles habe ich gesehen – alles weiß ich!
Seit die Welt besteht, seit die Erde besteht, schwebe ich über der Schöpfung, über sie dahingeschwebt bin ich gleich einem Schatten, so unmerklich und schnell, dass selbst der Tod mich nicht bemerkte.«

Madame Saqui zog sich nach Neuilly zurück, in die Rue Basse-de-Longchamp. Ihre letzten Tage verbrachte sie dann in einer kleinen gutbürgerlichen Vierzimmerwohnung im ersten Stock der Avenue de Neuilly 45 b. Sie war finanziell sehr schlecht dran, aber ihre Würde hatte sie sich bewahrt.

Am 21. Januar 1866 starb sie im Alter von achtzig Jahren. Ihr Ruhm überdauerte sie, er war allerdings seit einigen Jahren von Blondin in den Schatten gestellt worden, dem hervorragendsten aller männlichen Künstler des Stahlseils, der seine Karriere mit siebzig Jahren aufgeben musste …

Das schlichte Grab von Madame Saqui und ihrem Gatten liegt einsam und vergessen auf dem Friedhof von Père-Lachaise (1. Reihe, Grab 7).

In der Art einer heiteren Grabinschrift schreibt Monnier in seinen *Mémoires de Mr. Joseph Prudhomme* (Memoiren des Joseph Biedermann):

»*Es hat nur fünf wirklich populäre Persönlichkeiten im Kaiserreich gegeben, darunter eine Frau: Napoléon, den Prinzen Eugen, David und Joséphine. Und wenn Sie gestatten, möchte ich noch hinzufügen: Madame Saqui!«*

Blondin

Ebenso wie bei Madame Saqui ist auch der Lebenslauf von Blondin schwer zu rekonstruieren. Nicht durchschaubare Wiederholungen einerseits und die außerordentliche Vielschichtigkeit seiner Karriere, die ihn durch die ganze Welt führte, würden langwierige Nachforschungen erfordern. Die besten Historiker, Strehly, Thétard, ebenso wie das große Lexikon von Larousse behaupten über Blondin völlig unzutreffende Dinge. Name, Vorname, Daten und Fakten werden einfach falsch wiedergegeben.

Zu den sich besonders zäh haltenden Behauptungen gehört, dass Blondin die Niagarafälle überquert habe, während er in Wirklichkeit, und das war allerdings eine außergewöhnliche Leistung zu seiner Zeit, die Stromschnellen des Niagara-Flusses überquerte. Viele Bilder stellen ihn auch heute noch über den Wasserfällen dar. Eine weit verbreitete Legende will wissen, dass Blondin im Jahre 1821 oder 1823 in Saint-Omer geboren sei und dass er mit Vornamen Emile oder Charles geheißen habe. Außerdem führt man seinen Namen fortwährend auf seine blonden Haare zurück.

Nichts von all dem stimmt.

Jean-François Gravelet, genannt François, ist am 29. Februar 1824 in Hesdin (in der Nähe von Saint-Omer, Pas-de-Calais) geboren. Seine Geburtsurkunde sagt wörtlich:

»Am 29. Februar 1884, morgens 6 Uhr, wurde geboren in Hesdin: Gravelet Jean-François, männlich, (als Sohn) des Springkünstlers und Seiltänzers André Gravelet, 34 Jahre alt, wohnhaft in Saint-Maixent (Deux Sèvres) und seiner Ehefrau Eutasie Merlet, 30 Jahre alt. Sein Name wurde mit Jean-François angemeldet, wohnhaft in Hesdin (Pas-de-Calais).«

André Gravelet, Blondins Vater, hatte, bevor er Akrobat wurde, als Soldat in den Napoleonischen Armeen gedient, bei Wagram und Austerlitz gekämpft und den Russlandfeldzug mitgemacht. Er starb, als sein Sohn neun Jahre alt war. Dieser kam mit der Veranlagung zum Seiltänzer zur Welt – mit vier Jahren stand er schon auf dem Seil –, man steckte ihn in eine Artisten-Schule in Lyon.

Der Direktor der Schule verlieh ihm nach sechs Monaten Arbeit den Titel »Kleines Wunder«. Wenig später begann François Gravelet seine Karriere, die ihn mit Akrobatentruppen durch ganz Frankreich führte. Er trat als Springkünstler und Seiltänzer auf. Auf der Durchreise in Lyon vertraute man ihn eines Tages der Seiltänzerfamilie Blondin an. Diese große Gauklerdynastie bereiste zur Zeit des ersten Kaiserreichs und während der Restauration Frankreich und vor allem Deutschland.

Sie zeigten in der »Arena Blondin«, dem »Circus Blondin« (zeitweise auch »Olympischer Circus« genannt) bis 1820 Reiterkunststücke, Akrobatik und Seiltanzen. Und dort taten sich um das Jahr 1830 herum zusammen: Claude Lyal, genannt Blondin, Jean Ravel, genannt Blondin, und Henri Ravel, genannt Blondin (der Mann von Clara Knie), dessen Schüler François Gravelet, genannt Blondin, war.

Es hatte also überhaupt nichts mit seinen angeblich blonden Haaren zu tun – von denen nichts überliefert ist –, dass Gravelet den Namen Blondin annahm, sondern mit der damals häufigen Sitte der »Schüler-Vater-Beziehung«, wie sie der Historiker Thétard beschreibt: *»Es war Henri (Ravel) Blondin, der ihm den Namen gab, wie es damals üblicherweise mit dem besten Schüler eines großen Artisten geschah, des ›Schüler-Vaters‹, wie ihn die kleinen Gaukler so hübsch nannten.«*

Später begegnete Blondin auf einer Frankreich-Tournee in Nîmes oder Paris einem Agenten der Truppe Ravels, der ihn zunächst für zwei, dann für acht Jahre für Tourneen in den Vereinigten Staaten engagierte, wo er am 10. August 1851 an Land ging.

Er beherrschte Saltos und schwierigste Sprünge und führte sie mit einer Präzision und Sicherheit aus, die wenige seiner Kollegen erreicht hatten. Alle bekannten Sprünge gelangen ihm höher und weiter.

Eines Tages wurde im Nible's Garden die Szene eines Stückes mit arabischen Beduinen geprobt, wo ein Mensch von Soldaten mit Gewehren und aufgepflanzten Bajonetten umzingelt wird. Diese Person sollte durch einen Sprung über die Soldaten entkommen. Das war Antoine Ravel, und er hatte einige Mühe, bis er die Soldaten dazu gebracht hatte, eng genug zusammenzurücken.

Blondin stand in Straßenkleidung dabei und schaute ruhig zu. Dann nahm er plötzlich ohne Vorankündigung mit vier schnellen Schritten Anlauf und vollführte in einem gewaltigen Sprung einen vollständigen Salto über die ganze Gruppe hinweg, Ravel eingeschlossen. Nachdem er gelandet war, nahm Blondin seine gelassene Haltung wieder ein, als wäre nichts geschehen. Das verschaffte ihm ein beträchtliches Ansehen.

Während der Tournee durch die Vereinigten Staaten mit Familie Ravel trat unser großer Akrobat in zahlreichen Städten auf und wurde für längere Zeit an ein New Yorker Theater verpflichtet, wo er, wie es heißt, aus allen Gesellschaftsschichten mit Lorbeeren überschüttet wurde.

Im Winter 1858 besuchte Blondin mit der Ravel-Truppe die Niagarafälle. Man erzählt sich, dass eine Lokalzeitung einen phantastischen Artikel veröffentlichte und die bevorstehende Überquerung der Fälle durch Blondin ankündigte. Dieser habe die Idee aufgegriffen und erklärt, dass er wirklich den Versuch machen wolle. Blondin selbst erzählt, dass ihm sofort beim Anblick der Gegend die Idee gekommen sei, die Fälle über der Absturzkante auf dem Seil zu überqueren. Er vertraute das Ravel an, der ihn daraufhin für verrückt erklärte.

Im Jahre 1859 lief dann der achtjährige Vertrag zwischen Ravel und Blondin aus. Letzterer gewann wieder seine Unabhängigkeit, lehnte die Angebote, die ihm Barnum & Franconi machten, ab, ließ die Gattin und seine kleinen Kinder in Cincinatti zurück und begab sich unverzüglich in Begleitung eines Dolmetschers an den Niagara.

Um Blondins Glanzleistung richtig einordnen und verstehen zu können, sollte man sich die Situation des damaligen Amerika vergegenwärtigt: Die Vereinigten Staaten waren in ihrer Blütezeit. Die Entwicklung der Eisenbahn, der Telegraphie, die Ausweitung der Dampfschifffahrt auf allen Flüssen und Seen, die Verbindung zu den anderen Kontinenten, die man der Dampfkraft und den großen Schnellseglern verdankte (zu dieser Zeit auf ihrem Höhepunkt), brachten Beschäftigung und Wohlstand.

Aus dieser Zeit stammt die Figur des Onkel Sam, der so treffend den amerikanischen Bürger verkörpert.

Die Presse war eine ernstzunehmende Macht geworden, der alle Mittel recht waren für ihre Sensationsnachrichten, falsch oder wahr, in Extrablättern oder Exklusivberichten, nach denen das amerikanische Publikum gierte. Die Telegraphie war dafür zum unentbehrlichen Hilfsmittel geworden. Die Werbung wurde immer aufdringlicher. Farbige Plakate tauchten allmählich auf; fünfzig Jahre lang nannte man sie noch »amerikanische Plakate«. Die Amerikaner liebten die großen Vorstellungen unter freiem Himmel oder in einem Circuszelt. Zu der Zeit liefen die Fäden dieser Attraktionen in den Händen eines Mannes zusammen, der allen überlegen war und seitdem unerreicht: Philippe Taylor Barnum.

Blondin kam zum richtigen Zeitpunkt an den Niagara, vor allem war er bereit, Risiken einzugehen, die vor ihm alle Seiltänzer gescheut hatten. Blondin hatte nicht vor, die Wasserfälle zu überqueren: wer jemals die Fälle gesehen hat und besonders den kanadischen »Hufeisen-Fall«, der weiß, dass es dort unmöglich gewesen wäre, ein Seil zu spannen, und erst recht unmöglich, sich daraufzuwagen. Unterhalb des Niagarafalls zwängt sich der Fluss in eine enge Schlucht, wo die Strömungsgeschwindigkeit des tosenden Wildwassers und seine Tiefe beträchtlich zunehmen. Dort befindet sich ein Strudelbecken, der »Whirlpool«. Ungefähr zwei Kilometer stromabwärts ist die engste Stelle der Schlucht: dort hatte man eine Hängebrücke mit einer für jene Zeit seltenen Kühnheit gebaut; an dieser Stelle, oberhalb der Brücke, wollte Blondin sein Seil anbringen.

Auf Seiten der amerikanischen Behörden traf Blondin nicht auf Widerstand, aber die Engländer wollten sich auf nichts einlassen, was das kanadische Ufer betraf ... Schließlich und endlich drückte man beide Augen zu.

Blondin musste auf die übertriebenen Forderungen des Grundeigentümers eingehen, dem die Verankerungsstelle auf dem kanadischen Ufer gehörte; er verlangte die Hälfte der späteren Einnahmen.

Er entdeckte bei einem Eisenwarenhändler, Poster, ein Hanfseil, aber dessen Preis von eintausendfünfhundert Dollar überstieg die Mittel des Künstlers bei weitem. Ein gewisser Mister Hamblin bot ihm an, das für ihn zu bezahlen. Fünfunddreißig Jahre danach erklärte Blondin dazu: »*Ich weiß gar nicht, wie ich diesem Gentleman meine Dankbarkeit dafür ausdrücken soll, dass er so großzügig und freundlich war, denn als ich mich wirklich dazu entschlossen hatte, es zu versuchen, kam er zu mir und sagte: Hören Sie, Blondin, überlegen Sie sich das Ganze noch einmal gut, und wenn Sie ein unsicheres Gefühl dabei haben, werde ich zwar alles, was das Seil betrifft, mit Vergnügen bezahlen, aber setzen Sie ihr Leben nicht aufs Spiel bei diesem Abenteuer.*«

Es ist das erste Mal, dass man so etwas in Angriff nahm: an einem Ende des Hauptkabels wurde ein Seil von 7/8 Zoll Durchmesser (2,26 cm) befestigt. Das zog man zum anderen Ufer hinüber und machte es an einem Felsen fest. Das Laufkabel hing ungefähr fünfzig Fuß (16 Meter) durch. Eine gewisse Länge wurde an jedem Ende zugegeben, um sicheres Spannen und Verankern zu ermöglichen. In Abständen zwischen zehn und zwanzig Fuß (ca. vier bis sechs Meter) wurden am Laufseil einige seitliche Verspannungen befestigt, die das Schwingen verhinderten. Diese verankerte man jeweils an den Uferböschungen. Es blieb aber eine längere Strecke von ungefähr 50 Fuß übrig (an die 15 Meter), wo es nicht möglich war, Spannseile anzubringen.

Am Start- und Zielpunkt erreichte das Seil eine Höhe von 240 Fuß (73 Meter) über dem Wasserspiegel, was in der Mitte des Seils zu einer Höhe von ungefähr 190 Fuß führte (58 Meter über dem Fluss).

Um das Seil zu testen, ließ Blondin mit Gewichten behängte Seilscheiben (Rollen) von einem Ende zum anderen darauf hinüberziehen, dann hängte er sich, wie man sagt, mit beiden Armen daran und wagte sich selbst hinüber.

Die erste Überquerung wurde über die Zeitungen und auf riesigen Plakaten angekündigt, die in allen großen Städten angeschlagen wurden. Die vielen Hotels in der Nähe der Niagarafälle waren an diesem Abenteuer sehr interessiert, versahen sich mit reichlichen Vorräten und zahllosen geliehenen Matratzen. Die Eisenbahngesellschaften hatten Sonderzüge eingeplant.

Jeder Besucher zahlte einen Dollar, um hinter die Umzäunung zu gelangen und der außergewöhnlichen akrobatischen Premiere beizuwohnen.

Die Besucherzahlen sind nachträglich schwer zu schätzen, sie schwanken je nach Berichterstatter zwischen fünfzehn- und dreißigtausend. Vermutlich erhöhten sie sich bei den folgenden Vorstellungen noch.

Planmäßig am 30. Juni 1859 erschien Blondin bei idealem Wetter und zeigte im »White Pleasure Ground« (Weißes Tal der Freuden), das nicht weit vom Verankerungspunkt entfernt auf dem amerikanischen Ufer lag, als Vorspiel zu seiner Glanzleistung einige Kunststücke.

Am Nachmittag um fünf Uhr begab sich Blondin mit einer ungewöhnlich großen Balancierstange von 38 Fuß Länge (11,58 m) und 40 Pfund Gewicht (18 kg) auf das Seil.

Sein Manager Harry Colcord hatte für die Journalisten zu beiden Enden des Seils einen umzäunten Bereich eingeplant und erstellen lassen.

Die *Niagara Falls Gazette* berichtet über das Ereignis in nüchternen Worten:

»*Blondin verabschiedete sich fröhlich von allen seinen Freunden und begab sich auf seine schreckeneinflößende Reise. Er lief ungefähr einhundert Fuß. Er setzte sich. Er legte sich mit dem Rücken auf das Seil, ist auf einem Fuß wieder aufgestanden und hat seinen Weg fortgesetzt. Mit Pausen etwa alle hundertfünfzig Fuß hat er so die Seilmitte erreicht. Dort ließ er einen Strick zur ›Nebeljungfrau‹ hinunter (dem Dampfer, der die Stomschnellen anfährt) und zog eine Flasche herauf, aus der er sich offensichtlich eine Erfrischung gönnte, dann hat er die Flasche weggeworfen und ist, ohne das Seil mit den Händen zu berühren, wieder auf die Füße gesprungen. Dann ist er weitergelaufen. Von da an hat er seinen Lauf nicht mehr unterbrochen und ist zwei Minuten später am gegenüberliegende Ufer angekommen.*«

Ein stürmischer Beifall brach los. Einschließlich der Kunststücke hatte die Überquerung achtzehn Minuten gedauert; alle Einzelheiten sind uns überliefert. Er erwiderte einen Trinkspruch, der auf ihn ausgebracht wurde, und gab bekannt, dass er in einer halben Stunde zurückqueren wolle. Eine Sammlung wurde zu seinen Gunsten veranstaltet, dann fuhr man ihn in einer mit Fahnen geschmückten vierspännigen Kutsche zu einer kurzen Ruhepause ins Clifton House.

Den Rückweg brachte Blondin in einer entspannten Atmosphäre schnell und ohne Schwierigkeiten hinter sich und kündigte sogleich an, dass er zum Nationalfeiertag am 4. Juli eine weitere Überquerung durchführen würde.

Daraus wurde unversehens ein Fest: eine Menschenmenge überschwemmte die Gegend, wie sie sich in dieser Größe in Amerika noch nie zusammengefunden hatte: jeder Baum, jeder Felsen war besetzt, alle Sitzplätze und Tribünen belegt. Die Massen waren hin- und hergerissen zwischen dem Wunsch, zu bewundern, und der dunklen Lust an der Herausforderung des Todes. Wetten mit ungeheuren Einsätzen wurden abgeschlossen.

Am 4. Juli 1859 startete Blondin zur festgesetzten Zeit. Auf halbem Wege hielt er inne, streckte sich der Länge nach auf dem Seil aus und schlug die Beine übereinander. Danach ging er rückwärts weiter, indem er sich abwechselnd auf einem, dann wieder auf dem anderen Bein hin- und herwiegte. Er beugte sich über das Wasser vor, schwang sich zweimal um das Kabel herum, zog eine Flasche aus der Tasche, die er an die Lippen setzte, und führte dann seine Überquerung zu Ende. Nach einer einstündigen Pause auf dem kanadischen Ufer erschien er wieder mit einem Sack, den er sich über Kopf und Schultern bis zu den Knien hinunter zog. In dieser Verkleidung, durch die er nichts mehr sah, wiederholte er noch einmal seine Vorführungen vor den erstarrten Zuschauern.

Kurz darauf führte Blondin etwas Neues und Gefährliches vor: im Anschluss an eine »normale« Überquerung und einer kurzen Ruhepause auf dem kanadischen Ufer ging er wieder auf das Seil, trug aber diesmal seinen Partner und Manager Harry H. Colcord auf dem Rücken.

Dieser wog 140 Pfund (63 Kilo), genauso viel wie der Seilläufer selbst, der hatte aber noch die schwere Balancierstange zu tragen, alles in allem also an die 190 Pfund. Zu beiden Seiten von Blondins Schultern lief eine Schnur herab; die Schlingen an ihren Enden dienten

Colcord, der huckepack ritt und sich am Halse des Akrobaten festhielt, als Steigbügel.

Die Überquerung wurde schrecklich.

Das Paar legte das erste Drittel der Strecke verhältnismäßig schnell zurück, hielt dann aber an. Blondin bat seinen Gefährten, die Füße aus den Schlingen zu nehmen, sich hinter ihm auf das Seil zu stellen und sich an seinen Schultern festzuhalten. Nach einer Ruhepause von einigen Minuten musste Colcord wieder auf seinen Träger klettern, was bei dessen glattem Kostüm einige Schwierigkeiten machte. Die Zuschauer hatten den Eindruck, dass Colcords Gewicht und die Länge der Strecke Blondin sehr mitnahmen. Er machte immer häufiger Halt. Colcord, der zum ersten Mal so eine Luftreise erlebte, geriet immer mehr in Panik. Man hatte ihn davor gewarnt, nach unten zu schauen, aber die brausenden Wasser zogen seinen Blick unwiderstehlich an. Es war ihm, als ob er und Blondin mit großer Geschwindigkeit stromaufwärts trieben! In der Mitte des Seils, wo es keine Verspannungen gab, entstanden gefährliche Schwingungen. Die Last schien Blondin niederzudrücken. Erneut hielt er an, um zu verschnaufen und sich zu erholen. Als er gerade wieder losging, riss eines der Spannseile, was einen heftigen seitlichen Schlag verursachte; außerdem ließ die Spannung des Laufseils nach. Blondin konnte sich fangen und erreichte die nächste Verspannung. Noch einmal forderte er seinen Freund auf, abzusteigen. Sein Körper war steif und schweißüberströmt, alle Muskeln gespannt. Nachdem er sich seinen Passagier wieder aufgeladen hatte, machte sich der Seilläufer an den Aufstieg in Richtung des rechten Flussufers und kam endlich dort an. Die Massen empfingen die beiden Helden in ihrer Erleichterung mit solchen Beifallsstürmen, dass diese wirklich Angst haben mussten, ins Wasser gedrängt zu werden. Sie mussten sich ihren Bewunderern entgegenwerfen und sich mit Gewalt durch die Menge kämpfen.

Diese Details waren in allen Zeitungen jener Tage zu lesen, die offizielle Version der Niagara Falls Gazette lautete jedoch, Colcord habe die Reise anscheinend Spaß gemacht, er habe gelächelt und ungerührt gewirkt.

Vierzig Jahre nach diesem Ereignis schrieb Colcord: *»Dieser Tag verfolgt mich noch immer in der Erinnerung. Ich sehe wieder die Ufer-*

böschungen vor mir, schwarz vor lauter Menschen, und unter uns den brodelnden Strom. Ich spüre noch, wie Blondin strauchelt und zittert, weil klar war, dass irgendwelche Schurken uns abstürzen lassen wollten, und dann mit dem Mut der Verzweiflung vorwärtsstürmt, um unser Leben zu retten. Nur bei dem Gedanken daran zucke ich schon zusammen und der kalte Schweiß bricht mir aus.«

Tatsächlich schrieb Blondin das Reißen des Halteseils einem niederträchtigen Kerl zu, der mit dem Tod der Helden seine Wette gewinnen wollte.

Wie dem auch sei, Colcord – der aus Attica stammte (Bundesstaat New York) und alter Walfänger war – zögerte nicht, im darauffolgenden Jahr, 1860, die Überquerung zu wiederholen ... (Um das Jahr 1902 hat sich Colcord dann als Amateurmaler in Chicago niedergelassen. Er hat noch eine ganze Zeit gelebt.)

Am 31. August 1859 machte Blondin eine Begehung bei Nacht. Die Lichter der *Nebeljungfrau* und Scheinwerfer von Lokomotiven auf den Ufern erhellten spärlich die Szene. Blondin hatte an beiden Enden seiner Balancierstange farbige Bengalische Feuer entzündet. Diese erloschen nach einiger Zeit, und Blondin setzte seinen Weg im Dunkeln fort, so dass seine Helfer schon meinten, ja, fast sicher waren, dass er abgestürzt sei. Nur die Zuschauer, die das Seilende berühren konnten, konnten an den Erschütterungen des Kabels spüren, dass es den Akrobaten noch gab. Auch beim Rückweg, den er unter den gleichen Bedingungen durchführte, hatte Blondin Glück.

Während der folgenden Wochen wiederholte Blondin seine Überquerungen und bereicherte sie mit den verschiedensten Kunststücken: er lief wie ein Sträfling in Ketten, dann trug er, als französischer Küchenchef verkleidet, einen richtigen Herd mit Feuer darin und allem Zubehör in die Mitte des Seils und buk ein Omelett, das er zur *Nebeljungfrau* hinunterwarf. Das erste fiel ins Wasser, das zweite verteilten im Nu die Passagiere unter sich. Das Omelettbacken auf dem Seil wurde die Zugnummer. Blondin machte die Überquerung sogar mit den Füßen in Körben stehend, er setzte einen Stuhl auf das Seil, auf dem er sich dann ausruhte (am 8. September rutschte der Stuhl ab und fiel in den Fluss, was den Künstler aber nicht weiter aus dem Konzept brachte).

Die ersten Berichte über Blondins Vorführungen wurden in Europa teils freudig, teils mit Ungläubigkeit aufgenommen. In den USA dagegen mit grenzenloser Begeisterung. In ihrem umfangreichen Werk »*Das malerische Nordamerika*«, das 1880 erschien, schrieben *Culler Bryant* und *Benedict H. Revoil*: »*Der Rausch wurde zum Wahnsinn: die Mode mischte sich ein, Blondin war das einzige Gesprächsthema, man kreierte Blondin-Hüte, Blondin-Kleidung usw. Blondin machte nach dem Vorbild Ludwig XIV. ›Qua non ascendam‹ (immer aufwärts) zu seinem Motto.*«

Im Januar 1860 präsentierte das Pariser Varieté-Theater im Rahmen der Revue »Sans queue ni tête« (ohne Kopf und Schwanz) von Cogniard / Clairville: »*Blondin überquert den Niagara*«. Sehr viel später waren die Darstellungen der »Demoiselles Blondin« – der Name war zum festen Begriff geworden – in zahlreichen Theatern zu sehen.

1860 spannte Blondin sein Seil unterhalb der Hängebrücke über die Schlucht, was trotz der geringeren Weite bedeutend gefährlicher war: die Steilufer hatten eine Höhe von ungefähr 180 Fuß. Das Installieren des Seils war also schwieriger: beim ersten Versuch entging das Ruderboot mit Blondin und vier Mann Besatzung, während das Kabel am Heck hinauslief, nur knapp der Gefahr, in die Tiefe gerissen zu werden.

Vom 6. Juni bis Mitte September führte Blondin vor riesigen Zuschauermengen zahlreiche Überquerungen durch. Der damalige Präsident der Vereinigten Staaten Fillmore und seine Gattin wohnten einer der Begehungen Blondins bei; ebenso der große Baumeister Roebling, der im Jahre 1848 die erste Brücke über den Niagara konstruiert hatte und dessen Name mit der Brooklyn-Brücke verbunden ist und bleibt.

1861 brach der Bürgerkrieg oder Sezessionskrieg aus; er sollte lang und schrecklich werden und viele Menschenleben fordern.

Blondin sah ein, dass akrobatische Kunststücke in Amerika nicht mehr am Platze waren, und verließ die Vereinigten Staaten am 10. August 1861, auf den Tag genau zehn Jahre nach seiner Ankunft. Er bekam in Sydenham, Großbritannien, ein großartiges Engagement im berühmten Kristallpalast in der Nähe von London. Vom 7. Juni 1861 an gab er unter der weiten Glaskuppel eine Reihe glänzender Vorstellungen, für die er pro Tag einhundert Pfund erhielt, und hundertfünfzig, wenn er zweimal auftrat. Der Erfolg war überwältigend. Mehrmals trug Blondin seine Frau über das Seil quer durch die große Halle. Für seine Vorstellungen benutzte er das Niagara-Seil, dessen überschüssiges Ende zusammengerollt im großen Treppenaufgang zur Besichtigung ausgestellt war. Viele Besucher, die auf ein Andenken, eine Reliquie oder ein Maskottchen erpicht waren, schnitten sich heimlich ein Stück von dem Seil ab, das auf diese Weise erheblich kürzer wurde.

Das berühmte Cremorne Gardens in Chelsea setzte dem Kristallpalast eine recht gefährliche Unternehmung entgegen, indem es eine Themse-Überquerung durch einen »Weiblichen Blondin« von Battersea nach Cremorne inszenierte. Miss A. Young hieß das zwanzig Jahre junge Mädchen. Vor zwanzigtausend Zuschauern bewältigte sie unter günstigsten Bedingungen die dreiviertel Meile, was ungefähr tausendzweihundert Metern entspricht. Trotz des Erfolges wiederholte Miss Young die Vorführung nicht noch einmal, sondern verschwand von der Bühne der Seilkunst …

Blondin trat in allen ersten Häusern von London auf. In den sechziger Jahren arbeitete er im »Canterbury« neben den Vaux Hall Gardens, die das erste große Varieté-Theater in London waren.

Als Blondin 1862 zum Kristallpalast zurückgekehrt war, geriet er einmal – diesmal unter freiem Himmel in den Gartenanlagen – in höchste Gefahr, wie er sie selten erlebt hatte und die auch einen bleibenden Eindruck bei ihm hinterließ: während einer nächtlichen Vorstellung mit Feuerwerk kam er kurz vor der Zielplattform 120 Fuß über dem Boden durch den falschen Handgriff eines Helfers völlig aus dem Gleichgewicht. Blondin musste die Balancierstange fortwerfen, diese schlug krachend auf, und er hing mit beiden Händen am Seil. So gelangte er auf die Plattform.

Im Jahr 1864 gab Blondin in großer Höhe unter freiem Himmel Vorstellungen auf dem Prätoren-Feld in Rom und hatte großen Erfolg.

1865 trat er in der Agricultural Hall in London sowie 1868 in der Alhambra auf, wo es unter der königlichen Garde Mode wurde, sich von dem Artisten huckepack über das Seil tragen zu lassen. Das ging so weit, dass dieser für jede Begehung fünf Pfund verlangte, um die Anzahl der Bewerber in Grenzen zu halten. Dieser Brauch wurde noch durch Wetten belebt. Endlich schritt die Obrigkeit dagegen ein.

Einer der Direktoren der Alhambra, Archibald Nagel, hatte gewettet, dass er auf dem Rücken Blondins sein Theater hin und zurück durchqueren würde. Mitten auf dem Seil gingen jedoch die Nerven mit ihm durch, und Blondin sagte ihm in sehr scharfem Ton, dass einer von ihnen beiden in Gefahr wäre, hinunterzufliegen. Nagel riss sich daraufhin zusammen und wurde auf der Plattform in Sicherheit gebracht, aber er schwor, dass er statt für fünf Pfund, die er gewettet hatte, selbst für tausend die Rückreise nicht mehr antreten würde.

1866, als Madame Saqui gestorben war, feierte Blondin Triumphe auf der Pferderennbahn am Eylau-Platz in Paris; man konnte von weitem seinen feuerroten Helm hoch oben über dem Seil erkennen.

Zur gleichen Zeit gab Blondin jeden Tag eine zweite Vorstellung in einem Stadion im Wald von Vincennes: mit einer Kutsche jagte er zwischen beiden Veranstaltungsorten hin und her.

Im darauffolgenden Jahr 1867 führte Blondin für die Weltausstellung eine aufsehenerregende Überquerung der Seine durch und sammelte anschließend Ruhm im Tivoli von Kopenhagen. Dort fuhr er auf dem Seil mit dem Fahrrad, das zum damaligen Zeitpunkt eine ganz neue Erfindung und überall groß in Mode war. Die Erinnerung an diesen seinen Auftritt im Tivoli ist so lebendig geblieben, dass dänische Spielzeugfabrikanten noch fünfzig Jahre später kleine Blondins auf Fahrrädern herstellten ...

1873 durfte die Weltausstellung in Wien Blondin bei sich begrüßen. 1875 begab er sich per Schiff auf eine große Tournee, die ihn durch Australien, Indien und Asien führte.

Während der Reise auf dem Dampfer *Poonah* hatte er zwischen Aden und New South Wales den Einfall, vom Großmast zum Besanmast hinüber auf dem Seil zu laufen; der Erlös der Vorstellung kam mildtätigen Zwecken zugute.

Die See ging hoch, und er musste sich fünfmal während der Vorführung setzen, außerdem war er seekrank.

Wieder in Paris, erschien er 1877 auf seinem Fahrrad unter der großen Glaskuppel des Kristallpalastes.

Um 1877 / 1880 ging er nach China, Japan und Indien, wo er vor allem in Peking, Yddo (Tokyo) und Ceylon auftrat.

Danach unternahm er eine Tournee durch russische Großstädte, die wichtigste darunter St. Petersburg. Auch in Südamerika – in Rio de Janeiro und Buenos Aires – zeigte er sein Können.

1880 holte man ihn nach den USA, wo er wieder in dem berühmten Vergnügungsviertel von Coney Island bei New York auftrat.

Nach 1890 kehrte Blondin in seine Wahlheimat England zurück, wo er sich am liebsten aufhielt. 1893 trat er erneut im Kristallpalast auf, dann in Birmingham und in Liverpool (im Tiergarten). Dort hatte er ein sehr gefährliches Abenteuer zu bestehen: während er einen jungen Löwen in einer Schubkarre vor sich herschob, verhedderte er sich in irgendwelchem Seilzeug, was ihn aus dem Gleichgewicht brachte und ihn zwang, wieder zum Ausgangspunkt hinaufzulaufen.

Der Erfolg hatte ihn weder hochmütig noch eitel gemacht; er konnte verdientermaßen stolz sein auf die Bewunderung und Achtung, die man ihm entgegenbrachte, und auf seine alten Tage zeigte er mit besonderer Freude unter vielen anderen die Niagarafall-Medaille (1859), die des Washingtoner Militärs, der Rechtsschule Philadelphia, die große Goldmedaille zur Einweihung des Kristallpalasts (1854) – das einzige Exemplar, das mit dem Einverständnis der Königin Viktoria einem Privatmann verliehen wurde –, ein großes goldenes Kreuz mit Brillanten, das ihm in Australien verliehen worden war ... dann der Titel »Ordensritter der Isabelle von Spanien«, der ihn berechtigte, sich »... von Blondin« zu nennen.

Nach Hibbert betrachtete Blondin seinen Lebensweg nicht als eine Herausforderung des Schicksals: sein Gleichgewichtssinn war außergewöhnlich gut entwickelt, und mit seinen gewaltig starken Unterarmen konnte er sehr schwere Balancierstangen handhaben, was auch nötig war. Seiner Meinung nach waren einzig und allein die Schultermuskeln für das Gleichgewicht zuständig, weil die Schulterbewegungen direkt auf die Balancierstange einwirken. Ein Netz lehnte er grundsätzlich ab; das sollten seinetwegen »die anderen« benutzen.

Blondin war keine imposante Erscheinung, weil er relativ klein war und keinen schönen Gang hatte. Sein Oberkörper war sehr lang, die Beine kurz. Sein Gesicht war das eines biederen Bürgers mit kleinem, dicklippigen Mund unter einem Schnurrbart mit »kaiserlichen« Spitzen (Zwickelbart), wie sie für jene Zeit typisch waren. Kleine flinke blaue Augen belebten es.

Im fortgeschrittenen Alter neigte er zu Kopfschmerzen (als Folge seiner Kopfstände auf dem Seil), außerdem litt er an Rheuma.

Obwohl Blondin den größten Teil seines langen Lebens in englischsprachigen Ländern zugebracht hatte, reichte es bei ihm nur zu einem schlechten, mit französischen Brocken durchsetzten Englisch.

Der große Seilkünstler wurde gelegentlich ein Opfer ungetreuer Manager, besonders auf seiner langen Reise durch Russland. In seiner Niagarazeit und danach erwarb sich Blondin schnell ein bedeutendes Vermögen. Durch den betrügerischen Konkurs einer englischen Bank 1879 verlor er es restlos. Er konnte zwar wieder ein Guthaben ansparen, das ihm auf seine alten Tage einen gewissen Wohlstand sicherte, war aber, obwohl schon über siebzig Jahre alt, fast bis an sein Lebensende gezwungen zu arbeiten. Er lebte zu dieser Zeit auf einem Landsitz von vier Morgen in einem behaglich eingerichteten Haus, dem er den Namen Niagara Villa gegeben hatte. Dort widmete er sich mit Hingabe der Hunde-, Kaninchen- und Vogelzucht sowie dem Anbau von Wicken. Er führte das Leben eines Gutsherren. In seinem Garten hielt er immer ein Seil gespannt, das er gern bestieg.

Zum letzten Mal trat der große Seilkünstler 1896 in Belfast, Irland, öffentlich auf. Am 22. Februar 1897 entschlief er sanft in seinem schönen Haus in Ealing und wurde an der Seite seiner Gattin auf dem Kensal Green-Friedhof in London beigesetzt.

ANHANG

Anmerkungen

1 TOUR ET FIL: Turm und Seil. Begehung eines geneigten Seils vom Palais de Chaillot zur zweiten Etage des Eiffelturms.

2 Fondation Marcel Bleustein-Blanchet pour la Vocation: eine Stiftung für Begabte.

3 CORDE RAIDE – PIANO VOLANT: Spannseil und fliegendes Klavier. Vorführung über der Terasse des Chaillot-Palastes.

4 Sport- und Kulturfest der alten Spartaner. Ein jährlich im Juli mehrere Tage zu Ehren der bei Thyrea (550 v. Chr.) Gefallenen gefeiertes Fest mit musikalischen und gymnastischen Darstellungen.

5 Chou à la crème: Windbeutel

6 Lustspiel von Molière (1622-1673)

7 Verein zum Betrieb des Eiffelturms.

8 PUBLICIS = von Bleustein-Blanchet gegründete Gesellschaft für Werbung, Medien und Vertrieb.

9 Presse Universitaire de France.

10 Cordes-sur-Ciel: Stadt in S.-W.-Frankreich, wörtl. übersetzt: Seile am Himmel.

Lebenslauf

Philippe Petit ist in Frankreich geboren, aber nicht im Circus. Sehr früh entdeckte er das Zaubern und Jonglieren. Mit sechzehn Jahren machte er die ersten Schritte auf dem Seil. Er brachte sich alles selbst bei, denn er wurde aus fünf verschiedenen Schulen hinausgeworfen. Er lernte reiten, fechten, zimmern, felsklettern und zeichnen, auch übte er sich in der Kunst des Stierkampfs.

Während er quer durch Europa, Russland, Australien und den USA Vorstellungen gab, brachte er sich selbst Spanisch, Deutsch, Russisch und Englisch bei. Außerdem entwickelte er einen ausgeprägten Sinn für Architektur und Ingenieurwissenschaften.

Auf den Bürgersteigen von Paris schuf er sich sein Straßen-Image: ausgelassen, komisch und stumm – eine Rolle, die er nie wieder aufgegeben hat und von der alle hingerissen sind, die ihn erleben. Mit seinem Drahtseil hat er die spezifischen Grenzen von Theater, Musik, Schriftstellerei, Poesie, Grafik und Film erweitert. Als Hochseilkünstler machte er seine spektakulären Überquerungen zwischen Kirchtürmen und Wolkenkratzern.

1966   Er entdeckt das Seil.
1967   LA BELLE AU BOIS (St. Germain-en-Laye), Rolle des »Gestiefelten Katers« mit Seil in dem Schauspiel von Jules Supervielle. Inszenierung: Isabelle Garma.
1968   L'IF* (Die Eibe), St. Germain-en-Laye, Rolle des Seiltänzers in dem Stück von Philippe Petit (zusammen mit Malika).
GENILLÉ (Indre-et-Loire) Erste Überquerung. Schrägseil.
Preis der FONDATION MARCEL BLEUSTEIN-BLANCHET POUR LA VOCATION; für Jonglieren und Hochseilkunst.

1969 Zusammen mit Isabelle Garma Beteiligung an der Gründung des THÉÂTRE D'ARAN in Paris.
LES OMBRES SUR LA MER (Paris), Rolle des Aibric mit Seil in dem Schauspiel von W. B. Yeats. Inszen.: Isabelle Garma; Übersetzung von Antoine Berman (Originaltitel: Shadowy Waters).
1971 VALLAURIS (See-Alpen) Zum 90. Geburtstag von Pablo Picasso.
PALAIS DES SPORTS (Paris) Illegale Installation. Ouvertüre zum Konzert von Paco Ibanez.
GRAND PALAIS (Paris) Illegale Installation. Privatvorstellung für seine Freunde.
NOTRE-DAME; Paris, Illegale Installation. Erste Vorführung in großer Höhe zu Ehren der Kathedrale.
1972 PODIUM EUROPE Nr. 1, Darbietung eines Hochseilkünstler-Stückes im Rahmen meiner Tournee durch einhundert französische Städte.
1973 HANDELSBÖRSE, Paris, Vorführung unter der Kuppel.
SYDNEY HARBOUR BRIDGE (Australien). Illegale Installation. Vorführung zwischen den Stützpfeilern der weltgrößten Stahlbrücke.
SCHLOSS von VINCENNES (Paris). Für das Nationale Volkstheater.
1974 WORLD TRADE CENTER (New York City). Illegale Installation. Vorführung zwischen den beiden höchsten Wolkenkratzern der Welt.
CENTRAL PARK (New York City). Große Überquerung auf dem Schrägseil.
GROSSE PATTERSON-FÄLLE (New Jersey). Aufstieg.
KATHEDRALE von LAON (Frankreich) Überquerung zwischen den Türmen für das französische und amerikanische Fernsehen.
1975 RINGLING BROS. & BARNUM & BAILEY CIRCUS. Star des Programms für eine Jahrestournee durch die USA.
LOUISIANA SUPERDOME (New Orleans). Große Überquerung zur Einweihung des weltgrößten überdachten Stadions.
1977 OHIO STATE FAIR (Columbus). Aufstiege.
1980 INTRAGNA (Schweiz). Große Überquerung des Isorno für Clown Dimitri.

KATHEDRALE ST. JOHN THE DIVINE (New York City). Illegale Installation. Überquerung im Innenraum der weltgrößten gothischen Kathedrale.
1981 BIG APPLE CIRCUS (Lincoln Center, New York City). Seilkunst-Variationen unter der Kuppel.
1982 KATHEDRALE ST. JOHN THE DIVINE (New York City). Querung außen am Bauwerk anlässl. d. Wiederaufn. der Bauarbeiten.
CONCERT IN THE SKY* (Konzert am Himmel), Denver, Colorado. Welt-Festival des Theaters (mit Caroline Simonds).
1983 SKYSONG* (Purchase, New York) Aufstiegs-Vorstellung unter Mitwirkung der Pianistin Evelyne Crochet.
BEAUBOURG (Paris) Aufstieg von der Saint-Merri-Kirche zum Centre George Pompidou hinauf.
1984 CORDE RAIDE – PIANO VOLANT* (Spannseil – Fliegendes Klavier), Paris. Vorführung über der Terrasse des Chaillot-Palastes (mit Jacques Higelin).
PARISER OPER Seilkunst-Improvisation mit der Sängerin Margarita Zimmermann.
EDMONTON (Kanada) Große Überquerung.
MUSEUM OF THE CITY OF NEW YORK. Vorstellung über dem Vorplatz.
1986 ASCENT* (Aufstieg), New York City. Konzert für Klavier und Seil, mit der Pianistin Evelyne Crochet, im Schiff der Kathedrale von St. John the Divine, auf dem Schrägseil.
LINCOLN CENTER (New York City) Überquerung zu Ehren der Wiedereröffnung der Freiheitsstatue, im Programm der 200-Jahr-Feier der Amerikanischen Revolution.
1987 WALKING THE HARP / A BRIDGE FOR PEACE (Harfenbegehung / Eine Brücke zum Frieden), Jerusalem. Hochseil-Vorführung auf einem geneigten Seil, das das jüdische mit dem arabischen Viertel verbindet, zum Auftakt des Israel-Festivals unter der Schirmherrschaft von Bürgermeister Teddy Kollek.
MOONDANCER* (Mondtänzer), Oregon, Hochseil-Oper zur Eröffnung des Portland-Centers für Darstellende Künste.
GRAND CENTRAL DANCES (New York City) Hochseil-Choreographie über der Halle der Grand Central Station.

1988 HOUSE OF THE DEAD (Paris) Kreation der Rolle des Adlers in Dostojewskys Oper »Das Totenhaus«, Inszenierung Volker Schloendorff.

1989 TOUR ET FIL (Turm und Seil), Paris. Aufsehenerregende Begehung eines geneigten Seils vom Palais de Chaillot zum zweiten Plateau des Eiffelturms hinauf, zur 200-Jahr-Feier Frankreichs und zum 200sten Jahrestag der Proklamation der Menschen- und Bürgerrechte, unter der Schirmherrschaft von Bürgermeister Jacques Chirac.

1990 AMERICAN OUVERTURE* (Paris) Hochseil-Schauspiel zur Grundsteinlegung des neuen Amerika-Hauses.
TOKYO WALK (Japan) Erste Hochseil-Vorführung in Japan überhaupt, mit der die Eröffnung des Plaza-Mikado-Gebäudes in Akasaka gefeiert wurde.

1991 VIENNALEWALK* (Österreich) Hochseil-Vorführung zum Auftakt des Wiener Internationalen Filmfestivals unter Leitung von Werner Herzog, in der die Geschichte des Films beschworen wurde.

1992 NAMUR (Belgien) Schräganstieg zur Zitadelle von Vauban hinauf, zugunsten einer Spendenaktion für leukämiekranke Kinder.
FARINET FUNAMBULE!*, Schweiz. Hochseillauf als Porträt des Robin Hood der Alpen (19. Jahrh.) zugunsten misshandelter Kinder, auf dessen Höhepunkt der kleinste bekannte Weinberg der Welt geerntet wurde.
THE MONK'S SECRET LONGING* (Die geheimen Wünsche des Mönchs), New York City. Hochseilaufführung für das Kuratorium von St. John the Divine zur 100-Jahr-Feier der Kathedrale.

1994 HISTORISCHER HOCHSEILLAUF* (Deutschland) – auf einem geneigten Seil zur 1200-Jahr-Feier von Frankfurt/M. vor 500.000 Zuschauern, landesweit life übertragen im Rundfunk und in Fernseh-Sonderberichten.

1995 CATENARY CURVE (Kettenlinie), New York City. Komisches Zwischenspiel während einer Tagung über Seilkonstruktionen, veranstaltet von Architekt Santiago Calatrava.

1996 ACT (New York City) Mittelalterliches Spiel zum 25. Geburtstag von New Yorks lebendigstem Jugendprogramm.
CRESCENDO* (New York) Ein allegorisches Theaterstück zum Silvesterabend auf drei verschiedenen Stahlseilen im Kirchenschiff von St. John the Divine, als Abschiedsgruß für Hochwürden James Parks Morton, dem Dekan der Kathedrale.

* Hochseil-Stücke, Verfasser, Regie, Ausführung: Philippe Petit.

Filme

CONCERT IN THE SKY (Denver 1983) Centre Productions Inc., Regie Mark Elliot
HIGH WIRE (New York 1984), Prairie Dog Productions, Regie Sandy Sissel
NIAGARA: MIRACLES, MYTHS AND MAGIC (Kanada 1986), Rolle des Blondin, Seventh Man Films für IMAX System, Regie Kieth Merrill
TOUR ET FIL (Frankreich 1989) FR3/ Totem Productions, Regie Alain Hattet
FILMSTUNDE (Österreich 1991) Werner Herzog Productions, Regie Werner Herzog
PROFILE OF PHILIPPE PETIT (Washington, D.C. 1993) National Geographic Explorer Special
DER MANN AUF DEM DRAHTSEIL (Deutschland 1994) Dokumentarfilm von der Seilmontage und den Vorbereitungen des Künstlers zum Historischen Hochseillauf, Hessisches Fernsehen, Regie Götz Ballonier
HISTORISCHER HOCHSEILLAUF (Deutschland 1994) Direktübertragung der Begehung im Hessischen Fernsehen, Regie Sascha Arnz.
MONDO (Frankreich 1995) Costa Gavras Productions, Regie Tony Gatlif

SECRETS OF THE LOST EMPIRES: THE INCAS (Geheimnisse untergegangener Reiche) Peru 1995, Produktion PBS / NOVA und BBC, Regie Michael Barnes

Bücher

TROIS COUPS (Drei Unternehmungen, drei Treffer) Philippe Petit (Herscher, Paris 1983)
ON THE HIGH WIRE (Auf dem Hochseil) Philippe Petit (Random House, New York 1985)
FUNAMBULE (Der Hochseilkünstler) Philippe Petit (Albin Michel, Paris 1991)
TRAITÉ DU FUNAMBULISME (Abhandlung über Hochseilkünste) Philippe Petit (Actes Sud, Arles 1997)

Noch unveröffentlicht:

ENCYCLOPÉDIE DES TECHNIQUES DE MONTAGE (Enzyklopädie der Montagetechnik)
PETIT PRÉCIS DU VOL À LA TIRE (Brevier des Taschendiebstahls)
JONGLEUR DES RUES (Jongleur auf den Strassen)
NUTS FOR KNOTS (Verrückte nach Knoten)
BLONDIN AU NIAGARA (Blondin am Niagara)
LETTRES D'INSULTES (Beleidigende Briefe)
CINQ PROJETS (Fünf Vorhaben)

Drehbücher:
L'ENFANT DES ARBRES (Kind der Bäume)
WTC
CIRQUE HASARD (Circus Zufall)
COLLE À POISSON (Fischleim)

Theaterstücke:
L'IF (Die Eibe)
A CHI TOCCA? (Wer ist dran?)

Vorträge und Kurse von Philippe Petit
an folgenden Stätten:

SYDNEY SCHOOL OF ENGINEERING, Sydney, Australien.
BROOKLYN POLYTECHNIC INSTITUTE, Brooklyn, New York.
JULLIARD SCHOOL OF THE PERFORMING ARTS, New York City.
ÉCOLE NATIONALE SUPÉRIEURE DU CIRQUE, Châlons-sur-Marne, Frankreich.
SCUOLA TEATRO DIMITRI, Verscio, Ticino, Schweiz.
NIGHTWATCH, Kathedrale St. John the Divine, New York City.
OTTO FALKENBERG SCHULE, München, Deutschland.
INSTITUT MÉDICO ÉDUCATIF, Nanterre, Frankreich
INTERNATIONAL FOUNDATION FOR CREATIVITY & LEADERSHIP, Zermatt, Schweiz.
COLUMBIA UNIVERSITY, New York City.

Projekte

CANYON WALK, eine Hochseil-Oper, die einzigartig auf der Welt ist; Entwurf, Gestaltung, Technik und Ausführung Philippe Petit. Dabei geht es um eine Hochseil-Überquerung der Schlucht des Kleinen Colarado-Flusses im Gebiet des Navajo-Stammes, mitten in der Painted Desert. Die Entfernung vom Start am Canyonrand bis zum Ziel auf einem Tafelberg beträgt 500 Meter, die Tiefe des Canyons 600 Meter. CANYON WALK wird Gegenstand einer einstündigen weltweiten Fernseh-Direktübertragung sein; geplant sind ein IMAX-Film sowie eine Dokumentation von NATIONAL GEOGRAPHIC über Philippe rund um CANYON WALK und die monatelangen Vorbereitungen dazu.

SYDNEY WALK wird eine Überquerung der Sydneyer Bucht vom Opernhaus zur Sydney Harbour Bridge zur Feier der Jahrtausendwende in der Silvesternacht von 1999 sein.

EASTER ISLAND WALK (Osterinsel-Lauf) ist die Begehung eines geneigten Seils auf dieser räumlich und zeitlich so unvorstellbar abgelegenen, geheimnisvollen, vulkanischen Insel; sie ist als Huldigung gedacht an die faszinierende Kultur der Rapa Nui mit ihren ehrfurchtgebietenden, riesigen Steinskulpturen, die unter dem Namen Moai bekannt wurden.

Philippe Petit schreibt Drehbücher für Filme, bei denen er auch Regie führen will; er hält laufend Vorträge und Kurse an bedeutenden internationalen Ausbildungsstätten für Darstellende Künste. Zur Zeit (Juni 1998) baut er ohne fremde Hilfe einen Stall in Fachwerk-Konstruktion mit den Werkzeugen und nach den Regeln des Zimmerhandwerks des 18. Jahrhunderts.

Zu den Freunden, die sich mit einigen seiner Projekte verbunden haben, zählen Künstler aller Art wie: Mikhail Baryshnikov, Clown Dimitri, Werner Herzog, Annie Liebovitz, Milos Forman, Volker Schloendorff, Al Pacino, Twyla Tharp, Marcel Marceau, Paul Winter und Sting.
Die letzten zwanzig Jahre hat er in New York City gelebt, mit Künstler-Wohnung in der St. John the Divine-Kathedrale, der größten gothischen Kathedrale der Welt.

Eine kleine seilkünstlerische Bibliothek

LE GRAND LIVRE DES NOEUDS de Clifford W. Ashley. New York, Doubleday & Co., 1944 (Paris, Gallimard 1987).
THE MORROW GUIDE TO KNOTS de Mario Bignon et Guido Regazzoni. New York, Quill, 1982.
SPLICING WIRE AND FIBER ROPE de Raoul Graumont et John Hensel. Cambridge, Maryland, Cornell Maritime Press, 1955.
SAMPSON ROPE MANUEL, Boston, Massachusetts, Samson Ocean Systems Inc. 1977.
THE RIGGER'S APPRENTICE de Brion Toss. International Marine Publishing Company, Camden, Maine, 1984.
IL LIBRO A COLORI DEI NODI de Floris Hin, Theo Kampa et Jaap Hille. Milan, Mursia, 1987.
L'ALBUM DES NOEUDS de D.E. Dickie. Toronto, Construction Safety Association of Ontario, 1975.
RIGGING MANUAL de D. E. Dickie. Toronto, Construction Safety Association of Ontario, 1975.
THE HANDBOOK OF RIGGING de W.E. Rossnagel. New York, McGraw Hill, 1964.
TENSILE STRUCTURES, VOL. I & II, de Frei Otto. Cambridge, Massachusetts, Massachusetts Institute of Technology, 1969.
BRIDGES AND MAN de Joseph Gies. New York, Grosset's Universal Library, 1963.
ENGINEERING IN THE ANCIENT WORLD de J.G. Landels. Berkeley and Los Angeles, University of California Press, 1978.
PETITE LOGIQUE DES FORCES de Paul Sandori. Paris, Ed. du Seuil, 1983.
ON ROPE de Allen Padgett & Bruce Smith. Huntsville, Alabama, National Speleological Society, 1988.
LE SOUFFLE D'EOLE de Lyall Watson. London, Hodder & Staughton Ltd., 1984 (Paris, Londreys, 1986).

INSTANT WIND FORECASTING de Alan Watts. New York, Dodd Mead and Company, 1975.
POCKET WEATHER FORECAST, Woodbury, New York, Barron's, 1974.
MASTER TREE FINDER de May T. Watts. Berkeley, California, Nature Study Guild, 1963.

MÉMOIRE D'UNE DANSEUSE DE CORDE – MADAME SAQUI de Paul Ginisty. Paris, Eugene Fasquelle, 1907.
LE FUNAMBULE de Jean Genet. Paris, L'Arbalete, 1958.
OF WALKING IN ICE de Werner Herzog. New York, Tansam Press, 1980.
LE BARON PERCHÉ de Italo Calvino. Paris, Editions du Seuil, 1960.
LE VIEUX QUI LISAIT DES ROMANS D'AMOUR de Luis Sepulveda. Paris, Editions Métailié, 1992.
A BOOK OF FIVE RINGS de Miyamoto Musashi. Woodstock, New York, The Overlook Press, 1974.

ALAIN CUNY – LE DÉSIR DE PAROLE, CONVERSATIONS ET RENCONTRES AVEC ALFRED SIMON de Alain Cuny. Paris, La Manufacture, 1989.
LE THÉÂTRE ET SON DOUBLE de Antonin Artaud. Paris, Gallimard, 1964.
BUILDING A CHARACTER de Constantin Stanislavski. New York, Theatre Arts Books, 1977.
PAROLES SUR LE MIME de Etienne Decroux. Paris, Gallimard, 1963.
NOUVELLE HISTOIRE MONDIALE DE L'AVIATION de Edmond Petit. Paris, Albin Michel, 1996.
THE TIGHTROPE WALKER de Hermine Demoriane. Londres, Secker & Warburg, 1989.
THE CIRCUS OF DR. LAO de Charles Finney. New York, Vintage/Random House, 1983.
LE PETIT CIRQUE de Fred. Paris, Dargaud Editeur, 1973.

LEONARDO DA VINCI ON THE HUMAN BODY, New York, Dover Publications, 1983.
TRAITÉ DE PODOLOGIE du Docteur Boris J. Dolto. Paris, Malione S. A. Editeur, 1982.

LA BARRE FIXE de Paul Massino & Georges Chautemps. Paris, Vigot Freres, 1961.

TAO OF JEET KUNE DO de Bruce Lee. Burbank, California, Ohara Publications Inc., 1975.

LA MERVEILLEUSE HISTOIRE DU CIRQUE de Henry Thétard. Paris, Julliard, 1978.

TSIRK de Schnier & Slavsky. Moscou, Izdatielsvo Sovietskaia Encyclopedia, 1973.

A HISTORY OF THE CIRCUS de George Speaight. Londres, Barnes, 1980.

CIRCUS HISTORY de Iwao Akuna. Tokyo, Nishida Shoten, 1977.

MENSCHEN ZWISCHEN HIMMEL UND ERDE de Gisela et Dietmar Winkler. Berlin, Henschelverlag Kunst & Gesellschaft, 1988.

Le Grand Livre du Cirque, Vol. I & II de Monica J. Renevey. Genève, Edito Service S.A., 1977.

HISTOIRE ET LÉGENDE DU CIRQUE de Roland Auguet. Paris, Flammarion, 1974.

Sie können folgende Zeitschrift abonnieren:

WIRE ROPE NEWS & SLING TECHNOLOGY, VS Enterprises, P.O. Box 871, Clark, NJ 07066, USA;

und Mitglied werden von der

INTERNATIONAL GUILD OF KNOT TYERS, Nigel Harding, 3 Walnut Tree Meadow, Stonham Aspal, Stowmarket, Suffolk IP 14 6DF, ENGLAND.

Roswitha von dem Borne

DER CLOWN
Geschichte einer Gestalt
Mit einer Bilddokumentation über Pierino von Wanda Zacharias
Geleitwort Oleg Popov
192 S., 58, davon 30 farbige Abb., geb.

Warum berührt der Clown? Welche Gestalt ersteht da in der Manege, für jeden verständlich und sich doch staunend über sich selbst erhebend? Der Clown bringt keine Botschaft, er *ist* eine Botschaft, die uns auf uns selbst zurückverweist.
Dem Geheimnis dieser Gestalt nachzugehen, sie in ihrer übergreifenden Bedeutung zu erfassen, ist Inhalt dieses Buches. Vom Altertum bis in unsere Gegenwart taucht sie immer wieder zwischen Weisen, Narren und Heiligen auf. Wo der Clown in seiner absichtslosen Reinheit erscheint, berührt und bewegt er die Herzen der Menschen.
Als ein besonderer Vertreter seiner Zunft wird der Clown Pierino vorgestellt, der in unserer lauten und schnellebigen Zeit sein Publikum mit leisen Tönen verzaubert. Wanda Zacharias hat die poesievolle Atmosphäre seiner Auftritte in farbigen Bildern eingefangen. Pierinos Liebe selbst zu den unscheinbarsten Dingen dieser Welt macht aufmerksam darauf, dass es etwas Wesentliches gibt, das in aller Stille wirksam ist. Zum Schluss kommt Pierino selbst zu Wort und berichtet in seinem Tagebuch vom harten und schönen Leben eines Circusclowns.

URACHHAUS

Michail A. Čechov

DIE KUNST DES SCHAUSPIELERS

Moskauer Ausgabe
Aus dem Russischen von Thomas Kleinbub
Mit einem Beitrag von Marija O. Knebel,
herausgegeben von Wolfgang Veit
290 Seiten, 57 Abb., Klappenbroschur

Michail Aleksandrovič Čechov gilt als einer der großen Schauspieler dieses Jahrhunderts. Konstantin S. Stanislavski engagierte ihn an sein weltberühmtes Künstlertheater (MChAT), dessen Studio-Bühne Čechov später leitete. Unter ihm wurde hier systematisch an den Grundlagen der Schauspielkunst gearbeitet und die »Stanislavskij-Methode« weiterentwickelt. Čechovs Reflexionen und Anweisungen sind eine Fundgrube für jeden Theaterschaffenden; die Darstellung von Imagination, Konzentration und schöpferischer Individualität, die Entwicklung der psychologischen Gebärde, die Analyse von Gestalt, Charakter und Komposition gehören zu den glanzvollen Kapiteln dieser wichtigen Grundlagenschrift. Ein unverzichtbares Schulungsbuch für jeden Theatermenschen!

URACHHAUS

Christoph Rehm

JONGLIEREN
Ein Übungsweg

100 Seiten, 13 Fotos, 38 Zeichnungen, kt.

»Es funktioniert mit rohen Eiern genauso gut wie mit Küchenmessern und Pechfackeln. Es macht Spaß, fördert die Geschicklichkeit und das Ansehen ganz beträchtlich. Den engeren Freundeskreis kann man damit ebenso erfreuen wie eine frenetisch jubelnde Menge in der Fußgängerzone. Und mit Talent, Fleiß und einer gewissen Beharrlichkeit lassen sich auch die höheren Weihen der Artistik erlangen und so die Brötchen verdienen.
Auf die Straße zum Erfolg schickt die Wissensdurstigen Christoph Rehm mit einem Lehrbuch für blutige Anfänger und hartnäckige Dilettanten: Jonglieren – ein Übungsweg. Von der schlichten und doch so wichtigen Fingerübung bis zum atemberaubenden Jonglieren mit fünf Fleischerbeilen ist hier die ganze Kunst leicht verständlich aufgeblättert... Mit anschaulichen Skizzen und leicht nachvollziehbaren Erläuterungen weist der Autor einen gangbaren Weg zum artistischen Erfolg.«

Main Post

URACHHAUS